中国猎头史

宋斌 著

版权所有　翻印必究

图书在版编目（CIP）数据

中国猎头史·秦汉/宋斌著. —广州：中山大学出版社，2017.12
ISBN 978 - 7 - 306 - 06233 - 8

Ⅰ. ①中… Ⅱ. ①宋… Ⅲ. ①人才竞争—历史—中国—先秦时代 Ⅳ. ①C964.2

中国版本图书馆 CIP 数据核字（2017）第 282325 号

出 版 人：徐　劲
策划编辑：周建华　曾育林
责任编辑：杨文泉
封面设计：林绵华
责任校对：王　璞
责任技编：何雅涛
出版发行：中山大学出版社
电　　话：编辑部 020 - 84110283，84113349，84111997，84110779
　　　　　发行部 020 - 84111998，84111981，84111160
地　　址：广州市新港西路 135 号
邮　　编：510275　传　真：020 - 84036565
网　　址：http：//www.zsup.com.cn　E-mail：zdcbs@ mail.sysu.edu.cn
印 刷 者：广州家联印刷有限公司
规　　格：787mm×1092mm　1/16　12.75 印张　221 千字
版次印次：2017 年 12 月第 1 版　2017 年 12 月第 1 次印刷
定　　价：68.00 元

如发现本书因印装质量影响阅读，请与出版社发行部联系调换

前　言

天下大势，分久必合，合久必分。长达500多年的春秋战国时期，政权分裂、军队混战、社会动荡，农耕经济凋敝、人民痛苦不堪。及至齐国投降，天下统一。历史的车轮承载着战争创伤，蹒跚向前，再度迎来刺眼而迷离的朝阳。

一、秦朝（前221—前207年）

嬴政自称始皇帝。中国历史上的第一个奉行专制统治、推行中央集权的帝国时代，就此出现。法家治国，粗暴而简单，却是畅通无阻。强大而高效的军政机器，依旧忙碌。本以为战事结束，憧憬安居乐业、尽享天伦的普通民众，骤然迎来铺天盖地的徭役，颠沛流离、凄风苦雨。

推行政治改革。夏朝以来，方国联盟、天下共主，封邦建国、诸侯世袭等政治制度持续更迭。鉴于春秋战国的惨痛教训，秦着手加强中央集权，铲除中央懦弱、豪强自立的根基；彻底摧毁夏朝以来的、2000多年的血缘政治，建立专制的官僚体制；废除先前的封邦建国，推行郡县制度；设置三公九卿、实行廷议制；结束列国的混乱，统一货币、文字、车轨和度量衡；整治数量众多的各国贵族及其家属、官吏和兵卒，刚柔并济、分而治之。

征伐依然不绝。蒙恬、扶苏率领30多万主力，北击匈奴，收复河套地区，设立九原郡，修整增补长城。屠睢、任嚣和赵佗率领50多万兵力，反复征服岭南地区，剿抚并用、合辑越人。李斯、章邯征集70多万人力，实行军事化管理，在骊山北麓修筑帝陵。

整顿人才体制。中央和地方的主要官员，均由皇帝任免，直接对皇帝负责，且不得世袭。养士和客卿现象消亡。春秋战国以来的察举征辟和军功爵禄制度，得以继承，成为选拔人才的主流渠道。因事置人，因人设事。颁禁私学令，以法为教、以吏为师，焚烧杂书、坑杀方士，抑制士阶层，严厉管制游学。沿置博士制度，钳制民众开化，明令禁止私学（民间教育）。

强化民族交融。徐福征召人力，筹措物资、东渡求仙。西南夷被纳入版图，开辟五尺道。批量迁徙刑徒和平民，或北上，或南下，屯垦戍边。吸纳岭南地区的土著，充实官吏和驻军，鼓励就地通婚。象牙、犀角、珠玑、玳瑁、荔枝、翠羽、甘蔗等南越物产，流入中原。

经此苦心经略，帝国蔚然大观。"东至海暨朝鲜，西至临洮、羌中，南至北向户，北据河为塞，并阴山至辽东"，成为统一多民族的庞大帝国。

前210年，勉勤政事的始皇帝，猝死在巡游途中。赵高、李斯趁机发动政变，屠刀高举、血雨腥风。王公贵族、高级将领，纷纷被杀或被迫自杀。横征暴敛、民不聊生。次年，长江中下游地带连绵暴雨，一群延误行程的戍卒，面对即将被处决的命运，怒吼"王侯将相，宁有种乎！"点燃大泽乡，一发不可收拾。

秦失其鹿，天下共逐之。"高材疾足者先得焉"。戍边兵丁陈胜和吴广，旧时贵族项梁与项羽，沛县小吏刘邦、萧何和曹参……或举事，或观望，或封关，天下大乱。帝国内斗不已，众叛亲离。前207年，子婴投降。世传2代，享国15年。

前206年，楚汉战争爆发，历时4年多。"不如子房、不如萧何、不如韩信"的刘邦，广收人才、屡败屡战。"有一范增而不能用"的项羽，身陷重围、四面楚歌，自刎乌江。

二、西汉（前202—9年）

狂风远去、尘埃落定。前202年，汉朝立国。或曰"中国自三代以后，得国最正者，惟汉与明"，意即"匹夫起事，无凭借威柄之嫌；为民除暴，无预窥神器之意"。

汉朝沿袭秦制，实行帝国统治。草根出身、鄙视儒家的开国君臣们，深知民间疾苦，转向信奉道家（黄老之术），长期施行休养生息政策，"萧规曹随、留侯画策"。民生逐渐安顿，几乎未曾发生农民骚乱、暴动和起义。

皇权、功臣、异姓王、归附和外戚集团鼎立。其后，平叛多起异姓王集团叛乱，恢复封国体制。前195年，汉高祖死后，皇后吕雉临朝称制，开启外戚专权的先河。陈平、周勃等旧臣们隐忍15年，乘机翻盘，恢复刘氏天下。前154年，汉景帝采纳晁错的《削藩策》，意在除去尾大不掉的诸侯，引发"七国之乱"。3个月不到，悉数平定，中央集权得到巩固和加强。

文景时期，怀柔天下、教化普及。人才储备增多，选拔机制明确。前141年，汉武帝继位，励精图治、厚积薄发。先后颁布求贤诏，"博开艺能之路，悉延百端之学""州郡察吏民有茂材异者，可为将相及使绝国者"，后世称赞"汉之得人，于此为盛！"

前139年，张骞出使西域，开辟"丝绸之路"，被誉为"第一个睁开眼睛看世界的中国人"。汗血马、葡萄、大蒜、无花果、核桃、苜蓿、蚕豆、石榴、胡萝卜、香菜、黄瓜、亚麻、芝麻、胡椒和地毯等物产，陆续传入中原。

前134年，董仲舒提议"推明孔氏，抑黜百家"。汉武帝"推行罢黜百家，表章六经"，维护帝国统治秩序、神化专制王权，成为2000多年以来的中国传统文化的正统和主流思想。

前129年，兵精粮足、人才辈出的西汉政权，首度反击匈奴，持续44年之久。前119年春，卫青、霍去病各率5万骑兵及数万步兵，长途奔袭、深入漠北，歼灭匈奴主力。经此一役，匈奴远遁，漠南无王庭。

前87年，汉武帝撒手人寰。病危之际，鉴于吕后专权的前例，密令处死太子的母亲，以防外戚卷土重来。这是一代枭雄，对"家、国、天下"，对帝国既得利益与未来前途的另类，也是痛苦的最终诠释。8岁即位的汉昭帝，双亲尽失、涕泪如雨，切肤明白"无情最是帝王家"。

昭宣中兴之际，重整朝纲，始得安宁。从汉武帝时开始，自是"治世道、乱世佛、由治到乱是儒家"之源起,"霸王道杂之"的"汉家制度",随之成型。

前36年,西域都护骑都尉甘延寿、副校尉陈汤,矫制发兵击灭郅支单于,西汉与匈奴的百年战争结束。陈汤上书:"宜悬头槁街蛮夷邸间,以示万里;明犯强汉者,虽远必诛!"遂成中华民族,特别是汉族的强烈自豪与记忆。

汉元帝以降,稚子辈出、易欺难悟,朝纲腐败、外戚干政。刻意收揽民心的王莽,借助外戚势力,脱颖而出。为搏清誉、不惜杀子,后以古老的禅让体制,建立新朝。

三、新朝（9—23年）

王莽,前有秦朝的15年之鉴,后有西汉的210年之治,意求不同既往、颠覆式的变革。政治理想、社会抱负和个人勇气,近于极致,似是"古代的社会主义",号称最彻底的儒家治国。这是中国古代史上罕见的、最有争议的政治试验。然而,新制颁布,忽东忽西、无以适从。物价飞涨,民不聊生。

来自社会底层的农民,再也无法忍受。赤眉、绿林、铜马起义连发,地方豪强并起。海内分崩,天下大乱,刘氏宗室发难。23年,王莽战败身死。尸体被肢离,头颅被制成酒壶,被刻意存放270多年。

时势造英雄。28岁的刘秀起兵之后,采纳"元功"邓禹的计策,"延揽英雄,务悦民心,立高祖之业,救万民之命"。其中,特别是重树休养生息、轻薄赋税的汉朝旗帜,影响极大。此后,33岁称帝、43岁统一全国。考虑到关中干旱、粮草断绝及交通不便,乃定都洛阳,是为东汉。

四、东汉（25—220年）

刘秀是中国古代史上少有的文武全才,头脑冷静、为人宽厚,一生鲜有过失,史称"光武中兴"。威猛之余,遂有全功臣策。抑制外戚、简选人才,堪称历朝历代一绝。60年,汉明帝在南宫云台阁,绘制光武帝麾下功劳最大、能力最强的大将画像，史称"云台二十八将"，开创国家奖励和表彰的先河。

67年，汉朝使者陪同印度僧人迦叶摩腾和竺法兰，带着经书和佛像，回到洛阳，建造中国第一个佛教寺院（白马寺）。这是世界佛教史上的大事，也是盛事。

73年，奉车都尉窦固率兵攻打北匈奴，委派班超、郭恂等人出使西域，先后持续31年，平定西域50多个国家，为西域回归、促进民族融合，做出了巨大贡献。

从汉和帝开始，直到汉献帝的100多年，10多个小皇帝轮流上场。实行集权、奉行专制的汉帝国，弊端凸显。高坐权力顶端的孤儿寡母，泪眼迷离，犹如鱼肉。年富力强的外戚集团，死灰、复燃、重掌朝政，一发不可收拾。

生路断绝、易子而食的农民，头系黄巾、袒露左臂，高喊"苍天已死，黄天当立，岁在甲子，天下大吉"，再次起义。军阀混乱、百姓遭殃。汉献帝徒有悲伤，事无所为。曹丕强行禅让，自立魏国。延续400多年的汉朝，就此了结。

五、三国时期（220—280年）

豪强纷起，彼此攻伐。这是民族的不幸、国家的不幸、家庭的不幸……但是，雇佣关系松散、户口管制不复存在，人口流动反而加快。又之，自信满满的读书人，游荡四方、择主而事；跃跃欲试的从军者，看菜下饭、待价而沽。是时，猎头呼风唤雨、大显神威。

200年，年轻儒雅的孙权，危难之际掌管江东，以张昭为师傅，以周瑜、程普等旧臣，统御诸将。又广招贤才，聘求名士，诸葛瑾、鲁肃、严畯、步骘、陆逊、徐盛、顾雍、顾邵等人，皆被招至麾下，军政团结、人心归服。江南局势得以稳定。

208年，没落宗室的刘备，半生无成、求贤如渴。三顾茅庐，寻访诸葛亮出山，又得庞统，"卧龙凤雏"，皆入囊中。又有"五虎上将"辅佐。计取荆州、征伐蜀地，渐成一方诸侯。

时称"治世之能臣、乱世之枭雄"的曹操，击破袁术、平定北方，势力达到辽东。及至赤壁之战，孙权、刘备联手，火焰冲天、尸覆江面。遂成三国鼎立之势。209—217年，曹操遭到惨败、痛定思痛，先后发布3次《求贤令》，大力招揽各类人才，决意东山再起。一时间，谋士如云、良将千员。

三国之间，混乱不已。228—262年，蜀汉政权举行17次北伐，历时25年。其中，诸葛亮5次，姜维12次。然而，皆无果。纵有著名的"识人七法"，堪有何用。主因包括人口数量不足，民风安逸封闭；蜀道艰难，外来人才稀少；上层裙带关系严重，既得利益关系紧密；察密待严极甚，任用将领屡次失误；内部高端人才极其匮乏，时称"蜀中无大将，廖化作先锋"；等等。

220年，曹魏建立，改革吏治、消夺藩权，广议轻刑、与民休养，北方地区重现景气。221年，遂下令人口10万以上的郡国，每年察举孝廉1人，如有特别优秀的人才，可以不受户口限制。224年，重修孔庙，大兴儒学，立太学，置五经课试之法，设立春秋谷梁博士。文教持续兴盛，一时无双。

263年，钟会、邓艾突袭蜀国。"非中兴之器"的刘禅，面对兵锋，不战而降。266年，西晋政权，随之建立。孙吴政权围绕子嗣继承，宫廷恶斗、势力辗转。280年，晋军挥师南下。单纯而残暴的孙皓，战将死绝、贤臣殆尽，宗族纷纷自保观望，坦然选择投降。

这是波澜壮阔、风云变幻的502年。分裂时期，各种势力延揽人才，以图自强与扩张；统一时期，兴办教育、储备人才，疏通多种机制和体制，选拔、培养和任用人才；在统一走向分裂的时期，人才彼此攻伐和碾压，民心殆失，遂致国灭。至此，关乎帝国命运的"兴、治、亡"，与人才领域的"聚、合、散"，彼此照应、貌离神合，成为中国古代猎头史的周期现象。

目　　录

第一章　秦 ··· 1
　第一节　始皇初治 ·· 1
　　一、朝政 ··· 1
　　二、帝国工程 ··· 2
　　三、士阶层 ··· 2
　第二节　帝国悲歌 ·· 3
　　一、宫廷政变 ··· 3
　　二、大泽乡起义 ··· 5
　　三、秦失其鹿 ··· 6
　第三节　楚汉战争 ·· 7
　　一、项羽 ··· 7
　　二、刘邦 ·· 11

第二章　西汉 ·· 19
　第一节　建国之初 ··· 19
　　一、集团鼎立 ·· 19
　　二、南征北战 ·· 24
　　三、诏举三老 ·· 25
　第二节　休养生息 ··· 26
　　一、萧规曹随 ·· 26
　　二、吕后临政 ·· 27
　第三节　文景之治 ··· 29
　　一、汉文帝 ·· 29
　　二、汉景帝 ·· 32
　第四节　汉武盛世 ··· 36
　　一、君临天下 ·· 36

二、一代枭雄 ………………………………………………… 39
　　三、夕阳西下 ………………………………………………… 53
　第五节　昭宣中兴 ……………………………………………… 59
　　一、修复创伤 ………………………………………………… 60
　　二、功成画麟阁 ……………………………………………… 61
　　三、官吏久任 ………………………………………………… 62
　　四、霸王道杂之 ……………………………………………… 63
　第六节　长安落日 ……………………………………………… 67
　　一、汉元帝 …………………………………………………… 67
　　二、汉成帝 …………………………………………………… 69
　　三、王莽 ……………………………………………………… 70

第三章　新 ………………………………………………………… 77
　第一节　改制始末 ……………………………………………… 77
　第二节　禅让穿越 ……………………………………………… 81
　　一、始聚复散 ………………………………………………… 81
　　二、纯儒乱国 ………………………………………………… 83
　第三节　新末混战 ……………………………………………… 84

第四章　东汉 ……………………………………………………… 85
　第一节　光武中兴 ……………………………………………… 85
　　一、帝业速成 ………………………………………………… 85
　　二、柔道天下 ………………………………………………… 96
　　三、全功臣策 ………………………………………………… 100
　　四、简选人才 ………………………………………………… 102
　第二节　明章之治 ……………………………………………… 104
　　一、汉明帝 …………………………………………………… 104
　　二、汉章帝 …………………………………………………… 107
　第三节　永元之隆 ……………………………………………… 108
　　一、燕然勒石 ………………………………………………… 108
　　二、剿灭窦氏 ………………………………………………… 109
　　三、劳谦有终 ………………………………………………… 109
　　四、蔡侯纸 …………………………………………………… 110

- 第四节　强汉末路 … 111
  - 一、帝王：短命不寿 … 111
  - 二、士族：命运多舛 … 112
  - 三、藩镇：拥兵自重 … 119

第五章　三国时期 … 121
- 第一节　曹魏 … 121
  - 一、乱世枭雄 … 121
  - 二、士族政治 … 138
  - 三、魏晋风度 … 144
- 第二节　蜀汉 … 153
  - 一、前期 … 153
  - 二、中期 … 163
  - 三、后期 … 167
- 第三节　孙吴 … 175
  - 一、称霸江东 … 175
  - 二、生子当如孙仲谋 … 177
  - 三、孙吴败亡 … 184

后　记 … 188

第一章　秦

前221—前207年，秦朝统治中国。与"封邦建国"的封建体制不同，秦奉行专制统治、推行中央集权。从此，中国社会进入2000多年的帝国时代。

第一节　始皇初治

秦始皇首创"皇帝"一词，建立三公九卿为代表的中央官制和郡县制，彻底打破西周以来的世卿世禄制度，维护国家统一、强化中央集权。迅速在政治、军事、经济、交通、文化及对外开拓等领域，采取一系列的新政策，强化中央集权，对后世亦产生颇大的影响。

一、朝政

勤勉勤政的始皇帝，时刻担忧帝国的安全。这是与生俱来的本能和敏锐。况且，六国余势尚存，蠢蠢欲动。帝国边境也不太平，时有激战。

西周时期，中央册封的诸侯国超过100个。战国末期，又有10多个。秦统一之时，卫国得以保全，缘是商鞅的故国、吕不韦的封地所致。灭掉战国六雄之后，秦朝继续用兵，不断拓展疆域。当时，东起辽东，西至甘肃、四川，北抵阴山，南达越南北部及中部一带，西南到云南、广西。面积约320万平方公里，人口1000多万。军队人数总量高达200万，占秦朝壮年男子的30%以上。

开国将相们都是多年追随、资历不浅的人才。李斯被任为丞相，主持销毁民间的兵器，推行郡县制，禁止私学，参与制定法律，统一车轨、文字、货币、度量衡制度，借以巩固中央集权。蒙恬、长子扶苏奉命率30万大军北击匈奴。收复河南地，自榆中至阴山，设43县。又渡过黄河，占据阳山，迁徙人民充实边县。其后修筑西起陇西的临洮，东至辽东的万里长城。二人驻守上郡10多年，威震匈奴。至于赵高、冯去疾、蒙毅、屠睢、赵佗、任嚣、史禄、王离、李由等名将名臣，各司其职、相遇而安。

二、帝国工程

整个帝国的工程遍地开花，徭役繁重。在西方，前246年，秦始皇即位，就开始修建骊山陵。称帝之后，更是每年征调70多万人，延续到前208年，长达39年。在北方，50多万人修筑长城，约占总人口的1/20。在南方，50多万军民疏通灵渠，攻打百越。在东方，准备粮食、物品、药材，建造寻找海上仙境的巨船。在中部，正在修筑1800余里的直道，方便天下交通，利于秦始皇巡游。只要勇猛的秦朝军队攻占了新的属地，随之组织大规模移民，以蜀地、百越为甚。

秦朝统一之后，《汉书·食货志上》记载，"收泰半之赋"。颜师古注解到，"泰半，三分取其二"。指数高达66%。但是，秦朝除了按照地收租之外，还论户取赋，也就是所谓的口赋，即人头税。

六国的国君和宗亲，均被迁移异地，予以圈禁。至于贵族和中高级官吏，或修长城，或者贬为民，或放任自流。12万多豪富家族被迁徙到咸阳，少数分散到巴蜀等地。这些豪富，原来都是领主残余和富商大贾，在本地兼并土地，放高利贷，迫贫民为奴隶，强霸一乡、一县甚至一郡，乃是帝国统一的不稳定因素。此举，虽然是劳师动众，却也使得普通百姓稍有暂时的喘息。

《过秦论》指出，"南取百越之地，以为桂林、象郡；百越之君，俯首系颈，委命下吏。乃使蒙恬北筑长城而守藩篱，却匈奴七百余里。胡人不敢南下而牧马，士不敢弯弓而报怨"。蒙恬、扶苏率军10万，镇守北方，修建长城。

三、士阶层

秦始皇统一六国之后，一些学派、人才收归秦朝。黄老道家、阴阳家综合儒、法、道诸家学说提出"五德终始说"，为新政权歌功颂德，尤其得到中央的信任。卢生、韩佟、侯公、石生等人，获准求访仙人踪迹和不死之药，花费巨资、终无所得。齐国人徐福上书说，海中有蓬莱、方丈、瀛洲三座仙山，定有神仙居住。秦始皇派之率领童男童女数千人，带齐足够3年的粮食、衣履、药品和耕具前往，且一去不复返。

丞相李斯识破真相，敦促始皇帝下令，史书非《秦纪》皆烧之；准保存者，医药、卜筮、种树之书。这就是"焚书"。向来对士阶层姑且任之、宽大为怀的始皇帝，感觉受骗，极为盛怒，着令御史审问。稍有鞭打之际，道貌岸然、口若悬河的文人墨客们，再也不顾及什么斯文，相互揭发检举。460余人被牵连，术士、儒生居多。始皇帝遂下令活埋。这就是"坑儒"。

第二节 帝国悲歌

当时，社会矛盾激化，百姓极度痛苦，却没有到达临界点。最重要的原因，就是秦朝沿袭商鞅变法以来的律法，条例严峻、执行严格，官吏队伍训练有素，能够维护帝国大局。加之，始皇帝的绝对权威和崇高威望，鲜有作乱者。

秦始皇称帝之后，继续推行对外扩张和对内高压统治，无暇顾忌宫廷内部的暗流与争斗，很少关注六国的旧贵族残余势力，根本不理劳苦百姓的生存困境。

朝廷实行高度集权体制。中原地带兵力空虚。伴随疆域的迅猛扩大，战线不断拉长。秦朝建国之初，已经形成3个重兵集团，都集结在边疆地区，镇守蜀地、防御北方的匈奴和征战南方的百越。数量惊人的青壮年民夫，集中在咸阳修筑骊山陵。黄河、长江流域，赵国、楚国、齐国的旧贵族势力仍然很大，帝国的兵力却很少。

一、宫廷政变

前210年，秦始皇第五次东巡途中，病死在沙丘，时年50岁。临死前，猛然醒悟，留下遗嘱，秘密命令随行的赵高起草诏书，让远在北方镇守长城的长子扶苏，紧急赶回、继承帝位。

事出有因。始皇帝有20多个儿子，袭用秦孝公的二十级军功爵位制，并没有册封。为人"刚毅而武勇，信人而奋士"的长子扶苏，也没有立储，只是作为蒙恬的监军，远在北方作战和修城。按道理来说，这是非常巧妙的安排：自己带头遵循祖制、严格自律，亲自做出表率；万一宫廷发生内乱，扶苏凭借长子的身份，又手握重兵，完全能够左右大局；今后，扶苏取得军功，即以都城附近作为封地，建立私人武装；等等。然而，秦国起家、发展，到统一中国，始终处于人才集聚的过程，缺乏足够的消化时间。加之，始皇帝持续扩张，也无暇顾及属下的道德品质。整个帝国，始终浸泡在狂热的功利主义酒缸中，已然失去自我净化和清理功能。再说，秦朝建国的那年，始皇帝只有39岁，正是年富力强的中年。如今的紧急补救是必需的，也是必要的。

如何管理和处置高端人才，始终是人类社会的难题。秦始皇在世，一批才华横溢、身经百战的高端人才，乃至顶级人才群体，迅速集聚、忠诚跟随，或是忙于军事，或是勤于政务，共同铸就帝国的辉煌。秦始皇突然死去，核心高层落入真空。这如同蒙眼走路的驴子们，骤然揭开眼罩，置身阳光之下，炫目、茫然、恐惧、新奇、冲动……各种感觉陡然而生。

恰如前323年，马其顿帝国亚历山大昏迷不醒，将领们围在床前，请他指定继承人，得到的只是模糊不清的"最强者"。他死后，手下的将领们大打出手，导致庞大的帝国最终被瓜分干净。亚历山大的母亲、妻子和孩子们，最终横遭杀身之祸。

100多年之后，历史出现惊人的相似之处。问题出在"秘密"二字。秦始皇临死的时候，只有赵高、胡亥、少数嫔妃在场。按照正常的程序，理应一边通知扶苏，一边返回都城。

可是，权臣赵高不这么想，也不这么做。他本来是赵国的贵族，父亲、兄弟皆战死沙场。母亲被卖到秦国洗衣服，他和弟弟做苦役。后来，进入秦宫，凭借超人的记忆力、机敏的亲和力，成为严格而复杂的秦国法律"活法典"，遂与蒙毅一起，侍从始皇帝左右。

此前，赵高曾经犯事，生性秉直的蒙恬坚持处死他，却被秦始皇否决。这时，如果遵照遗诏执行，强势的蒙恬、蒙毅兄弟，辅佐公子扶苏登位之后，自己的命运可想而知。赵高预感到，巨大的恐惧和阴影，已经扑面而来。于是，扣留诏书，秘不发丧，星夜兼程，返回咸阳。到达秦宫之后，立即找到丞相李斯，并告之真相。

赵高的确很有才华，很有心机，很会游说。直接问道："李斯丞相，凭借你的才能、功绩和谋略，足至取信天下，能够得到公子扶苏的信任。那么，和蒙恬将军相比，如何？"李斯低头不语，黯然地说："不及也。"强烈的自保心态、疯狂的权力欲望，随之产生。两人达成共识，改立胡亥为帝，矫诏赐死扶苏与蒙恬，以绝后患。前210年，胡亥即位，史称秦二世。赵高被封郎中令。

性情仁厚的公子扶苏，接到印鉴俱全的诏书，痛哭流涕、深信不疑，根本不听旁人的劝阻，伏剑自杀。

蒙恬刚烈不服，随同使者返回，中途被囚禁。胞弟、上卿蒙毅被诬告，含泪自杀。蒙恬随之自杀。史书记载，赵高借口帝位不稳，抢先动手清洗。就在同一天，胡亥的12个兄弟在咸阳被杀掉，10名公主被碾死于杜邮。公子高，向来远离是非，不愿逃亡，又怕连累亲族，主动提出殉葬父皇。临死之前，放声嚎叫，惨不可言。

前208年，右丞相冯去疾和将军冯劫，面对前来抓捕的使者，长叹"将相不受辱"，一起自杀。功臣集团、皇权集团相继覆灭，剩下的就是士族集团。

胡亥沉迷酒色，大权旁落赵高。不久，李斯被诬告谋反，遭到严刑拷打、皮开肉绽，被迫承认。遂处以腰斩、夷三族。李斯在被押赴刑场的途中，悲惨地问着一同押到刑场的儿子，"牵犬东门，岂可得乎？"明代思想家李贽说："秦始皇出世，李斯相之，天崩地坼，掀翻一个世界。"然而，执着追求权力的李斯，贪图一己之安、一私之利，串通赵高矫诏夺权，最终死于自己制定的酷刑之下。

赵高如愿当了丞相，指鹿为马、排除异己，大批将相和功臣陆续被杀。高度集权的秦朝，反而落入一个宦官之手，后果极其严重。北方的重兵集团闻讯，沉默不言；南方的重兵集团，沉默不语；西方的重兵集团，沉默不说。强大的秦朝，宛如一个空心的萝卜，任由赵高一人调置，没有约束，没有劲敌，只有私欲横流。

惨烈的宫廷政变与争斗，血腥风雨、人心惶惶，严重摇动帝国的根本。这与极度自信的秦始皇，密不可分。历年的征战与扩张，崇尚军功、严刑峻法，但是，朝廷重臣们的品德，俨然没有受到勤政的始皇帝关注。这位39岁的中年皇帝，在帝国初建之际，就迫不及待地奔波在陡峭无比的泰山，伫立在香烟缭绕的祭台前面……

远离都城咸阳的一个小地方，一场小规模的起义，如同微弱的火星，顿时点燃整个帝国的天空。那个地方叫作：大泽乡。

二、大泽乡起义

前209年7月，也就是秦二世登基的那年，阳城（今河南登封东南）的地方官派了两个军官，押着900多名民夫送到渔阳（今北京市密云西南）防守边疆。军官挑选阳城人陈胜、阳夏人吴广，协助管理队伍。

队伍途经蕲县大泽乡的时候，恰遇天下大雨，道路冲断，民夫将不能如期到达，按照秦朝法律，全部都将处死。陈胜、吴广商议说，逃走是死，做盗贼也是死，不如拼了。

秦朝之际，敦信谶纬。于是，陈胜、吴广就用朱砂，在一块白绸子上写了"陈胜王"三个字，塞进别人用网捕来的鱼肚子里。戍卒买鱼回来煮着吃，发现帛书，非常惊异。晚上，古庙无端燃起篝火，几个狐狸一样的声音，叫喊"大楚兴，陈胜王！"戍卒们更加惊恐。次日，两人杀死护送的军官，冒用公子扶苏和楚国名将项燕的名义，发动大家起义，号称大楚。其时，陈胜自任将军，吴广做都尉，戍卒们大部跟从。他们首先攻占大泽乡，又攻打蕲县，接连攻克铚、酂、苦柘、谯等地方。各路人马闻讯，蜂拥而来。攻占陈县的时候，拥有兵车600多辆，骑兵1000多名，步卒多达几万人。

起义军高歌猛进，节节胜利。陈胜自立为王，国号为张楚，派出周文率数十万士兵浩浩荡荡地攻进关中，逼近都城咸阳。惊慌失措的秦二世，听取上将军章邯的建议，赦免70多万正在骊山做苦役的囚犯和奴隶。秦朝的刑法严峻，遇到大赦，就是解放。身强力壮、吃苦耐劳的刑徒，一旦脱下脚链、手铐，顿时如释重负。加之，章邯激情鼓动，士气高昂、服从纪律，迅速反扑。六国贵族及其部属震撼，纷纷保持观望。

起义军的高级将领，多是农民出身。陈胜、吴广举事的时候，饥不择食、广招人才，队伍参差不齐，不乏亡命之徒，多有投机分子。章邯进攻，起义军只能孤军作战、一败再败。最终，周文自杀，吴广、陈胜先后被部下杀害。

三、秦失其鹿

陈胜、吴广起义之时，蓄谋已久的旧贵族迅速抬头，赵歇自封赵王，魏咎为魏王，田儋为齐王。闽越贵族无诸和摇率领族人，跟着番阳令吴芮反秦。楚国名将项燕之子项梁、侄孙项羽，在吴（今江苏苏州）杀掉会稽郡守，起兵响应。不久，项梁率领8000多江东子弟兵渡江，队伍扩大到6万多人，连战获胜，拥立楚怀王。逃亡山泽的沛县亭长刘邦和一些刑徒，乘势投入项梁军中。

章邯确是一代名将，进退自如，屡战屡胜。长史司马欣、都尉董翳征调重兵增援。定陶一战，项梁战死。章邯旋即挥兵北上，调令驻守上郡、蒙恬的副将王离，率领20万秦军南下，围困赵王歇于巨鹿（今河北平乡）。反秦势力危在旦夕。

楚怀王得知，任命宋义为上将军，项羽为次将，范增为末将，率军6万北上，企图解巨鹿之困。行至安阳，项羽怒杀宋义，引兵渡过漳河，破釜沉舟、杀声震天，以少胜多，解除巨鹿之围，遂被推为诸侯上将军。旧贵族势力见机纷纷自立为王，并力西进。

前207年，刘邦率领起义军迂回进入武关，到达咸阳。懦弱的秦二世眼见于此，再也无法忍受，派遣使者斥责赵高，遂招来杀身之祸，时年24岁。胡亥的兄弟姐妹也被杀光。赵高准备自立皇帝，却无人响应。赵高倍感无奈，只得拥立子婴继位，主动贬去帝号，只称秦王。

愤怒的子婴，不再顾及什么，亲自设计砍死赵高，诛灭三族、闹市示众。陆贾叹道："秦任刑法不变，卒灭赵氏。"《战国策》更加直接地说，"秦信同姓以王，至其衰也，非易同姓也，而身死国亡。故王者之治天下在于行法，不在于信同姓"。这里的同姓，也就是宗室，系指赵高与始皇帝同姓嬴，赵氏一脉（始皇帝生于赵国都城，也称赵政）。

群臣纷纷叛逃，军士无心恋战。即位46天的子婴，黯然投降。秦朝就此终结，国祚15年。

250多年分崩离析的战国，刚刚远去，迎来一统中国的秦朝。满心向往幸福生活的民众，迎来的却是征战不休，繁重徭役。但是，他们不会想到，紧随其后的，又将是4年的战乱岁月。

第三节　楚汉战争

大泽乡起义点燃反秦风暴。旧贵族、小官吏、地方武装、游民顺势崛起。几经交手，形成项羽为首的楚军、刘邦为首的汉军两大阵营。双方大打出手。这就是前206—前203年的"楚汉战争"。

一、项羽

项羽出身楚国的军人世家，祖父项燕、伯父项梁均是名将，性情豪爽、彪悍无比。《史记·项羽本纪》记载，项羽年轻的时候，读书不成，学剑又不成。项梁非常不满。他却说："剑一人敌，不足学，学万人敌。"于是，改学兵法，也没有什么成效。秦始皇巡游会稽时，二人旁观。项羽说，"彼可取而代也"，吓得项梁赶紧捂住他的嘴巴，急掩其口。从此，对其另眼相看。

项羽擅长力战，勇武过人。当年，率领英布、蒲将军及2万多义军渡河，旋即破釜沉舟，烧掉房屋帐篷，只带三日粮，以示不胜则死的决心，击败守卫甬道的章邯一部，断绝王离的粮道。进攻之时，各路诸侯军躲在营垒上观战。楚军将士无不以一当十，喊杀声惊天动地，获得大胜。诸侯军将领们被召见。进入辕门的时候，没有一个不是跪着前行的，谁也不敢仰视气宇轩昂、悠闲喝茶的项羽，遂成统领各路诸侯的上将军。有生如此，风光无限。

鸿门宴之前，项羽帐下的将士多达40万，最有名的是龙且、英布、季布、钟离眜、虞子期，号称楚军"五大将"。相比之下，刘邦只有10多万，数量、质量均占据绝对劣势。

鸿门宴上，项羽不听范增的劝告，心慈手软，放过刘邦。不仅如此，项羽口无遮拦，致使暗送情报的汉军左司马曹无伤被杀。韩信、陈平相继出走。龙且被韩信属下所杀。一些诸侯军，要么被韩信打得落花流水，要么都归顺汉军。前203年，英布投降刘邦。季布、钟离昧战败投降。只有虞子期，也就是虞姬的胞兄，追随项羽战死垓下。

纵观项羽一生，嗜血成性，杀戮过甚。虽有傲骨，却失民心。所聚人才，均是性情刚烈、猛冲猛打的征战之辈，无帝王之相。曾国藩说道："虽有贤才，苟不适于用，不逮庸流？当其时，当其事，则凡才亦才亦奏神奇之效，否则龃龉而终无所成。故世不患无才，患用才者，不能器使而适用也。"此种言论，非特指项羽本人，实是项羽之为。

（一）殷通

前209年9月，也就是大泽乡起义的第2个月，会稽太守殷通，也准备起事，就传令召见楚国名将项燕之子项梁。此前，他因为在楚国喝酒杀人，正在属地躲避。二人见面。殷通说道："当前，大家都在造反。这是上天要亡秦的时候。我也要发兵，任命你和桓楚为将军。"项梁假意说道："这是大事。我先去解手，然后回来。"

于是，嘱咐项羽持剑在外。回来之后，对殷通说："把我的侄子项羽召来，让他去找桓楚。"殷通同意。项羽进门，突然杀死毫无准备的殷通。郡府的守卫们闻讯，十分愤怒，冲进院子拼命。不料，项羽连杀100多人，震服局面。所有的人都吓得趴倒在地，不敢起来。如此的血腥和强悍，实在少见。

随后，项梁召集官吏、豪强，只说反秦之举，闭口不谈殷通被杀一事。于是，吴中郡下属各县纷纷响应。项梁自任会稽太守，项羽为裨将。

（二）宋义

前208年，定陶之役激战，项梁阵亡。章邯攻打赵国。情形危急。楚怀王任命宋义为上将军，项羽为次将，范增为末将，带领各路军队，前往援救，号称"卿子冠军"。

楚国令尹宋义，擅长谋略。领军到达安阳，不再进兵。项羽不解。宋义说："现在秦军攻打赵国，如果打胜，军队就会疲惫，我们就发起进攻，一举行扫灭；如果打不胜，我们直接西进，攻克咸阳。身披铠甲、手持锐利的武器冲锋陷阵，我不如你；但是，运筹帷幄、制定策略，你却不如我。"

前207年，宋义派遣儿子宋襄去齐国担任丞相，以做响应。听到消息，项羽请求进见宋义，遂杀之。出帐后，发布号令说："宋义与齐国合谋反楚，楚王密令我杀了他！"众将领畏惧，推立项羽为代理上将军。项羽随即派遣使者，追赶宋襄，一并杀了。

（三）楚怀王

熊心本是楚怀王熊槐之孙，隐匿民间牧羊。项梁起事后，采纳范增的建议，自称武信君，并立熊心为楚怀王，目的是招揽民心。

项梁败死，熊心命令宋义、项羽率兵救赵，刘邦单独西进。与诸将约好，先入关中者为王。鉴于项羽私自杀死宋义，只好就地任命，借以顾全反秦大局。前206年10月，刘邦先入关中、攻占咸阳，项羽使人还报熊心。熊心迅速答复两个字：如约。意思是按照当时的约定来办就是。刘邦机敏，按兵不动。

1个多月之后，项羽率领大军进入，悍然杀死子婴，旋即大肆屠杀、大肆奸淫，纵火焚烧阿房宫。自立为西楚霸王，遥尊熊心为义帝。不久，项羽准备独占彭城。这本是义帝的国都。义帝无奈，只得离开。将相们怨声载道。不料，项羽暗令英布中途杀义帝。

楚怀王熊心，虽然只是一个傀儡，却不惧项羽。为了反秦大业，坚持约定，毫不动摇，实属难能可贵。《史记·项羽本纪》指出，"羽背关怀楚，放逐义帝而自立，怨王侯叛己，难矣"。宋代学者李涂一针见血地说，"项羽立义帝以后，一日气魄一日；杀义帝以后，一日衰飒一日"。清末民初史学家蔡东藩评论道："自羽弑义帝，为天下所不容，而汉乃得起而乘之。"

（四）范增

范增追随项梁、项羽的时候，已经是70多岁的白发老人，项羽尊称"亚父"，意思是仅次于父亲的地位。前206年，秦王子婴向刘邦投降，派人驻守函谷关，防止项羽西进。楚将英布十分勇猛，破关直入。刘邦撤出咸阳，扎营霸上。

根据范增的计划，项羽在鸿门约见刘邦。刘邦对项羽说："得入关中实属侥幸，因为有小人挑拨，产生误会。"项羽居然想也不想，回应道："你的左司马曹无伤派人告诉我，说你想称王。否则，我不会来这里。"随即邀请入宴。范增不时向项羽打眼色，举起自己的玉佩3次，示意项羽杀之。然而，项羽不发一言。

范增只好传召项羽堂弟项庄，以席上舞剑的名义，乘机刺杀刘邦。可是，正在饮酒的项羽，却被刘邦部将樊哙的豪气吸引，无心顾及范增的计划。

稍后,刘邦和樊哙离席如厕。项羽派陈平召唤。刘邦、樊哙、夏侯婴、靳强、纪信等先行逃走。只留下张良断后。回到席上,张良献上白璧、玉斗,并代刘邦向项羽赔罪。项羽收下,放在桌上。范增勃然大怒,拔剑撞破玉斗,对着项羽大骂:"你这小子不足以商量大事,夺项王天下的人,一定是沛公啊!我们这些人,今后都要成他的俘虏了。"刘邦回到营地,立即杀死曹无伤。

前204年,楚军数次切断汉军粮道,刘邦被困荥阳。项羽与范增急攻荥阳。原是项羽部下的陈平,此时已经投奔到刘邦阵营。他出计说:"项羽多疑、自大,必须除掉足智多谋的范增。"这是比较高级的猎头,除掉对方的中坚人才,使得己方间接受益。项羽果然中计。范增请辞,不久病死。

蒋济点评道:"项羽若听范增之策,则平步取天下也。"南宋著名文学家洪迈,却有令人信服的评论:"世谓范增为人杰,予以为不然。夷考平生,盖出战国纵横之余,见利而不知义者也。始劝项氏立怀王,及羽夺王之地,迁王于郴,已而弑之,增不能引君臣大谊,争之以死。怀王与诸将约,先入关中者王之,沛公既先定关中,则当如约,增乃劝羽杀之,又徙之蜀汉。羽之伐赵,杀上将宋义,增为末将,坐而视之。坑秦降卒,杀秦降王,烧秦宫室,增皆亲见之,未尝闻一言也。至于荥阳之役,身遭反间,然后发怒而去。呜呼,疏矣哉!东坡公论此事伟甚,犹未尽也。"

(五) 章邯

前208年,陈胜部将周文率领起义军攻打戏水。秦二世采纳章邯的建议,临时武装70多万骊山刑徒,进行对攻。章邯屡战屡胜,周文、陈胜、吴广先后战死。定陶一战,又杀死项梁。

前207年,巨鹿之战。名将王翦之孙、王贲之子王离被俘,苏角被杀,涉间自焚。章邯退至棘原驻扎,项羽驻扎在漳水南岸。两军对峙。前207年冬,赵高出任丞相,挥刀杀戮、人人自危。秦二世派遣使者问责章邯。后者遂派长史司马欣,紧急到咸阳,准备面见皇帝陈说。不料,赵高顾忌于此,拒不引见。

司马欣苦等3天,预感不妙,连夜逃跑。由于担心追杀,不敢走原路。如此,落下口实。赵高旋即派人追杀,不得而归。章邯得知情况,犹豫不决。这时,他已经看透赵高的权势和用心,只能带来亡国的祸害,顿生绝望之心。

纡水之战,又被项羽击败。遂率20万将士投降。已然杀红眼的项羽,悍然在新安诱杀20多万将士。上将军章邯、长史司马欣和都尉董翳等少数高级将领，特令保全、幸免于难。惨况传到关中，失子丧夫的百姓，义愤填膺、怒不可遏，大骂章邯是"秦奸"。

其他反秦的诸侯军队，望风归附。进占咸阳之后，项羽分封。秦国故土，一分为三，皆任命秦朝的降将担任。章邯为雍王，称王于咸阳以西，建都废丘。司马欣为塞王，称王于咸阳以东到黄河一带，建都栎阳。董翳为翟王，称王于上郡，建都高奴。号称"三秦"。刘邦被封汉王，辖巴、蜀、汉中三郡。刘邦赴任的时候，采纳张良的计策，烧毁悬崖绝壁上的栈道，既是避免章邯的乘势偷袭，也是表明无意图谋中原。

前206年8月，兵强马壮的刘邦，决意反攻。韩信分析道："三秦王为秦将，将秦子弟数岁矣，所杀亡不可胜计，又欺其众降诸侯，至新安，项王坑杀降卒20多万，唯独邯、欣、翳得脱，秦父兄怨此三人，痛入骨髓。"战机已经成熟。遂命令樊哙带领1万人，重新修复500多里栈道。韩信率领精锐，沿着无人知晓的古道，翻山越岭偷袭陈仓。这就是"明修栈道、暗度陈仓"。

章邯听到汉军开始修造栈道，大笑不已。的确，如此浩大的工程，不经3～5年的时间，断无成功之理。笑声刚停，韩信突然杀到，只得仓促迎击汉军，退至废丘。前205年6月，面对秦帝国最后，也是仅有的名将，韩信毫不在乎、胸有成竹，乘着雨季来临，引水淹城。章邯战败自刎。

二、刘邦

《史记·高祖本纪》记载，刘邦称帝，在洛阳南宫摆酒宴，说道："各位王侯将领不要隐瞒，大家都说一下，我得天下的原因是什么呢？项羽失天下的原因是什么呢？"高起、王陵回复："陛下攻取城池，就赐给我们，共享天下的利益；项羽却不是这样，杀害有功绩的人，怀疑有才能的人，这就是失天下的原因啊。"刘邦说道："你们只对一半，夫运筹策帷帐之中，决胜于千里之外，吾不如子房，镇国家，抚百姓，给馈响，不绝粮道，吾不如萧何，连百万之军，战必胜，攻必取，吾不如韩信，此三人者，皆人杰也，吾能用之，此吾所以取天下也。项羽有一范增而不能用，此其所以为我擒也。"

刘邦"自布衣提三尺剑取天下"，知人善任、不拘一格。将相出身相差很大。清代史学家赵翼指出，"汉初诸臣，惟张良出身最贵，韩相之子也。其次则张苍，秦御史。叔孙通，秦待诏博士。次则萧何，沛主吏掾。

曹参，狱掾。任敖，狱吏。周苛，泗水卒史。傅宽，魏骑将。申屠嘉，材官。其余陈平、王陵、陆贾、郦商、郦食其、夏侯婴等皆白徒。樊哙则屠狗者。周勃则织薄曲吹箫给丧事者。灌婴则贩缯者。娄敬则挽车者。一时人才皆出其中。致身将相，前此所未有也"。其中，张良、萧何、韩信被称为"汉初三杰"。

（一）萧何

刘邦精力充沛、性情豪爽，喜好酒色。早年游荡，一无所成。后来做了秦朝的亭长（管十里以内安全的小官）。好朋友萧何，却是沛县掌有实权的主吏掾，处事公平、执法不阿，深受县官和民众的器重。刘邦稍有桀骜不驯，也默默为之开脱。

一次，刘邦负责押送徒役去骊山。不料，一些人乘机逃走。面临死罪的刘邦，索性趁着夜晚把所有的役徒都放了，带着10多人啸聚山林。前209年10月，大泽乡起义的消息传来，县令被义愤填膺的百姓所杀。刘邦被推举为沛公，带领萧何、曹参、樊哙等人起事。这年，刘邦48岁。

汉朝建立之后，刘邦论功行赏时，几乎没有带兵打过仗的萧何，却裁定第一。其中原因，却是明了。

1. 忠诚跟随

面对质疑，刘邦说道："举事之际，诸君独以身随我，多者两三人。今萧何举宗数十人皆随我，功不可忘也。"意思是说，你们是单身出来闹事，担心连累家人；萧何是变卖财产、举家跟随，全赌在我的身上了。此言一出，群臣都不再说话。

2. 识用韩信

刘邦进军巴蜀，道路艰难、逃兵增多。韩信原来是项羽的手下，后来投奔刘邦，当了管理粮草的小官。一次偶然的机会，萧何结识韩信，多次向刘邦推荐，并没有引起重视。

2个多月以后，韩信逃跑。萧何得知，连夜追赶。这就是著名的典故"萧何月下追韩信"。几天以后，萧何敦促刘邦筑好拜将坛，带领文武百官，拜韩信为大将军。众人哗然。刘邦非常信任，放手放权支持韩信，遂成攻灭项羽的第一名将。

3. 担纲丞相

如刘邦所言，"镇国家、抚百姓、供军需、给粮饷"。留守关中之后，萧何安抚百姓，恢复生产，对百姓施以恩惠，开放秦朝的皇家苑囿园地，减免租税，等等。刘邦对之，百依百从，非常信任。

楚汉交战初期，刘邦机动作战，老是打败仗。然而，依靠牢固而稳定的大后方，充足的粮草、年轻的将士，源源不断地补充到前线，反复得以喘息、接连恢复元气。

4. 富有远见

刘邦攻入咸阳，原本紧张的神经，骤然放松。尽管有"约法三章"在前，一些将士，仍然忙着抢劫金银财宝，忙着霸占田地，忙着酗酒取乐。

萧何却是忙于军中事务。百忙之中仍带领一批随从，四处搜集看似不值钱的、到处散落的秦朝地图、公文、账本、奏折等资料。刘邦一统天下之际，萧何已经对整个国家的地理、物产、人口、民风等情况，了如指掌、随问随答。

（二）张良

张良出身贵族世家。祖父张开地、父亲张平，都是韩国的宰相。年轻的时候，以亡秦复国为己任。弟弟死了，张良也不埋葬，散尽家资，找到一个大力士。前218年，秦始皇东巡，二人埋伏在古博浪沙行刺。大力士失手，张良脱逃。诸侯反秦的时候，张良担任韩王的丞相。后归顺刘邦。

史载，张良貌如美妇、体弱多病，喜好黄老之术。《史记·评林》说道："老子之学最忍。闲时，似个虚无单弱底（的）人，到紧要处发出来令人支吾不住，如张子房是也。子房如峣关之战，与秦将连和了，忽乘其懈击之。鸿沟之约，与项羽讲解了，忽回军杀之，这便是柔弱之发处，可畏，可畏！"

1. 劝刘邦采纳良策

前206年10月，刘邦大军进入咸阳，情不自禁，遂生安享之心。樊哙犯颜强谏无果。张良借古喻今，以"无道秦""助桀为虐"劝说。刘邦接受，还军灞上。后又召集诸县父老豪杰，刘邦随即约法三章，"杀人者死，伤人及盗抵罪"，派人与秦吏一起巡行各地，赢得百姓欢迎。

又如选择国都的时候，刘邦听从张良的分析，定都长安（今陕西西安西北），东有天险、西有巴蜀、北有草原、南有物产，堪称金城千里，天府之国。

2. 隐居山林

刘邦论功行封，令张良自择齐国3万户为食邑。张良辞让，请封与刘邦初次相遇的留地（今江苏沛县）。刘邦同意。

张良告退，不再过问政事。当年，弟弟死了，都舍不得花钱安葬，把积蓄都拿出来行刺始皇帝，一心只想复国的张良，如今假刘邦之手得逞，也无心上进，卷入军政的血腥风雨。于是，归养深山，修炼辟谷，欲轻身成仙。

刘邦得知，恳请吕后出面，劝他不须自苦，就服人间烟火。向来身体就多病的张良，听从劝阻，开始吃饭、服药，也算有了安逸的晚年。前186年，张良病逝，谥号文成侯。

（三）韩信

建国之前，刘邦因为信任萧何，进而重用韩信，拜为大将军，全权指挥军队。明修栈道，暗度陈仓。平定三秦后，又渡河奇袭安邑，占领魏国全境，俘获魏王豹。接着，韩信平定代国。

前204年，率领不足万人的队伍，在井陉背水一战，打败赵国20万大军，迫使燕王献地投降。前203年，韩信伐齐，攻下齐都临淄，赶走齐王田广，用诱敌深入之计，水淹楚将龙且率领的20万援兵。前202年，韩信设下十面埋伏之计，将项羽重重包围，逼得项羽乌江自刎。

刘邦对待军事奇才韩信，恩威并行、宽紧有度，非常有手腕，也讲究方法。

1. 破格晋升

鸿门宴惊心之后，刘邦引兵10万西进、项羽屯兵40万东进，诸侯军开始分化，各事其主。那时，刘邦处于极其不利的地位，逃兵很多。这个局面，却是萧何扭转的。

当年，刘邦戒斋三日、筑拜将台，仪式非常隆重。还没有什么地位、名气和影响力的韩信，自尊心和虚荣心得以超值满足。韩信在攻下齐地之后，蒯通劝其谋反。韩信犹豫再三，不忍背汉，只是婉谢了之。

2. 收放自如

韩信是首屈一指的军事家。足智多谋、心气高傲。最明显的缺点，就是自恃、自负与自大。刘邦深知，始终防备。

楚汉战争的时候，分为片区管理。关中地区，是后方基地，萧何与太子坐镇，输送兵源、粮食和物资；中原地带，是主战场，与项羽直接对垒；刘邦担任统帅，相继指挥彭城战役、成皋战役、垓下战役；北方及东方一带，是外围战场，韩信统一指挥，主要任务就是扫清项羽的联盟势力，相继取得三秦战役、安邑战役、井陉战役的胜利。

刘邦多次敦促各方，汇兵固陵。韩信不仅失约，还串通英布按兵不动。项羽乘机进攻，刘邦大败。前202年，垓下战役前夕，韩信与钟离昧密谋自立。刘邦反复催促，方才离开东面的齐国封地，向西进军，合围项羽。战争结束，主力返回定陶。战役结束，刘邦派遣使者，径直到达韩信的军营，收夺兵权、改封楚王。

前201年，有人告韩信谋反。陈平建议，不动声色地招来即可。于是，宣称天子巡游云梦泽，通知诸侯相会。韩信犹豫不决。钟离眛自杀。他带着首级，谒见刘邦，遂被绑上、戴上械具。回到洛阳，赦免罪过，改封他为淮阴侯，软禁在都城。刘邦不说杀，也不说不杀。总之，无言。

可见，刘邦对付韩信，始终是有效控制的。即使是昨天大骂、今天安抚、明天软禁，都是根据当时的实际情形决定的，并不随意，也不任性。

3. 宽厚呵护

前197年，陈豨反叛。刘邦率领兵马前往。韩信托病，准备与陈豨呼应，却被手下密告。这直接冲撞汉朝的法律和心理底线。吕后和萧何设计，突然捕获韩信。

民间传说，吕后曾经和刘邦聊天，韩信果真反叛，如何处死。刘邦说，韩信是一代奇才、天之骄子，是上天所赐，不许让天空看见；韩信是国士无双、功高无二，是地之所赐，不许在地上处死；韩信是攻无不克、战无不胜，是兵之所赐，不许使用刀剑。吕后何等聪明，找人用黑色的布袋，把韩信装进去，吊在树上，拿着削得十分锋利的竹竿，活活戳死。

刘邦平叛返回京城，知道韩信已死，既高兴又怜悯。突然问道："临死的时候，说过什么？"二人回复道："韩信说悔恨没有采纳蒯通的计谋。"于是，刘邦立即召见蒯通。问明情况，当场赦免。

（四）陈平

陈平的一生，充满传奇和惊艳。年轻的时候，家景贫寒，喜好读书。一个叫张负的富商，孙女出嫁5次，5个丈夫先后都死于非命，没人敢娶她，陈平却想娶她。张负慧眼独具地说："陈平仪表堂堂，不是贫寒卑贱的命。"遂将孙女嫁陈平。张家借钱给他，准备丰厚的聘礼，置办酒宴娶亲。张负还告诫孙女说，苦也有尽，福报自来。说来也怪，陈平娶亲之后，不但平安无事，反而资财日益宽裕，交游也越来越广泛。

前205年，司马欣还是秦朝降将的时候。不满项羽的骄横，背楚降汉。项羽大骂陈平失职。陈平左思右想，决定连夜投奔刘邦。天快黑时，他请船夫送他过河。这时，船舱里又出来了一个船夫。两个船夫默默交流眼神。陈平见状，马上脱了衣服，扔在船上，光着上身来帮助划船。船夫看他腰间什么也没有，衣服掉在船上也没有什么声音，便打消了谋财害命的念头。陈平的心细如发、机敏过人，可见一斑。

刘邦看见陈平投奔，"大悦之"，任命都尉。不久，陈平被举报，收受别人的财物，还经常出门玩女人。刘邦生疑，召见问道："听说你原来是帮助魏王，后来离开又去帮助西楚霸王，现在又来帮助我。你好像不是怎么讲信义的人啊！"陈平不紧不慢地回答道："同样一件有用的东西，在不同的人手里作用就不同了。我侍奉魏王，魏王不能用我，我离开他去帮助楚霸王，霸王也不信任我，所以我才来归附大王。我虽然还是我，但是，用我的人可不一样了。听说你善于用人，不远千里来投奔。来的时候，我什么也没带。来到之后，还是什么都没有，才接受了人家的礼物。没有钱，我就活不了，也就办不了事。如果大王听信谗言，我就退还所有的礼物，请放一条生路，让我回家。"刘邦站起来抚摸陈平的脊梁，重重地赏赐一番，提升护军中尉，专门监督诸将。

陈平沉稳敏锐，生性机智。刘邦一直把陈平留在身边，作为机动力量。《史记》列入"世家"的，仅陈胜、萧何、曹参、张良、陈平、周勃。在刘邦从弱小走向强大，建立汉朝，甚至是统帅被围的危急关头，陈平的"六出奇计"比起张良，实在是有过之而无不及，向来为后人津津乐道。

1. 反间范增

前203年，楚汉决战。刘邦被项羽围困在荥阳城，长达一年之久，外援和粮草断绝。刘邦求和，项羽不许。这时，陈平登场说，"彼项王骨鲠之臣，亚父、钟离眛、龙且、周殷之属，不过数人耳"。献反间计。刘邦当场拍板，从仓库中拨出4万斤金（黄铜），自由支配，不必请示。陈平本是项羽的高官，顺利收买一些楚军的将领散布谣言说，钟离眛的功劳最大，却没有称王，实在是欺人太甚。项羽起疑，不再信任钟离眛，什么话也不愿意听，白白错失战机。

陈平追随项羽、范增多年，非常清楚他们的性格缺陷。一天，项羽派使者到刘邦营中传话。陈平早已准备精致的餐具和食物。使者刚刚进屋，陈平就请到上座。酒过三巡，他大赞范增，问起范增的起居近况，低声说，亚父有何吩咐？使者不解地说："我们是西楚霸王派来的，不是亚父派来的。"陈平拂袖而去，边出门边骂侍者，你们眼睛都瞎了吧，哪里是亚父派来的！侍者惊慌失措，连忙把使者带到简陋的房间，改用粗茶淡饭。

使者受此羞辱，大骂而归。项羽疑心，疏远范增。后来，范增也听到使者的传闻，辞职归老。快到彭城的时候，背上毒疮复发，当即病死。

2. 安抚韩信

钟离眛失宠、范增出走，并没有使刘邦的困境得到改善。与此同时，大将军韩信在北路势如破竹，先是平定魏、代、赵、燕等地，又占据齐国故地，欲自立为假（代理）齐王。

刘邦看见来信，怒气上冲，当着使者的面，破口大骂道："我们被围困在这儿,早晨晚上都是盼望韩信解救,他自己却要称王!简直就是混蛋!"当时,陈平正坐在刘邦的旁边,连忙在案下轻轻踩了他一脚,刘邦十分精明,迅速反应过来,接着说:"韩信,这个混蛋!平定这么多的诸侯,还想做什么代理齐王,我封一个真的给他!"

后来,刘邦派张良拿着印绶去齐地,分封韩信,征调军队合围楚军,楚汉战争的形势发生重大的转折。

3. 荥阳突围

时不多久,项羽醒悟,恨死陈平。前203年5月,项羽猛攻荥阳。张良无可奈何,只是叹气。陈平却站了出来,说只要如此这般,便可解围。刘邦听从。

于是,刘邦写信给项羽,约在东门相见。项羽非常高兴,率领重兵在东门等候。次日,天蒙蒙亮,汉军打开了东门。2000多名衣着鲜艳的妇女,陆续走了出来。南、西、北门的楚军听说后,纷纷涌向东门观看。这时,刘邦端坐在豪车之上,慢慢地走出。直到走到项羽的面前,才发现不是刘邦,而是与刘邦相貌酷似的将军纪信。

正在这时,快骑来报,西门突然冲出一支军队,楚军抓住大批将领模样的人。项羽急忙赶过去,却是勃然大怒。原来,陈平让身边的随从都穿着平时只有高级将领们才能穿的衣服,率先冲出城门。按照楚国军队的惯例,杀死和俘虏的军官级别越高,赏赐越多。所以,大家直奔而去。在精锐卫队的保护之下,刘邦、陈平、张良、樊哙等人,穿着普通士兵的衣服,乘机逃向关中。

诚如司马光所言,"昔周得微子而革商命,秦得由余而霸西戎,吴国得伍员而克强楚国,汉得陈平而诛项籍,魏得许攸而破袁绍;彼敌国之材臣,来为己用,进取之良资也"。意思是说,陈平本来属于项羽的重臣,一旦投奔到敌对的刘邦,熟知内情、反戈一击,破坏力不可估量。

陈平与张良十分交好,由于出身贫寒、经历曲折,品性自然不能相比。但是,刘邦推心置腹,始终重用陈平,使之光彩照人。汉朝建立之后,陈平多次立下奇功,却是后话。

(五)郦食其

魏国陈留高阳人。少年家境贫寒,好读书。60岁的时候,还是一个看管里门的下贱小吏,放荡不羁、抱酒不放,时称"高阳酒徒"。前209年,陈胜、项梁相继起义。各路将领攻城略地经过高阳。他深居简出,隐藏起来。后来,他听说刘邦来到陈留郊外,央求熟人引见。

其实,刘邦有所耳闻。但是,他不太喜欢儒生之类的水货,偏爱能打仗的干货。一天,他正在洗脚的时候,传令召见郦食其。须发雪白、飘飞如瀑的郦食其,只是递进名片,作个长揖,而没有倾身下拜,就直接问道:"您是想帮助秦国攻打诸侯呢,还是想率领诸侯灭掉秦国?"刘邦大怒,大声骂道:"好一个奴才相的儒生!天下的人,一同受秦朝的苦已经很久了。所以,诸侯们陆续起兵反抗暴秦。你怎么可以说,我帮助秦国攻打诸侯呢?"郦食其毫不客气地回敬道:"如果您下决心聚合民众,召集义兵来推翻暴虐无道的秦王朝,那么,就不应该用这种倨慢不礼的态度来接见一个长者!"于是,刘邦立刻停止了洗脚,穿着整齐衣裳,将其请到上宾的座位,郑重道歉。

郦食其刚刚开口讲了几句,刘邦就听了大喜,命人端上饭来,拿来好酒,一同进餐。酒过三巡,他起身作揖,诚恳地问道:"您看,我今后怎么办?"郦食其喝了一口酒,说道如此如此。于是,刘邦依计攻取陈留,赐予广野君。郦食其随即荐举他的弟弟郦商,让他带领属下几千人跟随。

兵临武关的时候,他以使臣的身份,只身前往,劝说守关的秦将归降,不战而下。楚汉苦战,他建议夺取荥阳,占据敖仓,获得巩固的据点和粮食补给,形势逐渐反败为胜。后来,出使齐国,劝齐王田广归汉成功。齐王放弃战备,70多个城池陆续归顺。前204年11月,韩信突然发兵袭击齐国。齐王田广认为自己被骗,烹杀郦食其,时年65岁。

刘邦平定英布之后,时常念及郦食其的功劳,多次想封其子郦疥为侯。可是,依据汉朝律令,军功还不到封侯。后来,刘邦找到机会,破例封之高梁侯。

唐代诗人李白《梁甫吟》写道:"君不见高阳酒徒起草中,长揖山东隆准公。入门不拜骋雄辩,两女辍洗来趋风。东下齐城七十二,指挥楚汉如旋蓬。"后来,毛主席续了4句:"不料韩信不听话,十万大军下历城。齐王火冒三千丈,抓了酒徒付鼎烹。"这里的"酒徒",就是指屡建奇功的郦食其。

前203年,楚汉议和,平分天下。未料,刘邦背约,突然掉头,挥师东进,与韩信、彭越等夹攻项羽。次年,项羽在垓下之战大败。退至乌江,自刎而死,年仅31岁。前202年,刘邦在定陶称帝,定都长安,国号汉,400多年的汉朝(西汉、东汉)就此开启。

第二章 西汉

西汉（前202年—公元8年），又称前汉，与东汉（后汉）合称汉朝，是继秦朝之后的第二个帝国。共有15个皇帝，国祚210年。

前202年，刘邦称帝，定都长安。汉承秦制，采取"郡国制"，郡县和封国并存，在中央实行与秦朝相同的郡县制，地方实行分封制。接受娄敬"强干弱枝"建议，把关东六国的强宗大族和豪杰名家等10余万人，迁徙到关中定居。

汉初，实行轻徭薄赋的政策，国家把农民编为户籍，作为征收赋税徭役的根据。赋税有四项：田租（土地税）、算赋和口赋（人头税）、徭役、兵役。高祖刘邦实行十五税一，文帝时实行三十税一，指数均不超过8%，相比秦朝的70%，不可同日而语。社会经济稳步发展，农业、手工业及商业领域均取得明显进步，史称"休养生息"。

第一节 建国之初

天下苦秦，久矣。汉朝初年，百废待举。刘邦遇到的人才问题，无外乎三个领域：功劳卓著的功臣，南北边疆的将领，以及治理国政的士族。

一、集团鼎立

建国初期，刘邦身边，逐渐形成4个人才集团。分别是：以吕后为首，和自己的子女、家眷、姻亲组成的皇权集团；萧何为首的丰沛集团；张良为首的归依集团；韩信为首的异姓王集团。

（一）丰沛集团

丰沛集团，也称故人集团，籍贯都在丰、沛、砀及附近地区，乃是刘邦起家之地。这是沛县起义的基本力量，形成声誉显赫、不可替代的军政集团。代表人物：萧何、樊哙、曹参、王陵、卢绾、周勃、灌婴、周苛，以及兄弟、子嗣们。相传，秦朝末年，一个著名的相士，到达沛县，大惊失色，说道："满街是文武，遍地乃将臣。"

汉朝建立，汲取秦末诸子争位、尽数覆灭的教训，立长子刘盈为皇太子。随之，赏封20多位功臣。忠心耿耿、威武勇猛的丰沛集团回报丰厚、充沛，恰好印证"丰沛"二字。初置的18侯之中，丰沛集团占11个。《汉书·高惠高后文功臣侯年表》记载，封赏的147侯，丰沛集团就占51人，约为1/3。

朝中重臣更是如此。以三公为例，首任丞相为萧何，刘邦临终遗言，萧何死，曹参、王陵依次接替。直至孝文帝后元二年，担任丞相一职的，仅陈平、张苍不属丰沛集团。但是，二人都是与丰沛集团关系密切的人物。

太尉一职，不常设。卢绾、周勃、灌婴，都是丰沛集团成员。首任御史大夫为周苛。周苛死，从弟周昌代。周昌迁赵王相，属吏赵尧代，其后，任敖、曹窋、张苍接任此职。周苛、周昌，沛人，曾为泗水卒史，是刘邦的老部下；任敖也是沛人，"少为狱吏……素善高祖"；曹窋为曹参之子；赵尧籍贯不明，却是周昌属吏；等等。

汉朝初期，刘邦与丰沛集团唇齿相依。尽管如此，刘邦仍然是顾虑重重。主要是萧何、樊哙二人。每次出征作战，都是萧何、太子留守。除了吕后，刘邦私心无存。所幸的是，萧何始终追随，不离不弃，也无心自立。

樊哙，本是吕后的妹夫。《史记》记载，樊哙"先登"10次（首先攻破城门），"斩首"11次（亲自杀死高级别的将领），"益爵"加官16次。凭借众多的战功，丰沛集团丝毫不亚于韩信、彭越、英布等异姓王集团。前195年，刘邦击败英布，箭伤发作。刚到长安，听说燕王卢绾叛变，派樊哙讨伐。有人说，樊哙跟吕后串通，图谋不轨。刘邦感觉不妙，决意临阵换将。

陈平进言，献上制定万全之计，亲自传诏。大将周勃，丰沛集团的重要成员之一，躲藏在车上，只等着斩杀樊哙，夺印代替。如期到达，樊哙被囚。这时，理应立即杀之，回报刘邦。机敏过人的陈平，另有打算。他说："刘邦病得这么厉害，又在气头上，言语重了一些。如果真的处死，吕氏姐妹一定归罪于我们。上策就是送到长安，或杀或免，让刘邦决定，免得怪罪下来。"走到半路，得知刘邦病死。吕后得权，平安无事。

刘邦坚信，丰沛集团是可靠的。同时，告诫他们，"非刘氏而王者，天下共击之"，目的就是维护帝国的稳固。意思也明确，秦朝的"人天下"，即一人治理天下，已然转为"家天下"。这个"家"，既是家庭，也是家族。

(二) 归依集团

反秦之际,刘邦集团大力吸纳能人智士,士族子弟归附。他们凭借才干,先后进入权力中枢,代表人物有张良、陈平、郦食其、郦商、张苍。他们形成一个巨大的外部智库,积极展开外交、筹划谋略,成为刘邦集团的重要依靠。

沛县起事,投奔者众多,不乏"顽钝嗜利无耻者",引起丰沛集团的不满。陈平初投刘邦,就受到周勃、灌婴的攻击,"臣闻平居家时,盗其嫂……平,反覆乱臣也"。但是,刘邦相信陈平,并且通过自己的权威和影响力,给予充分信任。事实上,这也增强了归依集团的归属感和亲近力,进而形成以丰沛集团为主、归依集团为辅的权力中心。

张良、陈平、郦食其等人,动辄惊艳、光芒四射,也使得丰沛集团高度认同。有了共同利益和追求目标,两大集团结成相对稳定团结的谋略和作战核心,构筑帝国的武力和智力基础,成为西汉初期的支撑。

然而,归依集团存在不稳定因素。建国之后,刘邦看见诸将窃窃私语,就询问张良。后者危言耸听地说:"他们在商议谋反!"刘邦大吃一惊,忙问计策。张良回答:"您平时最恨的,且为群臣共知的人是谁?"刘邦答道:"那是反复无常、背信弃义的雍齿。"张良说如此这般。于是,刘邦摆设酒席,欢宴群臣,加封雍齿为什方侯,催促丞相、御史们赶快定功行封。群臣见状,皆大欢喜。如此,"安一仇而坚众心"的策略与权术,遂被后世如法炮制。

通常来说,归依集团的主力,是士阶层。这些职业政治家们(职业经理人),有着独特的信念和风采。与统治稳定的皇族集团,与相信暴力革命的丰沛集团,默契无比、彼此补充。但是,他们的职业操守,只是效忠帝国。于是,在铲平异姓诸侯王的时候,归依集团成为了平叛的主谋或主将。

刘邦死后,吕后擅权,专封诸吕。归依集团不反对、不合作,只是装疯卖傻、一味敷衍。吕后死去,这些人精神振奋、迅速行动,联合刘氏皇族,尽诛诸吕,复立刘氏。迎立代王刘恒,是为文帝。如此,归依集团极力维系刘氏一脉,在保证集团利益的同时,也证明角色的职业操守。帝国时代的猎头,莫过于此;有此忠心,夫复何求。

(三) 异姓王集团

刘邦分封诸侯王,并不是出于本心。而是在汉弱楚强的紧急形势下,为了壮大自身、孤立项羽,采取的应急之策。汉朝初期,分封的异姓功臣有7人，包括楚王韩信、梁王彭越、淮南王英布、赵王张耳、燕王臧荼（后为卢绾）、长沙王吴芮、韩王信（非韩信）等。其中，韩信、彭越、英布并称"汉初三大名将"。

异姓王集团有着相当的投机性。项羽分封甫定，已显端倪，首先是田荣与彭越、陈余联兵反楚，臧荼杀无终王韩广而夺其地。这一状况的出现，既是项羽分封的不公，又是刘邦无法满足诸侯王的要求。这是利益驱动与纷争。

战起，刘邦袭占关中，挥军东指，"塞王欣、翟王翳、河南王申阳降……魏王豹将兵从"，被陈余赶走的张耳，也跑来投奔，这是刘邦与之共享，"降城即以侯其将，得赂则以分其士，与天下同其利"，而且，刘邦的实力次于项羽，唯有吸附人才。彭城一战，刘邦大败。"诸侯见楚强汉败，还皆去汉，复为楚"。叛降无常，实属无奈。

魏豹背汉之际，刘邦使韩信与曹参、灌婴击魏。汉楚在荥阳、成皋间长期对峙，韩信、张耳北击燕赵。刘邦又将灌婴及其郎中骑兵归韩信指挥，后又使曹参以右丞相职务，伴随韩信击齐。曹、灌亦步亦趋，形影不离。丰沛集团置于韩信左右，既是帮助韩信，也有潜伏，防备不测之变的用意。

刘邦从一个秦朝小吏，到举事成功，建立王朝，积极吸纳和重用这批高端人才。即使如此，他始终对战功卓著的将相们保持相当的警惕，甚至直接干预。如在前204年6月，刘邦引军东渡黄河。天色尚早，与夏侯婴直接闯入赵王张耳的卧室，夺取印信兵符，调动各路诸侯，留下指令，返回军营。等到天亮，张耳、韩信起床，得知刘邦亲自来过，大惊失色。

前202年，也就是刘邦称帝的那一年，燕王臧荼，就以谋反罪名被消灭，成为第一个受刀者。次年，韩信被逮捕，罪名同样是企图谋反，被软禁在都城多年。

前197年，陈豨叛乱，刘邦亲征。梁王彭越称病，敷衍塞责。梁国太仆畏罪，逃往长安诬告。刘邦遂派遣使者逮捕彭越，囚禁在洛阳。三司会审。其后，削去王号，贬为庶人，押到蜀郡。彭越途经郑县，遇到吕后，旋即哭诉。后者满口答应，随即一起返回。不料，吕后主张斩草除根，免除后患。刘邦默许。吕后派人告发，定以死罪，枭首示众、夷灭三族，肢体被剁成肉酱，分送所有的诸侯王，共享美食、引以为戒。

前196年，韩信承诺，协助陈豨起兵造反。未几，亲信走漏风声，遭到吕后与萧何密谋，被斩于长乐宫，株连九族。一直犹豫不决的淮南王英布，起兵反汉，旋即被杀。次年，陈豨兵败被杀。

其他的异姓王,也被逐一剪除。赵王张耳病逝,继任张敖涉嫌行刺被问罪,降为宣平侯,国除。燕王臧荼死后,继任的卢绾日夜不安,暗中勾结匈奴,寻求自保。不料,被刘邦察觉,发兵击之,卢绾率部属逃入匈奴,病死。韩王信投降匈奴,其后战死。长沙王吴芮,中规中矩、忠贞不贰,却因无子、自然除国。

异姓诸侯王消失,取而代之的是刘姓诸侯王,目的就是加强皇权集团。班固对此评价道:"昔高祖定天下,功臣异姓而王者八国。张耳、吴芮、彭越、黥布(英布)、臧荼、卢绾与两韩信,皆徼一时之权变,以诈力成功,咸得裂土,南面称孤。见疑强大,怀不自安,事穷势迫,卒谋叛逆,终于灭亡。"

(四) 皇权集团

吕雉,生于单父县(今山东单县),后迁居沛县。父亲吕公不顾别人的劝阻,执意把她嫁给未婚有子(刘肥)、长之15岁的刘邦。生一子(汉惠帝刘盈)、一女(鲁元公主刘乐)。

初嫁之时,生活艰难。吕雉伺候父母、养育儿女。刘邦私放囚犯,亡命山林。吕雉不时长途跋涉,送去衣物及食品。

前209年,大泽乡起义。10月,刘邦举事。吕雉闻讯,决定居家不随,躲避乡下。前206年,楚汉相争。沛县为西楚控制,刘邦派人迎接父亲,但是,项羽派兵所阻。

前205年4月,汉军在彭城大败。刘邦仓皇逃跑,途遇5岁的刘盈、13岁的刘乐,遂带上。楚军追之甚急。刘邦一心逃命,途中将儿女踢下车,减轻重量。同车的夏侯婴不忍,叫停下车,将姐弟重新抱上车。如此两次。刘邦拔剑大骂。夏侯婴不理,狂奔到丰邑。

太公(刘邦的父亲)、吕雉被西楚所擒,扣作人质。前203年,楚汉对峙,项羽把太公放到砧板上,威胁刘邦投降,否则就煮了太公。刘邦说:"吾与羽俱北面受命怀王,约为兄弟,吾翁即若翁;必欲烹而翁,幸分我一杯羹!"项羽叔父项伯,极力劝阻,始得幸免。楚军渐渐不利。太公与吕雉被送还。楚汉阵营约定,以鸿沟为界,"楚河汉界"由此闻名。受尽屈辱的吕雉归来,时年38岁。

然而,吕雉被囚4年。早已不是那相夫教子、持家生计之辈。《史记》之《吕太后本纪》,视同帝王、遂有续节。回想当年,她的父亲吕公,堪称婚恋猎头高手,实至名归。

二、南征北战

西汉初年，黄河、长江流域得以平定。北方、南方，成为帝国的心腹之患。刘邦广言纳谏，先后抚平。

（一）安定北方

秦亡，漠北的匈奴乘机南下，重新占据了河南地（今内蒙古河套地区）。汉朝初年，匈奴不断侵扰汉的边郡。前201年，韩王信投降匈奴。

前200年，刘邦亲率20万大军征讨。匈奴示弱。探子们接连报告，可以进攻。只有刘敬（娄敬，力荐建都关中立功，赐姓刘）报告说，两国交兵，理应炫耀兵力。如今，我只看到瘦弱的牲畜和老弱的士兵，必定有诈、不能攻打。刘邦大怒，拘禁刘敬（押在广武县），一路冒进，遂在白登（今山西大同东北），被匈奴30余万骑兵围困，整整7天7夜。后用陈平的计谋，重贿冒顿单于的阏氏，方得脱险。

到达晋阳，脸面全无的刘邦，赦免刘敬，笑说："我不听您的意见，所以遭到围困，几乎覆没。我已经把回报匈奴可以攻打的探子们，都拖出去都斩首了。"随后，赏赐食邑二千户，封为关内侯，也称建信侯。

刘邦虽已脱困，但是，匈奴实力犹存。刘敬再次献计说："冒顿单于杀死父亲，自己做了君主，又把父亲的许多姬妾纳入后宫。陛下把公主嫁给冒顿，再送上丰厚的礼物。如此，冒顿在位，自是汉朝的女婿，若死了，君主便是汉朝的外孙。哪曾听说，外孙敢同外祖父分庭抗礼的呢？如此，不图当前，计在长远。"刘邦默许。

吕后得知，鲁元公主即将远嫁，日夜哭啼。功臣们执意不肯。刘邦只得物色一名姿色漂亮的宫女，收为女儿，遂以公主的名义，嫁给冒顿。同时，派遣刘敬前往，与匈奴议和。不久，开放关市（边境贸易），互通往来。

（二）收归南方

秦始皇统一中原，着手平定岭南地区的百越之地。前219年，屠睢为主将、赵佗为副将率领50万大军南下。后改任嚣为主将。前214年，岭南划进了大秦帝国的版图。

前203年，赵佗在楚汉战争时期，兼并桂林郡和象郡，自称"南越武王"，都城在番禺（今广州市）。前196年，刘邦派遣大夫陆贾出使南越，劝说其归化。

次年，赵佗接受南越王印绶，臣服汉朝，成为藩属国，并向朝廷称臣奉贡。此后,南越国和汉朝互派使者,互相通市。中原地区的生产技术、文化源源不断输入,促使广东地区稳步发展。

三、诏举三老

汉初,刘邦和将相们,时常聚集一起,讨论秦朝"二世而亡"的教训。儒生陆贾,谈及《诗》《书》。刘邦说:"我马上得天下,经书有什么用?"陆贾说,马上得之,不能马上治之。随后,陆贾援引历史,以商周和秦朝的兴亡为例,说明仁义治国的重要性。刘邦听后,面有愧色,便命陆贾著书论述秦亡汉兴、天下得失的道理,以资借鉴,称为"新语"。

陆贾的《新语·无为第四》写道:"秦始皇帝设为车裂之诛,以敛奸邪。筑长城于戎境,以备胡越,征大吞小,威震天下。……事愈烦,天下愈乱,法愈滋,而奸愈炽,兵马益设,而敌人愈多。秦非不欲为治,然失之者,乃举措暴众而用刑太极故也。"因此,建议多给农民种地的时间,宽刑薄赋,与民休息。

陆贾以儒家为本,融汇黄老道家及法家思想,反秦道而行之,提出"行仁义、法先圣,礼法结合、无为而治",坚持"行仁义而轻刑罚、闭利门而尚德义、锄佞臣而求贤圣",重构新的儒学、施于治政,倡导天人感应说。

前205年,刘邦下令"诏举三老",选拔年龄在50岁以上(西汉时期,平均寿命22岁,50岁就是老人),"有修行,能率众为善"的人,协助地方长官推行政令。前196年,又下诏,把选拔人才的事纳入议事日程。命令郡国向中央推荐人才,记录他们的"行(品行)""义(仪表)""年(年龄)"。同时要求,各郡国都按一定的人口比例和选拔标准,定期向中央政权推荐人才。

夏、商、西周实行"世卿世禄制"。春秋战国时期,士阶层兴起,诸侯国基于富国强兵的需要,争相用之。战国时期,秦国首创"军功爵制",养士之风盛行。秦朝沿袭耕战传统,始终以辟田和军功为选官依据。汉初,刘邦鉴于先前朝代的经验和教训,试图建立完整的官吏选拔制度,形成自下而上推选人才的机制和体制,遂开"察举制"的先河。

前195年,刘邦病重。吕后问道:"相国萧何死后,谁来接替呢?"刘邦说:"曹参。"吕后问:"曹参之后?"刘邦说:"王陵。但是,王陵智谋不足,让陈平辅佐。陈平有智谋,却不能决断大事。周勃不擅言谈,但是为人忠厚,日后能够安定江山,先做太尉吧。"吕后又追问:"以后呢?"刘邦有气无力地说:"我不知道。"享年62岁,谥号为高皇帝,庙号太祖。

刘邦的一生，是征战四方、戎甲不解和处心积虑的一生，也是大力吸纳、果敢任用和时刻防范高端人才的一生，也更是争取、利用和协调多个利益集团（群体）的一生。

刘邦与吕后之子、16岁的太子刘盈登基，即是汉惠帝。当年，刘邦吃了败仗、夺路逃跑之际，先后两次将儿女踢下车，但是，都被夏侯婴重新抱回。那时，一边大声哭喊，一边死死抓着夏侯婴衣领不放手的5岁男孩，就是他。

第二节　休养生息

西汉初年，国家财力薄弱，皇帝连4匹同样毛色的马都找不到，将相只能乘牛车。"民失作业而大饥馑，凡米石五千，人相食，死者过半。"田野荒芜，人面菜色。这时，统治者为恢复生产，治疗战争创伤，实行分封制度。奖励农耕、桑蚕，减租减息，实行以农为先的政策。

一、萧规曹随

前193年，萧何去世。曹参听到消息，告诉门客整理行装，自信地说道："我将要入朝当相国去了。"不久，朝廷果真派员来召，提拔曹参为丞相。

曹参是武将出身，身上有70多处战伤，总共攻灭2个诸侯国、122个县，军功名列第一。但是，担任相国之后，整日饮酒食肉，政治上清静无为，继续执行萧何时期的政策，不予变动。汉惠帝无奈，亲自责问。曹参摘下帽子，俯首谢罪，然后镇静地问："陛下您认为，您与先帝相比，谁较为英明神武？"惠帝回道："我怎敢与先帝比？"曹参又问："我跟萧何比，谁较贤能？"皇帝说："你哪里比得上他。"曹参接着说："陛下说得对，且高祖跟萧何平定了天下，法令都健全具备。陛下垂拱而治，我们坚守岗位，遵守法令而不犯过失，不是很适合吗？"惠帝说："好，您早点休息吧。"

不过，他却有特别的选人标准，就是优先选拔拙于言辞的厚道人，负责任，能包容，有爱心。高级官吏普遍做实事，不做邪事，不找事，不生事，呈现"无为而无不为""贵清静而民自定"的社会风气。百姓歌颂道："萧何为法，顜若画一。曹参代之，守而勿失。载其清净，民以宁一。"史称"萧规曹随"。

前191年，"三月甲子，皇帝冠，赦天下。省法令妨吏民者；除挟书律。"其中,"除挟书律"就是解除私家藏书的禁令。汉政府在全国"大收篇籍"。民间秘藏的篇籍纷纷公开问世,记载着周代的官制政制、秘而不传的《周官》,珍贵的医经、本草、方术等书籍,也渐渐流传开来。

淮南王刘安与河间王刘德,不惜重金收购各类图书,成为中国第一批藏书家。其中,刘德的私家藏书数量堪比朝廷。据此,中国书籍进入公众传播的新时代,历史意义不可估量。

二、吕后临政

汉帝国建立前后,吕后参与其中,成为皇权集团的代表。刘邦死后,她以坚定的立场、复杂的心情和非常的手段,消灭太子刘盈继承帝位的所有阻碍,逐渐成为政权的实际控制人。在中国古代历史上的大一统时代,这是第一个女执政(一说皇帝),更是开启外戚干预朝政的先河。

刘邦晚年,喜爱年轻貌美的戚夫人之子刘如意。一度,他想改立太子,却未曾想吕后是高手。遂令哥哥建成侯吕泽找到张良。后者拒绝。吕泽关上大门,不让他走,跪在地上哭泣。张良心软,扶着手臂轻轻说道:"皇上有几个想招揽却多次被婉拒的隐居贤人。那就是秦朝4位信奉黄老之学的博士东园公唐秉、夏黄公崔广、绮里季吴实、角里先生周术,合称'商山四皓'。只有请他们出动,才有成效。"在吕后卑辞重金之下,四人同意出山。

刘邦平定英布之后,病重之际,仍然想更换太子。一次宴会,4位80多岁的"商山四皓",神情怡然、白发飘飘地陪同太子刘盈入席。刘邦大惊,无奈地说:"太子不能更改的了。"

汉惠帝时期,吕雉独掌大权,遂现狼性本色。刘邦的儿子、刘盈的兄弟,一律离开都城。赵王刘如意,曾是刘邦有意传位的幼子,前195年12月,无故被杀,生母被残害。前193年,刘邦的非婚长子刘肥朝见。刘盈因为刘肥是同父异母的兄长,就按照家人礼节,让他坐于上首。吕雉大怒,命人倒了两杯鸩酒,让刘肥给自己祝酒。不料,刘盈也拿起一杯酒,跟着站了起来。吕雉惊恐万分,赶紧打翻刘盈手上的酒杯。刘肥装醉离去,献出城阳郡作为鲁元公主的封地,方才脱身。

更加离谱的是,前192年,吕雉立鲁元公主的女儿、11岁的张嫣为皇后。也就是说,皇帝刘盈娶了自己的亲外甥女,就算他对此极为不满,却也只能答应。

吕后沿袭与民休息的国策,施行无为而治。《汉书·惠帝纪》记载,前191年,诏令郡国"举民孝悌、力田者复其身",也就是对道德良好、种田有道的人以朝廷的名义加以表彰。还以免除徭役为优惠措施，鼓励农民从事生产，又"减田租，复十五税一"。

前188年，刘盈病逝。发丧期间，吕雉只是干哭，不见落泪。张良之子张辟强担任侍中，年仅15岁，就对丞相陈平说："你可知为何？"陈平反问："你说又是为何？"张辟强回应："太后害怕你们这班老臣。现在，只有封拜吕雉的兄弟吕台、吕产、吕禄为将军，安排吕氏家族入宫执掌大权，吕后才能心安，你们也就没有祸患了。"陈平依计而行。自此，吕后的权势愈加巩固。

前187年，诏令"除三族罪，妖言令"。随后"减刑，颁布赎罪法"、制定"戍卒岁更"，免除将士常年驻守边疆之苦。还提倡勤俭治国、严厉整治铺张浪费的风气等。

少帝刘恭出言不慎，被吕后杀死，改立刘弘（刘义），宗族10多人位列王侯。前180年9月，吕后病死，时年62岁。齐王刘襄率先发难。一直隐忍不发的丞相陈平、太尉周勃与朱虚侯刘章等宗室大臣，果断出手。吕氏家族至此被铲除。

吕后固然强悍，却多有失策。摄政之时，陆续翦除刘氏血脉，扶持家族势力，本就是谋反性质，无疑损害丰沛集团、归附集团和异姓王集团，甚至是皇权集团的利益。如此，吕氏家族人才匮乏，最终落得孤掌难鸣。

皇位候选人已然空缺。将相，也可以说，就是丰沛集团、归附集团的领袖们，很快达成共识。首先，新皇帝必须具备正统的刘氏血脉，这是必要的前提，也是号令天下的旗帜。其次，母族势力不能太强大，宗室关系简单。这是对吕氏家族作乱的反思与矫正，也是血的历史教训。最后，性情温顺。这是故臣的共同心愿，也是保障利益集团的重要支点。几经比较，刘邦的第4子，宽厚仁慈、躬行节俭的代王刘恒得以入选。于是，派遣使者以天子的礼仪，到达晋阳（今山西太原），恭迎回京。

但是，刘恒深知朝政的手段，非常担心有去无回，只是带着贴身的宋昌、张武等6人前往。一边慢吞吞地走，一边派舅舅薄昭先到长安探听虚实。离长安城50里的时候，又派宋昌进城，打探消息。右丞相周勃、左丞相陈平（汉时以右为上）决意率众拥立。如此，方才抵达未央宫。这就是历史上有名的汉文帝，时年22岁。

当夜，汉文帝命令宋昌为卫将军，镇抚南、北二军。又任命张武为郎中令，巡察保卫内宫。皇家的精锐卫队，得到秘密指令，迅速列队出发，消失在暮色之中。刘弘及其弟弟济川王刘太、淮阳王刘武、常山王刘朝弟，旋即被杀。

汉文帝连夜回到前殿，颁布诏令，大赦天下。消息传开，人们突然醒悟，新皇帝并非等闲之辈。

第三节　文景之治

文、景时期，继续采取黄老哲学无为而治的主张，实行轻徭薄赋、与民休息的政策，恩威并施，恢复了多年战争带来的巨大破坏，使人民负担继续得到减轻。提倡节俭，重视"以德化民"，社会比较安定，经济得到发展，被视为汉帝国的盛世，史称"文景之治"。

秦朝酷法进一步被废除。官吏选拔实行察举制，打开士阶层的上升通道。"除挟书律"的颁布，使得教育大众化。文翁石室的广泛推广，官学、私塾盛行，国民教育空前兴旺。人民生活得以极大的改善。这一切，都与比较系统的培育、选拔、任用、解任，以及宽松有度、收放自如的人才管理机制和方法，是密不可分的。

一、汉文帝

即位之初，汉文帝面临一系列的隐患和暗流。生母为薄姬，本是吴人，原是魏王魏豹之妾。楚汉战争，魏豹被韩信、曹参打败，她也成了俘虏，后被送入织室织布。刘邦见薄姬颇有些姿色，就纳入后宫。前202年，刘恒出生。前196年，受封为代王，本与皇位无缘。

为此，他在功臣、吕氏宗族、诸侯王彼此的争斗之中，寻求新的平衡关系。这种柔中带刚的人才策略和手法，继承了汉高祖刘邦、惠帝刘盈、吕后吕雉的休养生息政策，将汉朝的统治逐步推向新的高峰。

（一）巩固帝位

主要是三项措施。一是任命心腹负责守卫皇宫、京城，切实保证自己的人身安全。二是诛杀废帝刘弘及其弟弟，彻底铲除吕氏复辟的希望。三是大力褒奖有功之臣。前179年10月，封周勃为右丞相，陈平为左丞相，灌婴为太尉，组成新的三角格局。跟随刘恒入朝的官员，有的官至列卿。而被吕后贬斥的刘姓王，也相继恢复了称号和封地。

汉文帝适度清洗老臣。主要是对周勃的处置。一天，汉文帝故意问武将出身的右丞相周勃，天下一岁决狱几何？周勃摇头。又问，天下一岁钱谷出入几何？周勃又摇头。于是，回顾左丞相陈平。后者却是答得爽快。文帝不悦。周勃顿悟，称病辞职。一年后，陈平去世。文帝又恢复了周勃的职位。不久，又找了借口，免去他的相位，由太尉灌婴接任。

《汉书·贾谊传》载，文帝时期，丞相绛侯周勃被告谋反，逮至长安狱中，最后无罪释放，并恢复爵邑。贾谊上疏，建议以礼对待大臣，文帝颇以为然，但是，决定"是后大臣有罪，皆自杀，不受刑"。也就是说，允许犯罪的将相自杀，不再像秦朝的丞相李斯一样，受尽酷刑，再公开处决。

(二) 推行察举

前 178 年，连续发生两次日食。文帝认为，这是上天发出的某种警告，诏令"天下治乱，在予（自己）一人，举贤良方正，能直言极谏者，以匡朕之不逮"。并且，定下了"对策（考试）"和等第。这是具有划时代的官吏选拔措施。被举者经考试后，予以量才录用，使得中下层知识分子能够相对公平地进入国家管理层，形成相对稳定的人才输送机制。

前 165 年，文帝再次下诏，要求诸侯王、公卿、郡守推举人才。皇帝亲自主持 100 多名候选人的"对策"（考试），包括"朕之不德，吏之不平，政之不宜，民之不宁"四项内容。晁错的《举贤良对策》夺得第一，成为西汉著名的政论文。考试结束，按等第授官，最高的人可官至"九卿"。特别是"直言极谏"，促使一批士阶层无私、无畏，把自己的性命都置之度外，敢于"犯上"，形成"文死谏、武死战"的官场风气。

察举制度雏形已现。有了科目，有了考试办法，也分出了等级。不过，当时科目仅有一种，没有固定的期限，也没有人数的规定，所以制度还未臻完善。

(三) 培育士族

文帝时期，废除"收孥连坐法"。废除肉刑，改为处以笞刑和杖刑。废除进出关要出示证件的法令。两次"除田租税之半"，即租率由十五税一减为三十税一，即纳 1/30 的土地税。前 167 年，免去田租。自此以后，三十税一成为汉代定制。

此外，算赋也由每人每年 120 钱减至每人每年 40 钱。废除盗铸钱令，允许私铸。"丁男三年而一事"，即成年男子的徭役减为每三年服役一次。开放所有的山林川泽，准许私人开采矿产。

这些具有黄老思想的"守法而无为""偃武兴文"和"赏罚信"的举措，加之"除挟书律"的实施，官学、私塾的日益发达，各种文化思潮破土而出。处于社会中间地位和态势的士阶层，生存环境顿时变得宽松，发展空间也被打开。

(四) 治理边疆

文帝在位，继续采取匈奴和亲，却是不再一味忍让。前 177、前 166、前158年，匈奴右贤王、老上单于、军臣单于先后南下。不料，看似文弱的文帝针锋相对、发兵迎击。一批中青年将领，随之脱颖而出。又听取晁错的建议，实行"募民实边"策略，改变单一轮换屯戍的制度，既有利于对边郡的开发，又加强抗击匈奴的防御力量，使内地的社会经济迅速地恢复和发展，也为汉武帝彻底解决匈奴问题打下基础。

吕后执政时期，对南越国实行经济封锁。赵佗即以兵戎相见，与汉王朝分庭抗礼。文帝即位，采取安抚政策，向南越国提供发展生产所需的铁器、农具、马、牛、羊等。修葺赵佗在真定（今河北正定）的祖坟，置守邑，岁时祭祀。又让赵佗的兄弟们，到朝廷做官。然后，遣陆贾再次出使南越，赵佗谢罪称臣。到武帝初年，岭南地区的经济文化，已有较大发展。

（五）慧眼识才

周亚夫是绛侯周勃的次子，无缘爵位，官至河内郡守。不久，哥哥周胜之因为杀人罪被剥夺了爵位。文帝念及周勃的功劳，不愿就此剥夺爵位，下令推选周家子嗣，大家一致推举了周亚夫。前166年，周亚夫继承父亲的爵位。

前158年，匈奴进犯北部边境。朝廷急调三路军队拱卫长安。为鼓舞士气，文帝亲自到三路军队去犒劳慰问，到了灞上、棘门军营，都不需要通报，一路畅通无阻。到了周亚夫担任主将的细柳军营，却被拦在营寨之外，遂告知天子到军中慰问。军门都尉却说："将军有令，军中只听将军命令，不听天子诏令。"等文帝到了，派遣使者拿着符节进去，周亚夫方才命令打开寨门。

守营的士兵还严肃地告诉文帝的随从，"将军有令，军营之中不许车马急驰"。车夫只得控制着缰绳缓缓前进。到达军中主帐，周亚夫一身戎装出来相迎，手持兵器行拱手礼，"甲胄之士不拜，请陛下允许臣下以军中之礼拜见。"文帝听了，非常感动，欠身扶着车前的横木，向将士们行军礼。

犒劳完毕，文帝感慨地说："这才是真将军啊！灞上和棘门的军营，简直是儿戏一般。"不久，匈奴退去。周亚夫升为中尉，掌管京城的兵权。文帝病重弥留之际，嘱咐太子刘启说："国家危难的关键时刻，可以用周亚夫。"

文帝崇尚省俭克奢，史称"宫室苑囿车骑服御，无所增益"。前157年，汉文帝病死，在位23年，终年45岁。31岁的太子刘启继承，是为汉景帝。

二、汉景帝

刘启本来是汉文帝的第4子，与帝位无缘。但是，他的运气却是出奇的好。哥哥们先后病死，太子的位子，自然落到他的头上。

太子刘启，也是性情中人。一日，吴王刘濞的太子刘贤入京。二人喝酒下棋。一人悔棋，另外一个不肯。刘贤出言不逊。刘启怒火中生，当即拿起棋盘就冲了上去，失手打死刘贤。汉文帝无奈，只得说些好话，派人将遗体送回。对此，刘濞怨恨不已。

汉景帝承继文帝，却是不如父亲，属于守成皇帝。宋代学者苏辙指出："汉之贤君，皆曰文、景。文帝宽仁大度，有高帝之风。景帝忌克少恩，无人君之量，其实非文帝比也。"

（一）扳倒邓通

文帝时期，冶铁与铸币业迅猛发展。"汉兴，海内为一，开关梁，弛山泽之禁，是以富商大贾周流天下，交易之物莫不通，得其所欲"。吴王刘濞"故吴诸侯也，以即山铸钱，富埒天子"。大夫邓通更是"铸钱财过王者"，出现吴、邓氏"钱布天下"的状况。

邓通是蜀郡南安人。性情诚谨，擅长划船。不久，就被征召到皇宫。由于个性温和、谨慎，不喜欢张扬，更不善于交际。文帝多次赏赐休假，但是，他都不肯。文帝患痈，邓通常常为之吸吮患处。一天，文帝笑着问，天下谁最爱我呢？邓通答，当然是太子。后来，太子进宫问候病情，文帝要他吸吮患处。太子面露难色。事后听说邓通之事，暗自怨恨。

废除盗铸钱令之际，邓通被文帝赏赐了家乡的大小铜山，特许他铸钱。他亲自带人上山采铜、烧炭、铸钱，每一个钱都要精工细作，又从不在铸钱时掺杂铅、铁而取巧谋利。如此一来，邓通钱光泽亮，分量足，厚薄匀，质地纯。上自王公大臣，中至豪商巨贾，下到贩夫走卒，无不喜爱。

文帝死，景帝继位。这时的邓通，顿时失去靠山。旋即被寻衅革职，追夺掌控的全部铜山，没收所有家产。邓通终饿死街头。在中国历史上，这样的故事反复上演；尽管人物发生变化，性质和手段却是相同的。

（二）平定藩王

前155年，御史大夫晁错上疏《削藩策》，提议削弱诸侯王势力、加强中央集权。汉景帝同意。不久，以吴王刘濞为首的七个刘姓宗室诸侯，不满朝廷削减他们的权力，遂以"清君侧"为名还与匈奴、东越、闽越贵族勾结，组成联军，公然反叛，史称"七国之乱"。

景帝闻知，本以为满足"清君侧"的要求，就完事。于是，派遣使者，埋伏在晁错上朝的路上，随即在大街上腰斩，以求顾全大局。不料，刘濞越发猖狂，自称东帝，与中央分庭抗礼。忧心如焚的景帝，想起文帝遗言，骠骑将军周亚夫升任太尉，执掌国家兵权。

周亚夫率领36位将军、10多万士兵，出征抵御40多万吴楚联军，郦寄、栾布、窦婴等诸侯国，合力并进。然而，到达前线，修建高大的城墙，开挖深沟，并不急着出兵。联军多次进攻，都被打退。这时，周亚夫看准时机，派出一队奇兵，焚烧联军的粮仓。联军军心大乱，诸侯们本是乌合之众，顿生去意。接着，周亚夫追击叛军。前154年，刘濞兵败被杀，封国被废除。其余诸侯国，随之覆灭。

七国之乱遂平。中央规定，诸侯国仅领有一郡之地，实际地位降为郡级。至于诸侯王的领郡，也由汉高祖时期的42郡，减为26郡。中央直辖郡，反从15郡增至44郡，远远超过诸侯王国郡数之和。景帝还规定，诸侯王不能自治其国，无权过问王国的政事。行政权、官吏任免权悉归中央。一些诸侯王搬到京师长安居住。来自诸侯王的威胁基本被清除，中央集权得以强化。

（三）文翁石室

文翁是安徽舒城人，出任蜀郡太守。前143—前141年，文翁创建石室（学校），地方政府负责拨款，面向平民招生。这是中国古代教育史划时代的先河之举。

当时，四川文化落后，师资不足。官府便选派一批聪颖的青年官员，带着腊肉、干粮，翻山越岭，前往长安，拜师求学。不久，这批青年学成归来，就到石室讲课，成为专职教师。

太守出巡，分批带着师生们，去各地考察民情，开阔视野、增加阅历。表现突出的学生，分配到各级政府工作。经过不懈的努力，地方官员相继办起乡学，如"巴汉亦立文学"。汉景帝闻讯大喜，下诏嘉奖"令天下郡国皆立文学"。《汉书》记载，"至汉武帝时，乃令天下郡国，皆立学校官，自文翁为之始云。文翁终于蜀，吏民为立祠堂，岁时祭祀不绝。至今巴蜀好文雅，文翁之化也"。

《中国大百科全书·教育卷》，列选中国古代教育家29人，其中"文翁"条目中写道："中国西汉蜀郡太守，汉代郡县学的发轫者。"2000多年的文翁石室，是世界上唯一的、连续办学，且从未迁址的学校。卓文君、郭沫若、王光祈、贺麟、周太玄、何其芳、曹葆华等名人，均曾就读于此。

（四）忌克少恩

面对匈奴的多次骚扰，汉景帝比较谨慎，并没有大规模的反攻，而是积极防御。针对匈奴的军事特点，中央政权非常重视马政建设，下令扩建北地郡、上郡的马苑，鼓励各郡国及民间饲养。军马生产颇具规模，官府的马匹达到40万匹，民间未计。

一批将领脱颖而出。以突袭著称、号称"飞将军"的李广，稳扎稳打的程不识，被誉为"战克之将，国之爪牙"的郅都，驻守前线，防卫匈奴。但是，汉景帝却是左右摇晃，阴晴不定。

1. 窦太后

本名窦猗房（？—前135年），清河郡人。普通的农家女，平民出身。刘邦死后，吕太后掌揽大权。窦氏进入汉宫，伺候吕太后，被称为窦姬。后来，释放一批宫人出宫，赏给诸侯王，窦姬也在其中。不料，宦官忘记窦姬去赵国的意愿，被派到代国。

代王刘恒是汉高祖刘邦的第4子。不久，窦姬便为刘恒生下一女，取名刘嫖。前187年，又生下一个男孩，取名刘启。其间，刘恒的王后亦生下4个儿子，先后早逝。

前180年，吕雉去世。代王刘恒回京即位，是为汉文帝。次年，立刘启为太子。前154年，七国之乱爆发。汉景帝不顾君臣劝阻，执意拜太后之侄窦婴为大将军。平定后，封为魏其侯。

前143年，桃侯刘舍被免职，窦太后多次向汉景帝提议拜窦婴为丞相。景帝说："太后难道认为我有所吝啬，而不让魏其侯当丞相吗？魏其侯这个人骄傲自满，容易自我欣赏，做事草率轻浮，难以担此重任。"最终，任命建陵侯卫绾为丞相。

窦太后喜欢黄帝、老子之言，故要求汉景帝与诸窦子弟多读黄帝、老子之书，并遵从其中的道理。终汉景帝一朝，因为窦太后的缘故，诸位儒家博士皆在官待问，没有被重用的。

前140年，汉武帝推行新政。窦太后暗中找到赵绾及王臧的过错，责令二人自杀，丞相窦婴、太尉田蚡被免职。柏至侯许昌当了丞相，武强侯庄青翟当了御史大夫。新政亦全部废除。前135年，窦太后崩，与汉文帝合葬霸陵。

2. 郅都

时称"苍鹰"，执法不阿、不畏避权贵。汉景帝的庶长子刘荣犯罪，他不肯宽容，逼得刘荣自杀。窦太后大怒，扬言报复。汉景帝口头答应将之罢官还乡，暗地派遣使者持节，转任雁门郡太守，不必到长安领旨，直接赴任，恩准凡事不必请示，专权处理政事。

任上，军纪严明、作战勇猛。匈奴人依照郅都本人的模样，用木头刻成木偶，立为箭靶，令骑兵们奔跑射击，竟无人能够射中。不久，窦太后得知，下令逮捕郅都。

汉景帝反复辩解，请求释放。可是，窦太后始终坚持以命抵命，郅都被杀。不久，匈奴骑兵重新侵入雁门。

3. 程不识

别称"不败将军"。汉景帝选拔出来，后担任山西太守，长乐卫尉。与李广齐名。主要成就为镇守边疆，抗击匈奴，治军有方，军纪严明，生平未尝败绩。

李广是有名的飞将军。以恩义相结，不重纪律，行军自由、不拘一格。主张骑兵机动化，经常带领少量精锐突击队突袭匈奴，成败参半、褒贬不一。即使是在汉武帝时期，不做主帅，只担当突击力量，遂有"冯唐易老，李广难封"之说。

程不识非常严谨。部队出战，总是处在人不解甲、马不卸鞍的戒备状态。统率步兵，行军很慢，却很坚实。前有斥候（古代的侦察兵，起源于汉代，直属王侯），左右有掩护，后有护卫。互相呼应、互相接应。一旦行动，全军集体出发；扎下营来，坚如磐石，匈奴骑兵竟然冲不进来。

事实上，他从未让匈奴人得逞，但是，自己也没有取得过重大的胜利。李广5000骑兵，有时以顶5万人；而程不识的1万人，永远是1万人，却不易被打垮。"军中只闻将军令，不闻天子诏"。程不识被重用，也体现汉景帝的军事思路，就是先立于不败，而后求战。

4. 周亚夫

汉景帝也有刚愎自用的缺点。周亚夫平定七国之乱，立下赫赫战功，官至丞相。一天，他宴请周亚夫，准备一块大肉。但是，没有切开，也没有准备筷子。周亚夫很不高兴，就向内侍官员要了双筷子。汉景帝笑着说："丞相，你吃饭很讲究啊！"周亚夫跪下谢罪，郁闷而归。汉景帝于是断定周亚夫心气太重，不是辅佐太子的最佳人选。

前143年，周亚夫之子周阳，偷偷购买500个甲盾，准备在父亲去世之后，作为下葬品（西汉的武将，通常喜爱武器陪葬）。不料，甲盾是禁止个人买卖的。事发被告。汉景帝非常生气，交给廷尉审理。后者百般刁难。名将绛侯周勃的次子、56岁的周亚夫受此屈辱，绝食抗议。5天后，吐血身亡。

前141年，褒贬不一、性情复杂的汉景帝死去，在位16年，享年48岁。太子刘彻登基，是为汉武帝。

第四节　汉武盛世

前141年，汉武帝继位。人口近3000万，成为冷兵器时代不可或缺的战略基础。《汉书·食货志》记载，60多年坚定不移的休养生息政策，延到文景之治，"京师之钱累巨万，贯朽而不可校。太仓之粟陈陈相因，充溢露积于外，至腐败不可食"。这是帝国强盛的物质基础。

前141—前87年，汉武帝在位54年。励精图治，对内广揽人才，创设制度，发展经济；对外征伐四夷、开通西域，从而使汉王朝走向鼎盛。在中国历史上，第一次确立儒家在国家思想文化领域的主导地位，第一次实现中西方大规模文化交流与融合。

一、君临天下

汉武帝是一代雄主。班固的《汉书》评价道："孝武初立，卓然罢黜百家，兴太学，修郊祀，改正朔，定历数，协音律，作诗乐，礼百神，绍周后，号令文章，焕焉可述。后嗣得遵洪业，而有三代之风。如武帝之雄才大略，不改文、景之恭俭以济斯民，虽《诗》《书》所称，何有加焉。"时称"汉武盛世"。

（一）悉延百端之学

春秋战国时期，百家争鸣、百花齐放。秦国商鞅变法以来，主要依靠法家思想。

汉初，统治阶层汲取教训，假托黄帝、老子的黄老之术，揉入道家、阴阳、儒、墨等诸家观点，强调"道生法"，主张"是非有，以法断之，虚静谨听，以法为符"。认为君主应"无为而治""省苛事，薄赋敛，毋夺民时""公正无私""恭俭朴素""贵柔守雌"，通过"无为"而达到"有为"。这种主线思想得以长期而稳定地推行，呈现"文景之治"的盛世。

治大国，若烹小鲜。不停地翻动，或者长久停滞，都会引致灾难。刘邦称帝之时，清醒地意识到，单一的治国思想、方略和制度，显然不能解决现实问题。与秦朝法家治国思想不同，主张包容兼收、休养民生的黄老之术，成为主流思想。儒家思想作为补充，也被积极植入。刘邦痛感群臣造反的局面，敦请儒家的淳于越，按周朝的礼制，划定君臣等级及其礼仪规范。文帝重用贾谊,强调儒家的父子、君臣之关系伦理,明确尊卑名分,大力提倡忠孝,强化儒家的纲常礼教。遂有"三纲领""八条目"的内圣外王之道。

汉武帝即位不久,汉朝开始对外作战,整个帝国进入战时经济。这种时代背景,也在客观上促成朝廷实行以国家利益为主体的、开放而务实的文化(思想)政策。犹如《史记·龟策列传》所言,"博开艺能之路,悉延百端之学"。意即,广开才路,百家并用。

汉武帝即位后,太子少傅、儒家王臧重新回到朝廷,不断升迁。另外一个重要的儒家赵绾,也被调到朝廷。前140年冬,汉武帝下诏,丞相、御史、列侯、中二千石、二千石、诸侯相举贤良方正直言极谏之士。这时,丞相卫绾上奏,"所举贤良,或治申、商、韩非、苏秦、张仪之言,乱国政,请皆罢"。他予以认可,却没有奉行,反而录取纵横家学派的庄助(严助)。此后,"尊儒派"窦婴、田蚡、赵绾、王臧、申公相继进入权力中心,却因为得罪喜好黄老哲学、恋权不放的窦太皇太后,或自杀,或免职,或下野。

前134年,窦太皇太后驾崩,武安君田蚡重新担任丞相,罢黜黄老、刑名百家之言,延文学儒者以百数。喜好纵横之术的主父偃,由于受到排挤,北游燕、赵、中山等诸侯王国都未受到礼遇,后重新回到都城,直接上书。当天,即被召见,拜为郎中。不久,又迁为谒者、中郎、中大夫。一年之中,连续升迁四次。

当时,被公认的大儒董仲舒,提出"天人感应""大一统"学说和"罢黜百家,表彰六经"的主张。汉武帝很高兴,立即派他到自己的哥哥江都易王刘非处,出任江都相。后来,又到另外一个哥哥胶西王刘瑞处,担任国相。不久,酷爱祈雨止涝的董仲舒,因为宣传"春秋灾异",差点被处死。终其一生,董仲舒始终被汉武帝呵护,却始终没有进入权力核心,也没有影响到既定国策,特别是政局。

黄老派的庄青狄、石庆,先后当了丞相。公羊学家的代表人物、布衣丞相公孙弘(前200—前121年),极力主张"和",是西汉建立以来第一位以丞相封侯者,开创"以丞相褒侯"的先例。在职期间,广招贤士、关注民生,积极推广儒学。但是,汉武帝多次要求中央和地方官吏,力举儒家以外的人才。儒风日盛,汉武帝特意叮嘱太子刘据,除儒学以外,还必须学习黄老之术和百家学说。

汉武帝"罢黜百家、独尊儒术",应是后人的臆想。事实上,西汉政权,并不刻意依仗单个的思想和学说治理帝国,而是在维系中央集权的前提之下，尽可能地揉搓各种思想、学说和人才，"德治"与"法治"并举，不拘一格地选拔人才，宽大慈悲地眷顾人才，遂有人才兴旺、国力强劲的鼎盛局面。

（二）推恩令

汉承秦制。前202年，刘邦称帝，在行政区划管理上改秦朝的郡县制为郡县制与封国制并行，即"郡国制"。王国实行世袭制，自主性也要大于同时期的郡。

汉武帝初期，一些较大的诸侯国，动辄数十座城市相连，辖地千里，骄奢淫逸、暗地抗命，威胁着中央集权的巩固。这些诸侯王，既有皇权集团，也有丰沛集团的子嗣，还有少量的归附集团、异姓王集团，成分比较复杂。刘彻是汉景帝排序第10的儿子。即位之后，9个哥哥、4个弟弟，先后被封为王。3个姐妹，嫁入列侯家族。

前127年，主父偃上书汉武帝，建议令诸侯推私恩，分封子弟为列侯。名义是施以德惠，实际上是剖分其国、削弱王势。推恩令下达后，诸侯王的支庶，多得以受封为列侯。大型王国，被分为几个小的侯国。

前106年，汉武帝将全国分成13个监察区，每个区叫作部，每部派出1名刺史。中央的刺史，称为司隶校尉，监督其他州的刺史；刺史对地方的豪强、官吏进行监察。

这是巩固中央集权的重大策略。以长沙国为例。中央削藩之后，封地逐渐缩小到长沙一郡，"唯得衣食租税，不与政事"，成为名义上的王。上至丞相，下至县令全部由朝廷任免。

（三）外儒内法

亦称"内圣外王"。汉武帝尊儒，但却不迷恋。"社稷之臣"汲黯，为人耿直、喜好廷诤。一次，在朝廷会议上，直截了当地说，"陛下内多欲而外施仁义，奈何欲效唐、虞之治乎？"一语道破天机。汉武帝非常生气，怒气冲冲、罢朝回宫。事后，并不深究。

前135年，汉武帝对民营工商业连下重手，将盐、铁、酒等重要行业强行收归官营，垄断重要物资的运输和贸易，对民营工商业征收重税。责令民营商人自报财产，陈报不实者，罚充军一年；如被告发者，没收财物一半。于是，告发甚行，贪官污吏趁机鱼肉其间。朝廷下令逮捕的工商业者就有六七万人，官吏私自增加逮捕数量，达10多万人，搞得"官乱民贫，盗贼并起，亡命者众"。一度繁荣的民营工商业，就此了结。

汉武帝时期，律法极其苛严，丝毫不逊于秦始皇。长达359章的律令，死罪律409条，1882款，案例13472个。如此繁多的法令，非常人能够理喻，却使得刀笔小吏游刃有余。西汉初年，绛侯周勃一度被关押。等到其放出来的时候，心有余悸地叹道："我也是将兵百万的人，位极人臣，可谓权高势重。如今，才知道狱吏的威风。"又如，飞将军李广宁肯自杀，也不愿意入狱受辱。再如云中太守魏尚，出生入死、战功赫赫，却因为上报的杀敌数字与首级相差6个，旋即被逮捕入狱，罚为苦力。

二、一代枭雄

通常来说，中国古代出现西汉（文景之治、武帝极盛、昭宣中兴）、唐朝（贞观之治、开元全盛）、清朝（康、雍、乾）三个盛世，分别持续130年、128年、133年。

汉武帝时期，既是第一个盛世之中的极盛时期。在中国历史上，"秦皇汉武"近乎成语。《汉书》评价到，刘彻"雄才大略"。《谥法》指出，"威强睿德曰武"，就是说威严、坚强、明智、仁德的帝王，才能谥号"武"。

汉武帝时期，征战四方。疆域空前辽阔。东起白令海，鄂霍次克海、日本海、黄海、东海、琉球群岛暨朝鲜半岛中北部，包括九州岛。北至北冰洋，西至中亚，西南至高黎贡山、哀牢山，南至越南中部和南海，领土面积约2560万平方公里。

这是历史的累进，也是时代的合力，外因和内因都有很多。究其根本，取决于先进的人才思想、有序的战略、灵活的体制和柔和的机制，不乏帝王"人治"魄力和魅力。

（一）汉之得人、于兹为盛

汉武帝时期，帝国进入强盛。主因有二，一是经过文景之治，国库充足；二是人才辈出。特别是人才选拔，理念先进、机制畅通、渠道多元，政治、经济、军事、文化领域的高端人才，层出不穷。

1. 察举选拔

西汉的察举科目，分为常科（岁科）与特科两大类。岁科有孝廉、茂才（秀才）、察廉（廉吏）、光禄等，特科又分为常见特科和一般特科。在上述科目中，以岁科为先，其中又以"孝廉"一科最重要。特科中则以"贤良方正"最重要。

前140年，汉武帝下诏举士，规定非治儒术者不取。前134年，窦太皇太后驾崩，汉武帝实际执政，就下诏"令郡国举孝廉各一人"。其后，"孝廉"定为岁举常科，渐显重要。通常按照四科标准分类，以"德"为主的有孝廉、孝廉方正、至孝、敦厚等科；以"文法"为主的有明法科；以"才能"为主的有尤异、治剧、勇猛知兵法、明阴阳灾异、有道等科。但是，所有的科目，都以"德行"为先，在学问上则以"儒学"为主。

汉武帝时期，察举制度趋于完备。这是中央政权释放人才，也是积极的政策信号，意味着汉朝的统治者已从初期的与民休息、清静无为，转为积极进取，确立以儒家思想为指导原则，并以法治绳之，达到学术思想、政治体制、知识分子三位一体的结合，使得中央集权制有了新的发展。

然而，西汉政权并不满足于正常渠道。更是博开艺能之路，通一技之士，均量才任用。主要包括：

一是上书拜官。这是皇帝征召、毛遂自荐、审查录用三者结合的一种选官方式。上书自荐者曾达千人之多，武帝亲自审阅奏牍，不厌其烦，从中选拔了不少人才。东方朔、主父偃、终军等名人，都是依靠上书，得以进入官吏队伍。

二是以才力为官。《汉书·地理志》指出："汉兴，六郡良家子选给羽林、期门，以材力为官，名将多出焉。"主要是选拔基层的军事人才，积极储备将领队伍。李广、赵充国、傅介子、甘延寿等名将，都是借助于此。

三是以方伎为官。凡有一技之长，皆可为官。文帝时期，擅长戏车的卫绾、濯船风攻的邓通，均拜为郎。

2. 太学育官

太学是中国古代的国立大学，夏、商、周，大学的称谓各有不同，五帝时期的大学名为成均，在夏为东序，在商为右学，周代的大学名为上庠，在洛邑王城西郊。

西汉初期，黄老之学盛行，私家教学盛行，政府没有专门的传授学术的学校。汉武帝时期，董仲舒提出，"愿陛下兴太学，置明师，以养天下之士"。

前124年，丞相公孙弘奏请"五经博士"设弟子员的措施，以及为在职官员制定了以儒家经学、礼义为标准的升官办法和补官条件。主要包括：遵循"三代之道"，以实现天下"教化"为务，先办好中央官学，而后推广于地方；规定为博士官设置正式弟子五十人，由太常择民十八岁以上，仪状端正者充任博士弟子，免除他们所担负的国家徭役赋税；设"受业如弟子"的旁听生，由郡国、县道邑推荐"好文学，敬长上，肃政教，顺乡里，出入不悖"的优秀青年，经郡守、王相审查属实后送报太常成为旁听生，旁听生没有定员；实行定期的考核及任用制度，规定满一年后举行考试，如能通一经以上的，就补文学掌故缺，特别优秀的可以做郎中，才智下等及不能通一经者，令其退学；等等。

"五经博士"制度规定，以儒家经学、礼义为标准的升官办法及补官条件，则主要是以"通一艺（经）以上""先用诵多者"为准，其中品级高的可任左右内史、太行卒史，品级低的也可任郡太守卒史或边郡太守卒史。

太学和郡国学主要是培养帝国的官僚。汉武帝时期，下令郡国设立学校官，建立起地方教育系统。这是中国古代历史，也是中国猎头史的重大事件，还是史料记载的，以国家意志为主体的人才培育战略。

3. 赀选入官

这是春秋以来的治国策略之一。管仲、商鞅、吕不韦都予以推行。朝廷规定，除有市籍的商人外，凡向政府缴纳一定资财（赀）的，自备车马和服装，到京师听候选用（多是闲职），即"赀选"。西汉著名的辞赋家司马相如，求官无门。当年，就是依靠这样的渠道，走出蜀郡，做了武骑常侍。

汉武帝连年征战，财政困难。前128—前122年，专门设置"武功爵"，公开售价。还有"募民买复""入羊为郎"等方法。前110年，桑弘羊出任大司农，奏请汉武帝批准，大力推行纳粟拜爵、补官及其赎罪政策。扩大纳粟补官的范围，不再限于官吏，普通百姓也允许买官。一年不到，国家粮库就堆满。

4. 荫被后裔

汉文帝时期，通晓《诗》《书》而闻名郡国的贾谊，被征为博士，旋即升迁为太中大夫。写就千古名篇《过秦论》《论积贮疏》《陈政事疏》，成为西汉初年著名的政论家、文学家。抑郁而亡的时候，年仅33岁。贾谊的两个儿子，也被文帝关照。汉武帝时期，先后当了郡守。

朝廷规定，二千石以上官吏，可以通过任子制度，让自己的子孙继续当官。皇后的弟弟卫青，反击匈奴有功，受封长平侯，"卫青三子在襁褓中，皆为列侯……卫氏支属侯者五人"。类似的例子，举不胜举。

5. 征召异士

汉武帝初年，下诏"州郡察吏民有茂材异者，可为将相及使绝国者"。意思是说，只要愿意为汉帝国服务，确有艺能、有才干的人，都加以任用。如此，出身（阶层）问题迎刃而解。其中，"卜式拔于刍牧，弘羊擢于贾竖，卫青奋于奴仆，日䃅出于降虏"。

卜式，乃是奇人。早年，以牧羊致富。汉武帝时期，匈奴多次侵犯边疆。于是，上书朝廷，愿以家财之半，捐献朝廷抚平边疆。又以 20 万钱，救济家乡贫民。汉武帝得知，赏以重金，拜为中郎，布告天下。但是，他将赏金都捐给府库，穿着官服，亲自在山中放羊。后来，汉武帝实在看不下去，旋即封为缑氏令，让他专门负责管理官府的羊群。颇有政绩，复赐爵关内侯。前 116 年，官至御史大夫。

任城人周仁，医术高明。汉景帝即位，封为郎中令。汉武帝十分敬重。后来，病重免职，又赐俸禄归老。子孙都是高官。

东方朔，本姓张，字曼倩，西汉平原郡人。汉武帝即位，征召四方士人。遂上书自荐，几经验证、确有才华，下诏拜为郎。后又出任常侍郎、太中大夫等闲职。东方朔性格诙谐，言词敏捷，而且滑稽多智，擅长谈笑取乐。也曾言政治得失，献上农战强国之计。然而，汉武帝始终视之俳优（古代演滑稽戏杂耍的艺人），热闹归热闹、开心归开心，就是不予重用。

6. 钱物赎罪

帝国规定，贵族和官僚犯罪之后，可以通过先请、赎及免官爵等减轻或免除应受的刑罚。

先请，就是贵族官僚犯罪后，一般司法机关不得擅自审理，必须上奏皇帝。皇帝许可，方可逮捕、羁押和审理，最终的处罚结果也由皇帝决定。皇帝根据亲属关系、功劳大小和官职高低，对贵族官僚减免刑罚。如济东王刘彭离，一度杀人夺取财物。被杀者的亲人，接连上书控告，司法部门请求诛杀。但是，汉武帝"弗忍，废为庶人，徙上庸。国除，为大河郡"。

朝廷允许钱物赎罪，甚至包括死罪。《汉书·惠帝纪》记载："民有罪买爵三十级以免死。"应邵注，"一级值钱二千，凡为六万"。《汉书·武帝纪》载，"前 97 年，令死罪入赎钱五十万，减死一等"。次年，又发诏令。

（二）人才辈出

物尽其用、人尽其才。班固记述："上（皇帝）方欲用文武……群士慕向，异人并出。文章则司马迁、相如……运筹则桑弘羊。"蔡邕指出："昔伯翳综声于鸟语……东方（朔）要幸于谈优，上官（桀）效力于执盖，（桑）弘羊据相于运筹。"

1. 公孙弘

汉武帝期间，卫绾、窦婴、许昌、田蚡、薛泽、公孙弘、李蔡、庄青翟、赵周、石庆、公孙贺、刘屈氂、田千秋等 13 人，先后担任丞相。但是，这些人的结局少有善终。其中，李蔡、庄青翟、赵周被迫自杀，公孙贺死于狱中，窦婴、刘屈氂被斩杀。只有公孙弘，安然老死。

公孙弘，号称"布衣丞相"，极具传奇色彩。年轻的时候，他在家乡薛县做狱吏。后来，因为触犯法律而被免职。前159年，公孙弘始学《春秋》杂说，重点研习《公羊传》。前140年，汉武帝下诏举荐"贤良方正""直言极谏"之士。60岁的老书生公孙弘，被菑川国推介。不久，公孙弘出使匈奴，却是搞得一塌糊涂，只好称病，重新回到家乡。前130年，汉武帝再次下令举贤。菑川国再次推荐公孙弘。他不肯，却被众人一意推举，在长安太常官所待命。

武帝征询天人之道。在对策中，公孙弘强调天子须身正，为百姓树立信义，提出"凭才干任官职，不听无用的意见，不制造无用的器物，不夺民时妨碍民力，有德者进无德者退，有功者上无功者下，犯罪者受到相应惩罚，贤良者得到相应奖赏"等主张。又以"和"，解释上古治世，言"仁""义""礼""智"为治国之道不可废弛，主张"顺应天道"。改卷的太常，认为公孙弘的无甚新意，列为下等。等到所有的疏文呈上，武帝仔细审阅，将公孙弘提为第一，并诏入见，再一次拜为博士。

公孙弘品行敦厚，善于言谈，熟悉文书吏事，又能以儒术缘饰文法。汉武帝非常高兴。前124年，丞相薛泽被免职。准备任用公孙弘为丞相。先前，丞相之职通常选用列侯担任，公孙弘却没有。于是，汉武帝下诏划拨平津乡650户，封为平津侯，再出任丞相。如此，丞相封侯的实例，始于公孙弘。

在职期间，公孙弘非常重视广招贤士，深得汉武帝赏识。丞相府邸的东边，特意开了一个小门，营建客馆接待贤士宾客，与他们共商国是。这就是成语"东阁待贤"的出处。

《西京杂记》记载，客馆分为三处；上等的钦贤馆，用来接待能够胜任辅佐君王的贤德人士；中等的翘楚馆，用来接待能够得上担任九卿、将军等二千石官秩的士人；下等的接士馆，用来接待具有一技之长的人。公孙弘躬行节俭，每餐只吃一个荤菜、几个素菜，加一点粗米饭。至于俸禄，用来奉养朋友及宾客，手上没有余资。

公孙弘才华出众，却又极其忠顺。汉武帝在非正式场合，通常不戴帝冠，就召见之。年迈卧病的时候，非但没有"以病免"，反倒大加赏赐，令其休假数月。君臣情谊深厚。

2. 金日磾

前134年出生，字翁叔，父亲是驻牧武威的匈奴休屠王。前121年，骠骑将军霍去病北击匈奴。休屠王先降后叛，被杀。14岁的儿子金日磾和母亲、弟弟降汉，成为黄门署饲养马匹的奴隶。

一次，汉武帝诏令阅马助兴。突然，一名体形魁伟、容貌威严的年轻人，牵着膘肥体壮的骏马从容走来。汉武帝问明情况，升为马监。金日磾为人笃厚、谨慎，目光从来不敢直视。此后，升迁为侍中、驸马都尉、光禄大夫。

前91年，巫蛊之祸的时候，汉武帝得知太子冤屈，就把江充宗族和朋党全部诛杀。前88年，与江充交好的侍中仆射莽何罗、侍郎莽通兄弟，密谋造反。金日磾发现他们的神情异样，暗中观察，总是与他们同进同出。

一天，汉武帝驾临林光宫，莽何罗独自进入卧室。金日磾突然抱住他，随即高喊。汉武帝惊起。上官桀率领侍卫闻讯赶来，团团围住。但是，汉武帝担心侍卫们冲上去，可能伤到金日磾，大声阻止。僵持之际，金日磾突然反身，揪住莽何罗的脖子，用力摔到殿下。侍卫们一拥而上，乱刀砍死莽何罗。

汉武帝极其信任金日磾。一次，金日磾奏事的时候，他的两个儿子就爬在皇帝的身上，小手抱着皇帝的脖子，玩得很开心。金日磾冲自己的儿子使眼色，让他老实点。喜欢小孩的汉武帝，大声训斥，你吓唬我的儿子干什么？不料，长子更加有恃无恐，时常与宫女戏闹。忠心耿耿、谨慎无比的金日磾，担心家族蒙受祸患，就借口把长子杀了，引得汉武帝勃然大怒。

后与霍光等人，一起作为托孤大臣，辅佐汉昭帝。前86年，车骑将军金日磾，病情严重。汉昭帝派遣大将军霍光探视，授予侯爵封号及印绶。病逝之际，军士列队送行，一直从宫殿，绵延到汉武帝的茂陵。时年49岁，谥号敬侯。

3. 桑弘羊

汉武帝时期，桑弘羊独揽23年财政大权。却无正史记载，疑是后世抑商之故。事迹散见于《史记·平准书》《汉书·食货志》《资治通鉴》及《盐铁论》。

前155年，出生于富商家庭。汉景帝末年，13岁的桑弘羊，"精于心算"，名闻洛阳。汉廷下诏，特拔（一说捐官）入宫，任为侍中，侍奉当朝还是太子的汉武帝。同时，也是陪读，能够自由出入皇家书库，博览群书。

前120年，汉武帝下令，实施盐铁官营政策，将原属少府管辖的盐铁划归大农令，垄断盐铁的生产，桑弘羊参与其中。前115年，桑弘羊得势,制定均输法。凡是郡国应向朝廷贡纳的物品,均按照当地市价,折合成当地土特产品,上交所在地的均输官,统一运往其他地区高价出售。如此,既能够避免商贾的中间盘剥,降低收购的成本,又能免除郡国向朝廷输送贡物人力和物力消耗,强化物资流通,随时调剂国家战备物资。

前114年,算缗(财产税)、告缗(逃税惩治)工作展开。3年不到,政府得到以数亿计的财物,成千上万的奴婢被没收。田地也很多,大县数千顷,小县百余顷,还有很多房屋。中等以上的工商业者纷纷破产。

前113年,汉武帝接受桑弘羊的建议,禁止郡国和民间铸钱,朝廷指定上林苑的水衡都尉,设置钟官、技巧、辨铜职位,分别负责鼓铸、刻范和原料。废除先前的钱币,代以新铸的五铢钱(三官钱),作为全国唯一通行的货币。这次币制改革,是中国历史上第一次将铸币权完全收归中央政府的创举。五铢钱,做工精良、携带方便,一直流通到700多年之后的隋朝,堪称奇迹。

前111年,选派吏卒5万多人,到西北边疆屯戍。接着,不断扩大到上郡、西河,及新建的武威、张掖、敦煌、酒泉等,人数增加到60多万。同时,发挥安置流民、开发西北边疆、减少军费开支和巩固边防等综合作用。

西汉初期,农业逐渐恢复,饮酒盛行。前110年,出任治粟都尉,并代理大农令。前98年,为了增加财政收入,桑弘羊推行酒榷(酒类专卖),即官府专营。国家发放销售证,就轻松获得20%以上的收入。加上酿造利润,能够"赡边,给战士"。《史记·平准书》记载,汉武帝非常高兴,"于是弘羊赐爵左庶长,黄金再百斤焉"。

前97年,桑弘羊家族出事,被贬为搜粟都尉,汉武帝并没有深究。前87年,汉武帝托孤之际,加封桑弘羊为御史大夫,共同辅佐少主。

4. 上官桀

陇西上邽人,身材魁梧、孔武神力。年轻时,担任羽林军的期门郎,掌管狩猎。一次,跟随汉武帝去甘泉宫,赶上大风,车不能前进,准备除掉车盖。上官桀上前,举着车盖,迎着大风走路,没有掉落。不久,下起大雨,他就用车盖给汉武帝挡雨。汉武帝十分欣赏,升任他为未央厩令,掌管宫廷的马匹。

不久,汉武帝巡视,发现很多马都瘦了。大怒,严厉斥责道:"你不想让我骑马了吧!"上官桀叩头说:"我听说皇上身体不适,就日日夜夜为您担心,哪里有心思照看这些马!今后,我注意改正!"一边说,一边掉泪。城府之深,可见一斑。此后,升任侍中、太仆。

汉武帝病重之际，封为左将军，辅佐幼主。先前，上官桀奋力捕杀造反的莽通，被加封为安阳侯。上官桀的儿子上官安，娶了霍光的女儿为妻。两家结为姻亲。霍光休假外出，上官桀代替处理国家大事。汉昭帝即位，只有8岁，上官安的女儿被册立为皇后，时年6岁。

5. 卫青

卫子夫同母异父的弟弟。年轻的时候，卫青备受歧视，长期担任平阳公主的骑奴。卫子夫进宫，生下皇宫的第一个男孩，荣至皇后。前138—前129年，卫青随侍武帝左右，性格沉稳、无比忠诚，深得信任。

前129年，匈奴兴兵南下。汉武帝分派4路出击。车骑将军卫青、骑将军公孙敖、轻车将军公孙贺、骁骑将军李广，各率1万骑兵。这是试探性的任用。毕竟，卫青多跟随自己，却没有实战经历；要想封侯，必须要有军功。

前129年，卫青首次出征，果敢冷静，深入险境，直捣匈奴祭天圣地龙城，俘虏700多人，取得胜利。另外三路，两路失败，一路无功而返。龙城之战，是汉初以来的首次胜利，军心振奋、百姓欢腾。卫青被封为关内侯。

前128年秋，卫青率领3万精锐骑兵，突然奔出雁门，长驱直入，斩杀和俘虏数千人。前127年，卫青第3次率大军出击，活捉敌兵数千人，夺取牲畜数百万之多，控制河套地区。汉军全身而退，少有损失。卫青、苏建、张次公被封长平侯、平陵侯、岸头侯。

前124年，卫青再次出征，大胜。汉武帝派特使捧着印信，到前线拜为大将军，所有将领听之指挥。军心振奋。同时告知，三子被封列侯。跟随的孙敖、韩说、公孙贺、李蔡、李朔、赵不虞、公孙戎奴、李沮、李息、豆如意等人，也被封赏。

前123年，卫青接连出击匈奴，一年两次，后者苦不堪言。霍去病远征，斩敌2000多人，杀死匈奴单于祖父，俘虏单于的国相及叔叔，封冠军侯。大将军赏千金，不益封（注：汉武帝的战时策略，只加薪，不加官）。校尉张骞，得功受封博望侯。前119年，漠北之战，击溃漠南匈奴的主力。

卫青、霍去病加官大司马，取代先前的太尉。此中可见，汉武帝始终根据实际战功，逐次、逐级提升，并不越位。漠北之战结束，大局基本稳定，始得授予最高军衔。

汉武帝非常重视提拔卫青的部将，使之后继有人。霍去病就是其一。前129年，飞将军李广全军覆没，被俘后只身逃回。汉武帝也没怎么怪罪。出使西域、立下奇功的博望侯张骞，行军迟缓、贻误战机，应当处死。武帝出面干预，允许张骞出钱赎罪。李广功过相抵，不再奖罚。

又如，扫荡漠南之际，苏建（苏武之父）遭遇大单于的主力，前将军赵信临阵倒戈。苦战一天，只身逃回。将领们执意杀将立威。卫青说，我已经是大将军，不需要这个。于是，安排囚车押送都城。汉武帝会意，允许苏建赎钱，贬为庶人。

漠南之战后，大将军被赐千金。部将宁乘建议将其献给刚刚得宠的王夫人。卫青听从，折半送去。汉武帝深知卫青的性格，一眼看出有人背后指点，立即召见他。问明情况后，不停地责备他。搬弄是非的宁乘，转任东海都尉，旋即调出长安。

不久，亲自召见卫青。直接说道："最近太忙，你过去探望姐姐、皇后卫子夫。"临行前，还特意交待，汉武帝和卫子夫之子、太子刘据，地位稳固、表现不错，务必放心。其实，他心里非常清楚，表面沉稳无欲、实际彪悍无比的卫青，最为担心、最为隐秘的想法，就是不希望自己的外甥（太子刘据）卷入宫廷争斗，以便顺利继承皇位。

前106年，大将军卫青病逝，谥烈。为了彰炳其战功，汉武帝就在茂陵的东北处，修建一座阴山形状的墓冢。场面宏伟、规格极高。

时势造英雄。前129—前119年，卫青、霍去病等将领，征战匈奴、血洗前辱，将其驱逐到千里以外，源于综合国力。

一是帝国兵源充足。汉武帝初年，帝国人口达到3000万，是匈奴的20倍。实行普遍兵役制，加以募兵制，不愁兵，只愁将。其时，赋役低，民生安。年轻的普通民众，既不想造反，还想建功立业。又有军功奖励体制。假如，前线士兵，死掉一个；连夜报名的壮士，随后就来。

二是官方牧场众多，实行马厩驯养。来自西亚的良马（汗血宝马），陆续引进中原。户县一带（现西安市长安区），纬度相近、气候适宜，广泛种植苜蓿。经过配种与改良，36所官方马场灯火通明（晚上加草，俗称夜食，目的是增加膘重），军马容量达40多万，成为帝国实力所在。

三是武器装备先进于匈奴。汉朝汲取秦朝的经验与教训，采取当年秦国对付匈奴的办法，燕月弯刀、长弓硬弩，远远胜出匈奴。再者，国力雄厚，骑兵的个体配置，已经武装到牙齿；况且，每天的伙食也不错。

四是出击时机，非常高明。匈奴的战马，多是散养状态，一到冬天、春天，就出现牧草干枯，导致营养不足、体力很差。这时，汉朝的马厩军马，却是粮草充足、膘肥体壮。临战之前，军马还要加配粟、豆等营养餐（相当平民百姓的口粮）。匈奴实在无法忍受，多次派使者，约定夏季决战。卫青回话,战不择时,好自为之。遂被称为"汉恨",意思是不讲道理的开战。

及至开战,几千人的汉军精锐,长于奔袭战。动辄歼灭、击溃和俘虏几万人的匈奴贵族和将士。原因很简单。首先,汉军准备充分,威猛无比。其次,时值初春或深冬,匈奴正是断粮之际,马瘦毛长,人无战力。再次,不顾天气的影响。史载,狂沙蔽天,或是大雪遍野,或是酣睡之际,汉军突然发起冲锋,速度快、喊声大,匈奴语(应当是自学)不绝于耳。本以为是自家人。直到近身,方才发现是汉军。最后,重点杀死有生力量,顺手掠夺金银珠宝,并不贪图牛、羊、马、车等辎重。

五是匈奴王庭内斗,实力分裂,且相互敌对,不愿意救援,存在各个击破的战机。

六是卫青谋略过人。以战养战、敢于突袭、奇正兼擅、进退自如。为将号令严明,与士卒同甘苦,威信很高、位极人臣,也从不养士。论及战功,通常是和大家一样,谦逊至极。再者,本已位极人臣,夫复何求。唯有指望外甥即位,能忍且忍。

6. 霍去病

卫少儿是卫青的姐姐,在平阳公主府做女奴的时候,与小吏霍仲孺私通,生下儿子霍去病。此后,霍仲孺返回老家,另娶妻子生下霍光,和卫少儿不再来往。霍去病从小善于骑射,喜欢打仗。18岁的时候,被召为侍中。

前123年,17岁的霍去病,被任命骠姚校尉,追随卫青北击匈奴。谁知,霍去病胆大如虎,独自率800名骑兵,在远离主力几百里处袭击敌人,斩俘匈奴军几千人。受封冠军侯。

前121年,霍去病拜骠骑将军之职,在出击匈奴的途中,与霍仲孺相见。霍去病购得大量田地房屋和奴婢,赠予父亲。凯旋之际,再次探视父亲,并将异母弟弟、10多岁的霍光,捐钱做了郎官,带到长安照顾。

汉武帝闻讯,特意关照霍光,进宫侍奉左右。还专门为霍去病兴建豪宅,作为结婚礼物。霍去病却答,"匈奴未灭,无以家为",遂成千古名言。

前119年,汉武帝派卫青、霍去病率10万骑兵、30多万步兵,分兵合击漠北的匈奴单于。卫青北进千余里,直抵阗颜山,歼敌近2万。深入1000多公里,追击匈奴左贤王,俘敌7万多人,饮马贝加尔湖。"匈奴远遁,漠南无王庭"。汉武帝加封霍去病为大司马,与大将军同等级。匈奴帝国衰落。汉朝迁徙60万吏卒屯田,长城内外"马牛放纵,畜积布野"。

漠北之战，李广自杀。李广长子、次子均已经过世。幼子李敢，本是霍去病的部属，获得军功封为关内侯。听说父亲死讯，以为是被陷害，前去闹事，并打伤卫青。按照汉朝法律，这是灭族的大罪。可是，卫青并不计较，也不让别人扩散消息。前118年，年轻气盛的霍去病，寻机在甘泉宫狩猎的时候，射杀李敢，为舅舅报仇。汉武帝得知，沉默不语。

前117年，霍去病的病情加重，上疏敦请汉武帝封皇子刘闳、刘旦、刘胥为诸侯王，稳定人心。按照法律，诸侯王必须"就国"，即去封地居住，而不能留在长安。这是霍去病少有的、直接介入朝廷内部事务的动作。表面上，年少的皇子受封，待遇得以提升；实质上，霍去病却是让自己的姨表弟、太子刘据，能够独自留在京城，顺理成章、干脆利落地继承大统。

汉武帝心里非常清楚。这次的上疏，根本不是卫青的怂恿，只是霍去病的单干。面对爱将的最后心愿，无法拒绝。随即下诏，让御史办理。然而，外戚的卫氏、霍氏势力，已然引起警觉。

不久，24岁的大司马霍去病，撒手人间，谥景桓侯。汉武帝下令，调遣边境五郡的铁甲军，从都城长安到茂陵（汉武帝刘彻的陵墓，当时正在修筑），沿路排列成行，以最高的军礼送别。坟墓的外形，也被特意关照，酷似连绵起伏的祁连山。

7. 张骞

前139年，张骞奉命率领100多人，从陇西（今甘肃临洮）出发，西行进入河西走廊。不幸，碰上匈奴的骑兵，全部被抓获。

匈奴单于为软化、拉拢张骞，打消其出使月氏的念头，进行了种种威逼利诱，强迫他娶了匈奴的女子为妻，生了孩子。但是，均未达到目的。张骞"不辱君命""持汉节不失"，始终没有忘记汉武帝所交给自己的神圣使命，没有动摇为汉朝通使月氏的意志和决心。一行人，就在匈奴留居10多年。

前128年，得机返国。不料，再次被匈奴骑兵所俘，又被扣留。2年后，匈奴内乱之机，悍然带着自己的匈奴族妻子和堂邑父，逃回长安。前126年归汉，历时13年。出发时的100多名使节，回来的时候，只剩下张骞和堂邑父。

回到长安，张骞将之见闻，向汉武帝做了详细报告，对葱岭东西、中亚、西亚，乃至安息、印度诸国的位置、特产、人口、城市、兵力等，都做了详细的说明。这是中国，也是世界上，对于这些地区第一次最翔实可靠的记载，至今仍被作为珍贵史料。

尽管张骞出使西域，没有达到预定目标。但是，却沟通了西汉王朝与西域的联系，西汉得已知晓西域。汉武帝为了表彰功绩，特封张骞为太中大夫，授堂邑父为"奉使君"。

前123年，大将军卫青进攻匈奴，张骞担当校尉。由于熟悉匈奴军队特点，凭借沙漠行军经验和丰富的地理知识，多为军队做向导，参与制定行军路线和扎营布阵的方案。比如，"知水草处，军得以不乏"。战后，获封"博望侯"。颜师古指出，"博望"一词，是"取其能、广博瞻望"的意思。这是，汉武帝对张骞博闻多见、才广识远的恰当肯定。

前121年，张骞战场失手，被贬为平民。前119年，汉武帝重新起用张骞，任命为中郎将，率领300多人、马600多匹、牛羊金帛以万数，浩浩荡荡地出使西域。前115年，乌孙王主动配备翻译和向导，护送张骞回国，同行的还有10多名乌孙使者。

这是西域官方第一次到中原地带观光和考察，意义重大。汉武帝任命张骞为大行，负责接待各国使者和宾客。前114年，开辟"丝绸之路"，"凿空西域"，被誉为"第一个睁开眼睛看世界的中国人"的张骞，病逝长安、归葬汉中。

中原大地，迎来美味佳肴。葡萄、大蒜、无花果、核桃、苜蓿、石榴、胡萝卜、香菜、黄瓜、亚麻、芝麻、胡椒等物产，丰富了贵族们的餐桌，也播撒在中华的大地上。当然，还有汉武帝梦寐以求的汗血马，学名阿哈尔捷金马，原产土库曼斯坦，马头细颈高、皮薄毛细、四肢修长、步伐轻盈，力量大、速度快、耐力强。

乌孙、大夏等国家的使者来到中原，双方交流趋热。张骞去世之后的许多年，派往各国的汉朝使者，纷纷自称是"博望侯"张骞派来的，以取信列国。

170多年之后，67年，汉朝使者陪同印度僧人迦叶摩腾和竺法兰，带着经书和佛像，沿着这条路，回到都城洛阳，营建白马寺。这是中国第一座佛教寺院。

2100多年之后，2015年3月，中国政府发布《推动共建丝绸之路经济带和21世纪海上丝绸之路的愿景与行动》，简称"一带一路"倡议（The Belt and Road，B&R）。

8. 李广

一代名将。前166年，从军攻击匈奴，封为中郎。汉景帝时期，先后出任北部边域七郡太守。

汉武帝即位，召为中央宫卫尉。前129年，出任骁骑将军，领万余骑出雁门攻击匈奴，负伤被俘。后乘机脱逃。朝廷认为，李广损失伤亡太多，又被匈奴活捉，本应斩首。但是，李广用钱物赎了死罪，削职为民。之后，闲居数年。

不久，匈奴入侵。汉武帝召见李广，任命为右北平太守。匈奴畏服，称之为"飞将军"，数年不敢来犯。漠北之战，60多岁的李广，自告奋勇担任前将军，从大将军卫青出塞，受命迂回匈奴单于侧翼。因为迷失道路，未能参战。卫青派长史送去干粮和酒，为了上报军情，顺便询问迷路的原因。李广没有回答。谨慎的卫青，又派长史，急令李广幕府人员前去受审对质。

一向爱兵如子的李广，愤然说道："校尉无罪，是我迷失道路，我到大将军幕府去受审。"刚走进军营，就感叹道："我与匈奴作战70多次，已经60多岁的人，不能再受那些刀笔吏的污辱。"随之，拔刀自刎。将士痛哭、百姓落泪。

唐代王勃《秋日登洪府滕王阁饯别序》提及："嗟乎！时运不齐，命途多舛；冯唐易老，李广难封。"是说李广，这位战功卓著、倍受士卒爱戴的名将，却一生坎坷，终身未得封爵。成语"李广难封"，被用以慨叹功高不爵、命运多舛。

9. 司马迁

前108年，太史令司马谈之子司马迁（前145—前90年），出任太史令。后来，坚持辩解李陵败降之事，汉武帝大怒。然而，"家贫，财赂不足以自赎"，坦然接受宫刑处罚，换来耻辱的余生。

10. 司马相如

字长卿，汉族，巴郡人。西汉辞赋家。词藻富丽、结构宏大，誉为"赋圣""辞宗"。鲁迅《汉文学史纲要》点评，"武帝时文人，赋莫若司马相如，文莫若司马迁"。

汉景帝时期，担任武骑常侍。多病，遂辞职回家。汉武帝即位，无意中看到司马相如的《子虚赋》，以为是前人之作，感其不能同时。左右提醒，此为时人所作。刘彻惊喜之余，下令特召入京。后来，写就《上林赋》，大获嘉奖，被封为郎。

前135年，唐蒙征发巴、蜀二郡的官吏士卒，引起百姓的惊恐。汉武帝听到情况，就派相如去责备，趁机向巴、蜀百姓表明，这并非朝廷本意。

这时，《史记·司马相如列传》记载，司马相如上书："盖世必有非常之人，然后有非常之事；有非常之事，然后有非常之功。非常者，固常之所异也。"汉武帝看到，极为欣赏，封为中郎将，派遣出使巴蜀。

闻讯，司马相如旋即收罗在京城的巴蜀子弟，作为陪从，日夜练习多种土著语言。不久，相如到达之际，通晓当地的主流语言，一表人才、玉树临风。蜀人争相围观、一睹风采。出使期间，先后写了两篇文章，堪称时代佳作。

一篇是政府公告《谕巴蜀檄》，慷慨激昂、恩威并施："告巴蜀太守：蛮夷自擅，不讨之日久矣，时侵犯边境，劳士大夫。陛下即位，存抚天下，辑安中国，然后兴师出兵，北征匈奴……今闻其乃发军兴制，惊惧子弟，忧患长老，郡又擅为转粟运输，皆非陛下之意也。当行者或亡逃自贼杀，亦非人臣之节也……今奉币役至南夷，即自贼杀，或亡逃抵诛，身死无名，谥为至愚，耻及父母，为天下笑……故遣信使晓谕百姓以发卒之事，因数之以不忠死亡之罪，让三老孝悌以不教之过……檄到，亟下县道，使咸知陛下之意，唯毋忽也。"如此，起到很好的安定民心的效果。

另外一篇，是人情味道很重的《难蜀父老》，主要是规劝少数民族领袖们合作，开发西南边疆。言及："汉兴七十有八载，德茂存乎六世……且夫王事固未有不始于忧勤，而终于佚乐者……"邛、筰、冉、駹、斯榆等地方头领，纷纷要求成为汉帝国的臣属。

这是中国古代猎头的经典案例。一是汉武帝看过文章后，就特别提拔司马相如，这是猎头。二是朝廷的贤能人才很多，单单挑中文人出身、不会武功，社会影响却很大的司马相如，前去安抚西南蛮夷，目的就是攻心，收服实力强大的地方首领们。这也是猎头。三是司马相如到达后，不玩刀剑、不动兵卒，仍然是做的老本行：写文章。直接影响民心、煽动少数民族首领归顺。这更是猎头。

一个人、两篇文章，顺利安抚10多郡的少数民族部落。超级猎手汉武帝的成本，只是一点旅游费。司马相如返回都城，自然是名利双收。好景不长，相如被人告发收受贿赂，遂遭免官。岁余，眼见风声渐渐平息，汉武帝重新启用，职位依旧。

前118年，司马相如病重，再次辞官。汉武帝特意嘱咐，不要长途跋涉回家，就住都城附近的茂陵。一天，突然想起司马相如，派遣使者前去慰问。不料，人早已死去。夫人卓文君惨然说道："丈夫弥留之际，整理一卷书，说是等着使者前来，让之带回。"汉武帝看后，泪如雨下，复加赏赐。

三、夕阳西下

历史总是惊人的相似。勤政、强势的汉武帝，如同秦始皇一样，晚年接连出现重大失误。

秦始皇连年征战，修筑帝陵，痴迷长生之术，没能顾及皇位的传承，忽视宫廷的权臣争斗，突然去世，引发帝国崩溃。汉武帝更是有过之而无不及。帝国也是连续征伐匈奴、西域、朝鲜和岭南等地区，穷兵黩武、劳役沉重，导致"海内虚耗，户口减半"。但是，帝国的堡垒，最终是从内部攻破的。

（一）方术之乱

汉武帝的人才观念逐渐开放，多有异能之士，与个人癖好是紧密相关的。他喜好神仙术，曾经学习方术。

崇尚天人感应、预兆必验的汉代，通常将祸端归结于上天的怒火与惩罚。这样的时代背景，个人经历和民间谣传也随之发生、愈演愈烈。方术出现，自有道理。

祭祀与方术，区分明显。上古时期，部落首领设置专职岗位，负责此类事宜。延至夏朝，始出现专司官吏，代代相传。及至后世，祭祀归于儒家、方术系于道家，成为学派的典型标志，甚至是唯一的标识，成为中华文化传统的重要领域。

祭祀属于礼典，乃是儒教礼仪的重要部分。"礼有五经，莫重于祭，是以事神致福。"对象分为天神、地祇、人鬼三类。分成天神称祀，地祇称祭，宗庙称享。祭祀观念是"神不歆非类，民不祀非族"。祭祀等级包括：天神地祇由天子祭、诸侯大夫祭山川、士庶祭己祖先和灶神。清明节、端午节、重阳节，都是祭祖日。近现代以来，最隆重的就是中央政权、地方政府致祭黄帝陵。

方技与数术合称方术。方技包括 4 类：医经、经方、房中、神仙，皆是"生生之具"，主要涉及生命科学技术与知识。数术包括 6 类：天文、历谱、五行、蓍龟、杂占、形法，则是"羲和史卜之职"，起初是指根据阴阳五行生克、制化之原理，算定人事和国家的气数（命运）。其中，属于数术的占卜就是以小明大、以微见著，通过微观与宏观的联系为原理，借用龟壳、铜钱、竹签、纸牌或星相等手段和征兆，推断未来的吉凶祸福，分析问题、指点迷津。

前 128 年，汉武帝 29 岁的时候，卫子夫怀孕，得子刘据，一举打破 13 年无皇子的僵局。朝野狂欢，上表无数。也就是说，上天终于认可汉武帝，赏赐一子、传承万代。其后，生有三女一子的卫子夫，年老色衰，逐渐失宠。

前123年，大将军卫青出征得胜归来，发现姐姐已经失宠，"王夫人方幸于上"。前117年，王夫人死去。汉武帝悲伤不已。方士、齐人李少翁，自称200岁，面容与小孩无异。汉武帝得知情形，遂主动招魂。"乃夜施帷帐，明灯烛，而令帝居他帐遥望之。见美女居帐中，如王夫人之状，还幄坐而步，又不得就视。"其实就是现代的皮影戏。汉武帝大喜，封文成将军。

为了能够直接与鬼神对话，花费巨资制作云气、修建甘泉宫，却始终不能招来神仙。汉武帝顿起疑心。李少翁着急，让牛吃帛书、伪造天意，却被一眼识破，伏法受诛。

前113年，乐成侯丁义推荐方士栾大。他是胶东王的药剂师，身材高大、长相俊美。自称"黄金可成，河决可塞，不死之药可得，仙人可致"。汉武帝不信。栾大表演斗棋以解皇帝疑心，遥指棋子，指挥其在棋盘上自由滑动。其实，这是一种魔术，桌下安装磁石。助手埋藏其下，听到指令，就移动磁石。当时，汉武帝信以为真。封他为五利将军，又拜为天士将军、地士将军、大通将军、天道将军，身佩四枚将军印。

此后，帝国多次出现灵异事件。百姓欢喜不已，朝廷惊奇不已，都记为栾大的功劳。又封乐通侯，嫁予自己的长女、孀居的卫长公主。是时，佩带六颗印信，富贵天下。其后，屡次与神仙爽约，闹出很多的笑话。《资治通鉴》记载，栾大借口出海寻找仙方，绕道泰山祭祀。秘密随行的使者，连夜告发他。汉武帝不再顾及脸面，千里抓捕、押送京城。很快，栾大被腰斩。乐成侯丁义被弃市，无子废国。

（二）酷吏时代

长期的宽大、宽松和宽厚理念，导致高端人才群体出现"腹积水"现象。实行中央集权、专制统治的帝国，迫切需要直接监督、直接干预的特殊机制。

直属皇帝、权力特殊的人才群体应运而生，如狼似虎、横行天下。"酷吏"一词，是太史公马迁的切身体会、现象分析与时代创造。《史记》设有《循吏列传》《酷吏列传》。将历代官员分为两类：循吏、酷吏。前者，守法爱民，汉朝一人未取，只写春秋时期著名人物；后者，残暴虐民，全部出自汉朝。12名入选者之中，宁成、周阳由、赵禹、张汤、义纵、王温舒、尹齐、杨仆、减宣、杜周等10人，皆出自汉武帝时代。

这群人长于杀戮、嗜血成性，堪称汉武帝时期的"断肠草"。他们表面上，惩治腐败、扫除暴民、安定地方；实质上，强化集权、打击豪强、掠夺财物，甚至是刻意制造恐怖心理、营造肃杀气氛，方是要旨。如此，势必牵连无辜民众，多有冤假错案。

1. 张汤

父亲曾任长安丞。一次外出，张汤守护家舍。回来之后，发现家中的肉被老鼠偷吃。父亲大怒，鞭笞张汤。不料，张汤掘开老鼠洞，抓住偷肉的老鼠，找到吃剩的肉，然后立案审讯。传布文书、彻底追查，并把老鼠和吃剩的肉一并取来。断定罪名确立，遂将老鼠在堂下处以磔刑。父亲非常惊奇，取来文书，发现清晰洗练、老到通透。不久，张汤继承父职。多年担任枝节最繁、是非最多的长安史，主管京城的司法事务。

张汤非常机智，政治敏锐度很高。周阳侯田胜，犯罪被拘。张汤暗中帮助他。释放后，复封为侯，引见张汤遍见权贵。后调任为茂陵尉，处理事务。武安侯田蚡担任丞相，征召丞相史。又推荐给武帝，补任为御史，令他处理诉讼。不久，升任太中大夫，与赵禹共同制定各种律令，务必依法令，对任职的官吏尤为严格。二人关系密切。赵禹调任为少府，而张汤随升廷尉。二人杜绝知交、谢绝亲友及推辞宴请，以示清廉无私，暗中掌握官吏们的把柄。

张汤素知汉武帝偏爱文才和学问，特意在研习《尚书》《春秋》的太学博士弟子中，选拔一批人担任秘书。上奏的疑难案件，通常准备两份应对。一份是正卷，陈述事实、讲清曲直，提供建议。如果认可，就说道："臣下并不懂得这个，而是某个廷尉正、监或掾史写的。"另外一份是备卷，如果受到斥责，立即拜谢、赞叹指点，拿出迥异的建议，叩头说："有人提出类似的建议，臣下没有采纳。现在，皇上点明，柳暗花明、豁然开朗！"

帝国法律，其实就是帝王手中的玩具，就看怎么玩。张汤确是高手。若是皇上欲图加罪，便让手下捏造罪名；若是皇上意欲宽免，就让手下开脱罪责。若是贵族豪强，多以诋毁治罪，或是钱财赎罪；若是贫弱的百姓，当即向皇上报告，恳请从轻发落。不管是谁当皇帝，都很乐意享受如此体贴入微、爱惜子民的伺候。

本是得罪人的差事，须有事前的铺垫与补偿，免得树敌众多。张汤深谙此道。贵族高官，经常收到小礼物，以示不忘。旧友及其子弟，通常得到直属领导转告的、来自张汤的亲切问候，三言两语的，却是温暖至极。丞相公孙弘多次称道。在处理淮南、衡山、江都三王谋反的案件时，穷追狠治、彻底审理。汉武帝不忍，准备释放严助和伍被。张汤极力争论。二人被严罚治罪。如此多次，升为御史大夫。

是时，匈奴请求和亲。群臣在皇帝面前讨论此事。博士狄山建议说，和亲有利。汉武帝继续询问，后者对答如流。掉头再问张汤。后者站了起来，不说和亲的利弊，反而指着狄山，大声说："你只是一个愚蠢的儒生，有什么资格谈和亲！"狄山大怒，上前问道："臣下的确是愚忠，但是，你那样的，是诈忠，我却是真忠！"汉武帝面带不快，直接问狄山："你的才能，可以做什么官？郡守、县令、烽障（防守边疆的烽火台）？你可以随便挑一个。"狄山怯然，只得说："烽障。"于是，旋即安排。1个多月之后，匈奴人兴兵前来，攻破城池，砍掉狄山的头颅，从容离去。群臣震慑，不言和亲。

张汤调查审理淮南王、衡山王谋反的过程中，严法株连、毫不手软，4万多人被杀。群臣积愤已久，3位长史联名举报。汉武帝派遣使者问询。张汤坦然说道："我心无愧大汉天下。"自杀身死。

张汤死后，使者奉命抄家。财产不超过500金，都是印有皇上赏赐的封条，没有其他钱财。兄弟要厚葬。张汤的母亲拄着拐杖出来，大声骂道："张汤作为天子的大臣，被恶言污蔑致死，有什么可厚葬的！大家只得找来牛车，拖到荒地草草地埋葬，和普通的平民一样，只有棺木而没有外椁。"

汉武帝得知，感慨说道："没有这样的母亲，哪里有这样的儿子！重赏之。"3位长史被处以死罪。丞相庄青翟被迫自杀。不久，晋升张汤的儿子张安世的官职。

张安世也是子承父志，堪称奇才。为官廉洁、生活俭朴。汉昭帝时期，担任右将军，辅佐有功，封富平侯。汉宣帝时期，官至大司马卫将军、领尚书事，集军政大权于一身。前51年，荣列"麒麟阁十一功臣"第二名，仅次于霍光。

2. 义纵

少年的时候，伙同他人抢劫为盗。汉武帝即位后，姐姐医术高明，得幸入宫。义纵被拜为中郎，担任汉武帝侍从。不久，外放上党郡县令。《汉书》记载，"治敢往，少温籍，县无逋事"，意思是说，他从不对任何人容情，使得县境之内没有盗贼容身之地。在考察政绩时，被举为当时第一。随后，迁为长陵令和长安令。长陵与长安多贵族权贵，他们的子弟门客，依仗权贵，违禁乱法之事不断。义纵到任后，"直法行治，不避贵戚"，对违反法令者一律严惩。王太后外孙名仲，身为皇亲，有恃无恐，横行京师。义纵派人捕获，绳之以法。汉武帝十分赞赏，升为河内郡都尉。河内郡豪强地主较多，气焰凶炽。义纵毫不畏惧，诛杀豪强列，"道不拾遗"。旋升南阳郡太守。

汉武帝主张镇压地方豪强，维护中央集权统治，保证对外作战的态势与实力。这也使得领会上意，本就毫不忌惮的酷吏们，更加穷凶极恶、杀戮无计。势力强大的宁氏家族，主动示好。义纵自恃皇帝撑腰，哪里理会，着手查办宁成家族劣迹，"破碎其家"。孔氏、暴氏等南阳豪强，举家迁移它郡。民众畏服。

当时，汉朝正对匈奴展开大规模反击。大军远征，多次由定襄郡出塞。但是，定襄郡吏治败坏，秩序混乱，直接影响军事行动。汉武帝特令，义纵出任定襄郡太守。有了皇帝的诏令，有了支援前线的任务，义纵放开了束缚、大开杀戒。先把狱中重罪者200余人统统定为死罪，又抓住私自探狱的囚犯亲属200多人，严刑拷打、逼供认罪。一天之内，斩杀400多人。定襄郡人人胆战心惊。

前117年，全国推行告缗。义纵拒不服从。汉武帝大怒，诛杀之。义纵"以鹰击毛挚为治"，枉杀许多的无辜百姓，被列入"酷吏"。但是，司马迁也承认，"虽惨酷，斯称其位"。

3. 王温舒

升迁广平郡（今河北曲周县北）都尉，辅佐郡守负责全郡的军事和治安。他很有谋略，也有手腕。到任之后，找到一批犯有重罪、证据确凿的流氓，抓捕走投无路、被迫反抗的平民。有功，则赏之；怠惰，则杀之。至于是否滥杀无辜，却是不管的。这种以暴制暴的方法，收效显著。广平郡及其周边地区，"道不拾遗"。

汉武帝极为赞赏，升任距离广平郡不远、治安更加糟糕的河内郡太守。王温舒上任，命令准备50匹私马，部署在河内郡至京城的沿途上，专门快速传送文书。同时，仍然是挑选重刑犯，以暴制暴。不久，捕获很多人，株连1000多家，包括不少的无辜平民百姓。王温舒立刻上书，大者诛全族，小者杀其身，所有家产没入官府。汉武帝批复同意。

诏书到达，杀戮开始。上万人顿成刀下之鬼，"流血十余里"。尸积如山、臭不可闻。刑杀之后，郡中安宁。按照汉朝法律规定，秋冬行刑，春夏不准杀戮。一说，王温舒因为不能及时杀人，经常在春季、夏季顿足痛哭，翘首等待秋天和冬天的到来。人性变态如此，当然是古今奇观。

不久，义纵反对告缗政策被杀。王温舒遂被提为廷尉，成为掌管刑狱的全国最高司法官，时为中央九卿之一。后来，鉴于王温舒的酷暴少文、嗜杀成性，汉武帝只好降职，专门负责京城事务。凡是落入手中的，无不惨遭严刑拷打，个个都办成铁案；否则，"大抵尽糜烂狱中"，极少生还。

前104年，汉朝派兵征大宛。皇帝下诏征发豪吏从军。王温舒收受贿赂，保护下属华成，终被告发。使者还没有到家，王温舒闻讯自杀。哪里知道，汉武帝不依不饶，清查财产。得知"家累千金"，勃然大怒。先是灭三族（父、子、孙）。又不解恨，扩大到灭五族（弟弟、岳父）。时人感慨不已，以为报应。

张汤、义纵、王温舒，是酷吏的代表，均死于非命，结局却是不同。廉洁者，母亲被重赏，儿子被升官；抗命者，就地处决；贪腐者，家族灭绝。这也清楚地反映了汉帝国的人才管理导向，以及汉武帝王的吏治原则。

（三）巫蛊之祸

汉武帝中后期，皇宫争宠。女巫乘机入宫，施以巫蛊之术，在房屋埋上木头人，刻上诅咒的姓名，祈祷皇帝不要宠幸谁；又是敬香磕头，希望皇帝施恩于己。朝中大臣的女儿，与之也有牵连。时间一长，后宫相互妒忌，甚至争吵，动辄告发对方诅咒皇帝。汉武帝大怒，下令严查，数百的后宫妃嫔、宫女以及大臣，被捕下狱、饱受酷刑，多数屈打成招，牵出更多的人。皇后、太子的房间，也被彻底搜查，到处都挖了一遍，床铺都没有平坦的地方落脚。

前91年，汉武帝66岁。丞相公孙贺之子公孙敬声，被人告发巫蛊武帝，且与阳石公主通奸。宠臣江充奉命调查，公孙贺父子死于狱中，诸邑公主与阳石公主、卫青之子长平侯卫伉坐诛。巫蛊案随之扩大。酷刑之下，栽赃成风。数万人因之而死。

太子刘据也不能幸免，但是，不愿面对即将到来的酷吏，只得假传圣旨诛杀江充，征召士兵、购买兵器，准备自卫。汉武帝大怒，派遣丞相镇压。双方激战，死伤数万人。太子兵败，逃出京城，不久身死。皇后卫子夫闻讯，黯然自缢。

朝廷以平叛为名，全力追杀余党。正在前线激战的贰师将军李广利，得知妻子和子女受到牵连，已经被捕入狱、难免一死的消息，遂在兵败之后，投降匈奴。不久，整个事件水落石出，汉武帝追悔莫及，反手报复陷害太子、皇后的人。丞相刘屈氂、黄门苏文等人，被迫自杀。40多万人死于巫蛊之祸。

国之根本已经动摇。汉武帝登基的时候，人口将近3000万。执政40年，人口锐减到2500万人。除去自然死亡、新增人口，总量减少400多万。"海内虚耗，户口减半"。前89年，幡然醒悟的刘彻，下《轮台罪己诏》说:"朕即位以来,所为狂悖,使天下愁苦,不可追悔。自今事有伤害百姓,糜费天下者,悉罢之!"

（四）无情最是帝王家

汉武帝儿子众多。太子死后,决意选择幼子刘弗陵,继承皇位。这应当是好事。毕竟,重臣们都是忠心耿耿。

刘弗陵的生母钩弋夫人,沉浸在幸福之中,不料,却是天降大祸。一次,皇帝到来,钩弋夫人端茶上去,不小心洒到汉武帝的手上。后者大怒,厉声斥责。钩弋夫人十分惊慌,摘下头上的发簪、耳环,放在地上,叩头请罪。哪知,皇帝不听劝阻,执意治罪。钩弋夫人被押出门的时候,猛然回头,希望能够看在夫妻的情分上,予以放过。汉武帝却大声地说:"快点走,你活不成了!"没过几天,后钩弋夫人死于云阳宫。

不久,汉武帝和近臣聊天,无意提及此事,轻声地叹道:"立子杀母,的确不是一般人能够懂得的。人主年小,母亲年壮。今后,她独断骄横,淫荡放肆,谁能阻止她？难道,你们已经忘记高祖死去、吕后擅权的往事吗？"左右肃然,无不敬畏帝王之心。

前87年,汉武帝驾崩,享年70岁。刚刚丧母、现又丧父,8岁的刘弗陵,一把鼻涕、一把泪地,被扶到皇位之上,是为汉昭帝。忠心耿耿、追随多年的大司马、大将军霍光,主持国政大事,车骑将军金日磾、左将军上官桀担任副手。

清朝名臣曾国藩《〈国朝先正事略〉序》说道:"自古英哲非常之君,往往得人鼎盛。若汉之武帝,唐之文皇,宋之仁宗,元之世祖,明之孝宗。其时,皆异材勃起,俊彦云屯,焜耀简编。"

第五节　昭宣中兴

汉武帝时期,穷兵黩武、国力下降。直到晚年,重新施行与民休息的政策,稍有缓和。汉昭帝（前87—前74年在位）、汉宣帝（前74—前49年在位）时期,边疆关系趋于缓和,社会生产重新得到恢复和发展。史称"昭宣中兴"。

汉宣帝在位,联合乌孙打击匈奴,设置西域都护府监护西域诸城各国,使天山南北这一广袤地区,正式归属于西汉中央政权。大破西羌,屯田湟中、亦兵亦农、就地筹粮。设立常平仓（国家级别的粮仓）,避免"谷贱伤农",防止"谷贵伤民"。

多次颁布减免田租、口赋及其他杂税的诏令。将公田给贫民耕种,贷

给农民种子、口粮。凡遇郡国遭受水旱及地震灾害，当年的租赋徭役皆免。又召开"盐铁会议"，采纳贤良文学的意见，停止酒类专卖，降低盐价。此时，谷价是汉代最低的。

一、修复创伤

汉昭帝即位，霍光主政，平息边疆战事，继续减少赋税，百姓生活有所改良，边境交往增多。高端人才领域的战争创伤，也被平整、修复。其中，李陵、苏武二人，成为标志性的人物。

名将李广的孙子李陵，善骑射。备受汉武帝赏识，一直带在自己的身边。前99年，李广利统领3万骑兵出酒泉，击右贤王于天山，斩首1万多人。后被匈奴主力围困，汉军伤亡惨重。骑都尉李陵，带领5000步兵出击，却被合围、兵败投降。

朝野震惊。汉武帝大怒。当问询太史令司马迁的时候，其涉嫌诋毁李广利，被施以腐刑。其后得知，李陵力战8天8夜，且缺乏救援。汉武帝悔悟，秘密安排将军公孙敖，深入匈奴境内，营救李陵。

不料，公孙敖误听传闻，探知李姓将军正在帮助单于练兵，遂误以为是李陵，随即上报。汉武帝大怒，处以族刑。李陵的母亲、兄弟和妻子都被诛杀。

一年后，汉朝使者遇到李陵，问询究竟。李陵长叹："为匈奴练兵的，是先前投降的都尉李绪，不是我。"使者无言。身负国仇家恨的李陵，拿出钱财，遂派人刺杀李绪。

汉昭帝即位，与匈奴关系趋于缓和。霍光、上官桀得知李陵的真实情形，秘密选派使者，迎接回国。可是，李陵"恐再辱"，予以拒绝。前74年，老死匈奴。

汉武帝连年讨伐匈奴。双方互派使节，变相侦察。匈奴扣留郭吉、路充国等10多批人，汉朝也扣留匈奴使节相抵。前100年，且鞮侯单于即位，主动示好。汉武帝派遣中郎将苏武，持节护送被扣留在汉的匈奴使者回国，赠送礼物，予以答谢。

不料，副中郎将张胜卷入政变，事败被扣。苏武不肯投降，被囚禁在地窖内，不给吃喝。适逢天下大雪，苏武嚼着雪，连同毡毛一起咽下，几日不死。匈奴以之为神，迁至北海放公羊，扬言让公羊生小羊，才能让他归汉。到了北海，没有供应粮食，只能掘出野鼠储藏的果实。但是，拄着汉节牧羊，起居都拿着，节上毛发全部脱落。

前99年，李陵投降匈奴，被派去北海劝降。对苏武说："你的哥哥、弟弟，先后得罪皇帝，自杀而死。母亲不幸去世。妻子年少，已经改嫁。只有两个妹妹，两个女儿和一个儿子，不知生死。人生如朝露，何必受苦！"苏武拒绝。李陵流泪而别。

前81年，匈奴与汉朝和议。苏武等人，回到长安。70多名随从，或死或降。汉昭帝下令，苏武带祭品拜谒汉武帝园庙。官拜典属国，俸禄中2000石，赐钱200万，赏赐官田2顷，住宅1处。常惠、徐圣、赵终根都官拜中郎，赐丝绸各200匹。其余6人，年老而返乡，各赐钱10万，终身免徭役。

次年，苏武之子苏元参与谋反，被处死。廷尉上书，请求逮捕苏武。霍光不忍，擅自搁置奏章，只是将苏武免官。事后，汉昭帝得知，也不追究。

一天，汉宣帝突然问左右，苏武年老了，儿子谋反被处死。可是，在匈奴那么久，还有其他的子嗣吗？不久，得知苏武在匈奴，生有一子苏通国。汉宣帝很高兴，派遣使者送去金银、丝绸赎回，封为郎。又让苏武的弟弟苏贤之子做了右曹。

苏武年事已高，仍被厚待。特令每月的初一和十五入朝，尊称"祭酒"。恭哀皇后之父平恩侯许广汉、宣帝舅平昌侯王无故和乐昌侯王武、车骑将军韩增、丞相魏相、御史大夫丙吉，都很敬重苏武。前60年，苏武去世，时年80有余（汉朝50岁即为高寿）。

二、功成画麟阁

麒麟阁，建于未央宫。汉武帝时期，外出打猎，偶然获得麒麟而命名。主要用于收藏历代的史料。

前51年，匈奴归降，汉宣帝回忆有功之臣，遂令人画像于麒麟阁，以示彰显。博陆侯霍光、卫将军富平侯张安世、车骑将军龙额侯韩增、后将军营平侯赵充国、丞相高平侯魏相、丞相博阳侯丙吉、御史大夫建平侯杜延年、宗正阳城侯刘德、少府梁丘贺、太子太傅萧望之、典属国苏武等11人，先后入像。遂有"功成画麟阁""谁家麟阁上"之说，以为人臣荣耀之最。

有趣的是，排名第一的霍光，只称"大司马、大将军、博陆侯，姓霍氏"，单单不提及姓名。一说，汉宣帝以示尊重，不提姓名。二说，却有隐情。前68年，霍光去世。《汉书·霍光金日䃅传》载，汉宣帝以"功德茂盛"，下令"复其后世，畴其爵邑，世世无有所与"。多次重申，"复高皇帝功臣绛侯周勃等百三十六人家子孙，令奉祭祀，世世勿绝。其毋嗣者，复其次"。不久，霍氏子弟卷入未遂政变，家族被灭。但是，配享汉武帝的霍光墓，却是安然无恙。三说，汉宣帝忌恨霍光的续室，毒杀自己的发妻，心存芥蒂、故意如此。

配享麒麟阁，都是古代对有功的军政人才，予以褒奖的方法。配享是指功臣死后，获准安葬在帝王的陵墓附近，每当祭祀帝王的时候，一并享受香火。而麒麟阁不同，安放在宫廷，既是纪念、怀旧的场所，还是将相、皇子们反省与思过的地方。

100多年之后，60年，汉明帝刘庄在洛阳南宫云台阁，将汉光武帝刘秀麾下，辅佐一统天下、重兴汉室江山的28员功劳最大、能力最强的大将，绘制画像。时称"云台二十八将"。

700多年之后，643年，唐太宗为了纪念功臣，命令画家阎立本，在凌烟阁内描绘24位功臣的画像。比例皆真人大小，画像均面北而立。阁中分为三层：最内一层，是功勋最高的宰辅之臣；中间一层，是功高王侯之臣；最外一层，是其他功臣。太宗时常带领下属、皇子前往怀旧。时称"凌烟阁二十四功臣"。

三、官吏久任

治国就是治吏。汉宣帝时期，为了弥补官吏机制和体制缺陷，提升自身净化能力，还是动了不少的脑筋。最著名的，就是"久任"制度。

官员久任的实施范围，先是在中央大臣试行，逐渐扩大到高级地方官员。对于郡国守相的选任，十分慎重和严格，规定先由朝中大臣举荐，然后，皇帝择日亲自召见和考核，询问治国安邦之术。

久任的官员即便积有功劳或有优异表现理应升迁，也不轻易提升调动，而是另外寻求对策，给予奖励和褒奖。对于亲信近臣，"至于子孙，终不改易"。结果，"枢机周密，品式备具，上下相安，莫有苟且之意也"。

郡太守，是天子治国理民的关键，是"吏民之本"。时常调动变易，就不会被其属下尊重，上下难以相安；实行"久任"制，百姓明白官吏将长期在职，就不敢欺罔上司，自然就会"服从教化"。对治理地方确有优异政绩的郡太守，奖励办法主要包括：颁布玺书嘉奖勉励；在原有的薪俸基础上增加俸禄；赏赐金钱若干；甚至拜爵至关内侯，使之得以享受政治名誉与经济利益；等等。

一如，胶东相王成，"考绩"之中，安抚大量流民，"治有异等"，得到褒奖，提升俸禄"中二千石"，赐爵关内侯。

又如，名臣黄霸，曾经因为有过失而被贬，以八百石的官秩再度出任颍川太守，任职八年，郡中大治。汉宣帝下诏称扬，"赐爵关内侯，黄金百斤，秩中二千石"。按照常规，郡太守的俸禄高者为"二千石"（低者可至八百石），而王成、黄霸实际享受的"中二千石"俸禄，与朝廷诸卿持平。职务尽管没有升迁，但是，政绩得到肯定，待遇得以改善。

四、霸王道杂之

西汉初期，皇权集团、丰沛集团、归附（士族）集团、异姓王集团，一度共存。后经清洗，异姓王集团被消灭。其后，吕氏家族作乱，皇权集团的外戚势力，也被清除。丰沛集团势力渐弱，军功阶层逐渐消亡。

汉宣帝即位之后，上官桀、桑弘羊、长公主、燕王刘旦叛乱，被杀。诸侯势力受到沉重打击。霍光死后，家族叛乱，被杀。外戚势力消灭殆尽。皇权、宦官、士族，呈现三足鼎立。

（一）重用法家

前91年，发生巫蛊之乱，太子刘据及其妻妾、子女皆死，皇后卫子夫自尽。唯有刘据的孙儿刘病已，尚在襁褓，暂时被关进监狱。京城廷尉邴吉巡查，深知太子冤情，十分怜悯，让几个忠厚谨慎的女囚哺育刘病已，时常私给衣食。后送到刘病已的祖母史家（史良娣，祖父刘据之妾，父亲刘进之母），委托照顾。

前87年，汉武帝临终之前，接刘病乙入宫中、恢复宗室身份，改名刘询。那时，4岁的孤儿，先后被刘据的仆人辗转收养，饱受人间冷暖，亲身体会到官吏的腐败和百姓的困苦。后娶民间女子许平君，夫妻恩爱，育有一子。

前74年，汉昭帝死去，无子继承。大臣推选昌邑王刘贺继任。27天之后，刘贺被霍光废掉。霍光又在民间找到汉武帝的第4代孙儿、17岁的刘询，复入宫中，做了皇帝。

这是权臣霍光私心。他和名将霍去病，本是同母异父的兄弟。霍去病，是卫青二姐的私生子。卫青的大姐，就是汉武帝的皇后卫子夫。卫子夫的儿子刘据，即是刘询的祖父。权力重新回到霍氏家族的手上。后来，为了有效控制汉宣帝，霍光的妻子（继室），悍然毒死即将临产的、汉宣帝的发妻许平君。霍光默认。

汉宣帝主张严明执法，惩治不法官吏和豪强。一些地位很高的、腐朽贪污的官员，都相继被诛杀。大司农田延年"以决疑定策"，功劳很高，被封阳城侯。及至修建汉昭帝陵墓，贪污账款3000万，后被告发。大臣纷纷说情。但是，汉宣帝坚决不同意，执意让廷尉裁决。田延年闻讯，只得自杀。

早年的牢狱之灾，使得汉宣帝非常痛恨冤狱，深知底层平民百姓的疾苦，亲自参加一些案件的审理。前 67 年，在朝廷增设廷尉平，专掌刑狱的评审和复核，又设置治御史，以审核廷尉量刑轻重。前 66 年，下诏废除连坐法，赦免上书触犯名讳的人。前 54 年，专门派人到全国巡查，平理冤狱，检举滥用刑罚的官员。在位期间，多次大赦天下。如此，"是故汉世良吏，于是为盛，称中兴焉"。

（二）排挤士族

史载，"初，宣帝不甚从儒术，任用法律，而中书宦官用事。中书令弘恭、石显久典枢机，明习文法，亦与车骑将军高为表里，论议常独持故事，不从望之等"。这里的"望之"，即萧望之，乃是萧何的 6 世孙。

特别是宦官石显，通晓法律、熟稔政务、不露声色、十分厉害。与宦官中书令弘恭结成死党。许多事情，经常被弄得真假难辨，甚至，连当事人自己，都分不清对与错。

1. 盖宽饶

汉宣帝时期，担任太中大夫。不久，升为司隶校尉。专门负责对京城官吏的监察。上至皇后、太子，下至公卿百官，可以一并监督，时称"虎臣"。

公卿贵戚渐渐惧怕。他自以为行为清廉，才能过人，有益于国家，然而却被平庸之辈超越，更加失意不快，多次上疏谏诤。汉宣帝严用刑法、信任宦官。盖宽饶就用密封的奏章进谏。张安世病后，戴长乐接替张延寿担任太仆。

前 60 年，被人弹劾，汉宣帝免除官职。盖宽饶性情刚烈，就在宫前北楼之下，拔出佩刀自杀。百姓闻讯，无不落泪。

2. 韩延寿

韩延寿的父亲也是高官，劝阻燕王谋反，反而被杀。朝廷予以善待。主张以道义、教化为主，深受百姓爱戴。韩延寿与杨恽、盖宽饶等友好，是士大夫集团重要成员，官至左冯翊。

然而，汉宣帝重用皇族、外戚，排挤、打击士族。张安世病逝，盖宽饶自尽，魏相病逝之后，孤单无助的韩延寿，寸步难行，后受到诬陷被杀。

3. 杨恽

杨恽本是著名的士大夫，家产丰厚、为人豪爽。其父亲是两任丞相杨敞，母亲司马英是司马迁的女儿。汉宣帝时期，杨恽告发霍氏家族谋反有功，封平通侯，迁中郎将。

一次，杨恽修整祖宅，发现偏僻的小屋，陈旧的竹简，堆积如山。写在240多万片竹简（一说）、重达1吨以上、字数50多万字的《史记》，就此发现。旋即禀报朝廷。

《史记》，原名《太史公书》，"究天人之际，通古今之变，成一家之言"，创作中国历史上第一部纪传体通史。记载从上古传说中的黄帝时期，一直到汉武帝元狩元年，长达3000多年的历史，列为"二十六史"之首，被誉为"史家之绝唱，无韵之离骚"。

前61年，升为诸吏光禄勋，位列九卿。前56年，大司马韩增病逝，杨恽被罢免。不久，就被检举，"以主上为戏，语近悖逆"。旋即被捕下狱，后释放回家，免为庶人。安定郡太守孙会宗，是杨恽的老朋友，写信劝之闭门思过，不应宾客满堂，饮酒作乐。杨恽随即回信，这就是《报孙会宗书》。信中，有对皇帝的怨恨，有对孙会宗的挖苦，为自己狂放不羁的行为辩解。

次年，天逢日食。有人上书，将此事归咎于杨恽骄奢不悔。于是，他再次被捕入狱。廷尉搜出《报孙会宗书》。汉宣帝看后大怒，判以大逆不道罪，就把杨恽腰斩于市。张敞、韦玄成、杨谭、孙会宗等被免职。这是最早的"文字狱"。

（三）汉家制度

战国中期，百家争鸣、百花齐放。齐国崇儒，秦国尚法，楚国巫盛，赵国敬武……孰对孰错、无可厚非。吕不韦治理国政，也很难说是什么学说担纲主力，通常划为杂家。

即便在秦始皇亲政之后，以法家为体例，兼有儒家、纵横、阴阳、道家、兵家、农家、名家之术。刘邦起家之时，也非什么法家、儒家，接连大败的时候，还讲什么思想和主张，多次仓促逃命，打赢就行。

西汉建立，黄老学派占得上风，却不是唯一。除掉大批造反的异姓王，儒家、农家之类，又有何用。即使在汉武帝时期，严刑峻法、开拓疆域，也不见什么罢黜百家、独尊儒术的史实，反是多家齐举、择优而行，重臣们的派别，也是五花八门，甚至是专门抑制儒家思想的扩散。

文宣之治，本是利益集团相互妥协，百姓暂时受益的季节。无奈，七王之乱突生，弄得朝廷手忙脚乱。平定之后，诸侯势力削弱、军功阶层消失，皇权主导政局。

汉宣帝痛定思痛，开始反思。他总结道："汉朝得到天下，与秦朝是不同的，应当采取霸王道杂之。""霸"，即法家；"王"，即儒家；"道"即是道家；"杂"就是组合使用。简单地说，只要能够维护统治、养活军队，整肃官吏、民生安定，不管无论什么思想、理论和学说，也不管什么道家、法家、儒家、杂家、纵横家、名家、公羊家，这也就是"汉家制度"的要义所在。汉宣帝时期，不再像汉初的时候，一味信奉黄老学说，而是采取多种学说、综合手段，全面治理帝国。应当说，这是历史的进步。

事实上，汉宣帝严厉处置儒家出身的盖宽饶、韩延寿、杨恽等士族，并非彻底摧毁儒家思想，而是政治斗争的需要。毕竟，他所倚重的萧望之，既是萧何之后，也著名的儒生。高层的争斗，儒家失势，打不过地位至上、态度强硬的皇权，也打不过手腕高明、近乎无赖的宦官。然而，文翁石室、地方乡学，仍然是研习《诗经》《尚书》《仪礼》《周易》《春秋》等儒家经典（东汉时期，又补充《论语》《孝经》，称为七经）。

《汉书·元帝纪》记载，太子刘奭"柔仁好儒"，得知因为文字讽刺皇帝，就被诛杀，十分不满地说："陛下持刑太深，宜用儒生。"汉宣帝生气地说："汉家自有制度，本以霸王道杂之，奈何纯任德教，用周政乎！且俗儒不达时宜，好是古非今，使人眩于名实，不知所守，何足委任！"感叹地说："乱我家者，太子也！"

此时，中央政权出现危机。崇尚儒家的皇权集团，不得不直接与信奉法家、阴阳、杂家的宦官集团对垒。原来的士族集团，失势之后，无力反扑。主场政权的力量，从三点变成两点。好比先前稳固的三脚火锅，突然变成一张扑克牌。

汉宣帝，头脑清醒、心如明镜。自幼失去父母，遭受牢狱之苦，游历大江南北，与平民为友的皇帝，不愧贤君之名。不仅如此，始终惦记被霍光妻子毒死的发妻许平君（刘奭的生母）。执意让体弱多病、性情温顺的，曾被自己宣判"乱我家"的太子刘奭即位。

然而，高度集权、专制统治的帝国时代，帝王的个人不幸，婚姻的不幸，与家庭的不幸，与国家的不幸，其实是紧密相连的；晚年的汉宣帝，一意孤行，根本不予理睬。

这就是"汉家制度"必然造成的"家天下"，或者说"人天下"（人治天下）的衍生，成为植入帝国的基因病。毕竟，坐在帝位上的孤儿（寡母），多是感情用事，经常被哄骗，也容易被取代；而这一切，多是强势的帝王，死前亲手种下的祸端。

东汉末年，桓谭的《新论》，全面阐释"霸王道杂之"。所谓"王"，

"赏善诛恶,诸侯朝事,谓之王。"所谓"王者之术","夫王道之治,先除人害,而足其衣食,然后教以礼义,使知好恶去就。是故大化四凑,天下安乐。此王者之术"。所谓"霸",就是"兴兵众,约盟誓,以信义矫世,谓之霸"。所谓"霸者之术",系指"霸功之大者,尊君卑臣,权统由一,政不二门。赏罚必信,法令著明,百官修理,威令必行,此霸者之术"。

他始终认为,历史需要王、霸杂用,"唯王霸二盛之义,以定古今之理焉"。毕竟,"王者纯粹,其德如彼,霸道驳杂,其功如此。俱有天下,而君万民、垂统子孙,其实一也"。

第六节 长安落日

前49年10月,汉宣帝驾崩,25岁的皇太子刘奭继位,是为汉元帝。史载,多材艺,善史书,通音律,少好儒术,为人柔懦。

民间戏称,治世道,乱世佛,由治入乱是儒家。事实证明,汉宣帝的判断,是正确的。汉元帝先是重用儒家,闹得民怨沸腾。后来,自作聪明地重用宦官集团,排挤外戚势力。汉家制度不复存在。及至汉成帝,荒淫无度、大权旁落。外戚集团长期执政。江河日下、颓势立现。

一、汉元帝

汉宣帝并非寻常,考虑周全。外戚侍中、乐陵侯史高,太子太傅萧望之和太子少傅周堪,三人并领尚书事。史高是祖母史良娣的侄孙,落难之际,刘病已在史家吃饭多年,关系非常亲密。汉宣帝即位,亲近并倚重之。史氏4人先后封侯,其中,史高参与朝廷决策,地位最为重要。

萧望之、周堪都是元帝的师傅,也是当代名儒,深谙政事。不久,萧望之推荐宗室、明经达学之士刘更生(楚王刘交的后代,成帝时改名刘向)参与朝政,史称"四人同心,谋议劝道,正义古制多所欲匡正"。

(一)易欺难悟

刘奭多才多艺,能写一手漂亮的篆书,至于弹琴鼓瑟、吹箫度曲、辨音协律等,无不穷极其妙,叹为观止。可是,他的身体一直不好。"陛下春秋未满四十,发齿堕落"。《石显传》也说:"是时,元帝被疾,不亲政事。"贴心、贴肝和贴肺的宦官,逐渐得宠。

不怕一万,就怕万一。汉元帝即位,辅政班子出现裂痕。儒家萧望之、周堪,极力实施"王道政治",导致豪强大地主兼并之风盛行,中央集权逐渐削弱，社会危机日益加深。

那时，外戚、儒臣、宦官等都有各自的势力范围。加之，宦官石显善于阿谀奉承，为所欲为。但是，史高自作聪明地认为，宦官没有家室，形不成盘根错节的庞大集团，掉以轻心。前43年，史高告老还乡。

宦官得势。石显和外戚史丹、许嘉勾结，拉拢儒臣匡衡、贡禹，结成朋党。与长安豪侠万章交往甚密。不久，迫使萧望之自杀，周堪、刘更生则被贬为庶民。司马光评述，"甚矣，孝元之为君，易欺而难悟也"。

（二）虽远必诛

西汉初年，刘邦与匈奴大战，鲜有胜果，遂实行和亲政策。后因汉武帝时期，连年不断征伐，匈奴渐趋衰落。

汉元帝即位之初，匈奴郅支单于与康居王勾结，逐渐扩张势力。前36年，西域都护甘延寿、副校尉陈汤，矫诏兴兵，带领4万多的汉兵和胡兵，一举平灭郅支。

战后，陈汤慷慨上书，写有"宜悬头槀街蛮夷邸间，以示万里，明犯强汉者，虽远必诛！"一时，妇孺皆知，振奋无比。

然而，朝廷意见不一。文臣偏向治罪，武将上书表彰。汉元帝诏令，封甘延寿为义成侯，赐给陈汤关内侯的爵位，每人赐给食邑三百户，再赐给黄金一百斤。祭告上帝、宗庙，大赦天下。授任甘延寿为长水校尉，陈汤为射声校尉。

（三）昭君出塞

前33年，呼韩邪单于第3次入长安朝汉，并表示愿娶汉女为阏氏。汉元帝依靠强大的国力、新近的胜利，也愿意用婚姻的形式巩固汉、匈之间的友好关系。于是，开始挑选宫女。

《西京杂记》记载，汉元帝的后宫众多，无法逐一召见，就让画工给每人画一张素描，按图点寝。于是，宫女纷纷贿赂画工。唯独来自南郡秭归（今属湖北）的王嫱（昭君），不肯就范。一直得不到召见。得知汉元帝征召和亲的人选，悲愤不已的王昭君主动请缨，自愿远嫁匈奴。

临行前，汉元帝看见昭君丰容靓妆、光彩照人，大为悔恨。却又不便失信，只得眼睁睁地让她远嫁。出行不久，都是百万家产的宫廷画工毛延寿等5人，同日被捕，"同日弃市"。

汉元帝认为这次政治联姻，可使"边陲长无兵革之事"，特意把年号改为"竟宁"，意即边境安宁之意。呼韩邪单于封王昭君为"宁胡阏氏"，意即"匈奴得到昭君，国家就安宁了"。

呼韩邪单于与王昭君生有一子，名伊屠智伢师，后为匈奴右日逐王。前31年，呼韩邪单于去世。依游牧民族收继婚制的习俗，昭君应嫁呼韩邪单于长子（非亲生）。这时，昭君上书求归。汉成帝敕令"从胡俗"。于是，只得复嫁，接连生下女儿，共同生活11年。

西域的武力征服、北疆的美女和亲，乃是汉元帝时期的历史亮点。可是，东汉光武帝整理先帝名录，高祖刘邦、文帝刘恒、武帝刘彻、宣帝刘询等4人，都获得庙号。汉元帝，无缘入选，实出有因。

二、汉成帝

前33年，汉元帝刘奭去世。皇太子刘骜继承皇位，是为汉成帝。生母王政君，被尊为皇太后。

话说王政君，也是奇人。武帝时期，祖父王贺担任直衣绣使，后被免职，迁往魏郡元城。父亲王禁喜好酒色，共生4女8男。小时候，她跟随爷爷王贺住在山东，也曾许配过人家。但是，还没有过门，未婚夫就死了。后来，东平王刘宇聘为姬妾。嫁妆刚刚准备好，又死了。父亲感到奇怪，找了算命先生询问。算命先生说："当大贵，不可言。"于是，王禁不惜重资，延师教她读书学经，教习琴棋书画，熏陶贵族礼仪。后来，托人送进太子宫。

前54年，汉宣帝的太子刘奭，在选择侍妾陪寝的时候，不经意地随手一指。身穿红衣的宫女、18岁的王政君，遂得如愿。不久，生下一子，就是后来的汉成帝刘骜。

太子刘骜，长得一表人才，却是酒色之徒。汉元帝晚年，几次要把他废掉，改立次子刘康。刘骜之位岌岌可危之际，王政君找到机会，接近重臣史丹，寻求庇护。

史丹来历不小，深受宠幸。刘骜是长子，又是太子，史丹遂受命保护。一次，汉元帝身受疾病，不想亲临政事，就叫人鼓节奏乐。听到一半，感慨地说："多才多艺的次子刘康，有过之而无不及。"这时，史丹上前说到，敏而好学，温故知新，是真正的才艺。皇太子就是这样。只会弄点什么丝竹、鼓鼙之类的，只是俗人。汉元帝笑而不语。

前35年，中山哀王刘竟去世，太子刘骜前往吊丧。返回之后，大家相聚。汉元帝提及起儿子年幼玩耍的情形，悲伤不已。可是，刘骜却没有哀伤。汉元帝当面责怪。不料，史丹脱下帽子，磕头谢罪说："今天早上，太子进见之前，臣私自嘱咐不要哭泣，以免陛下感伤。罪在臣下，当死。"汉元帝方才心安。

前33年，汉元帝病情渐重，又要改立。刘骜的舅舅阳平侯王凤得知，又紧急找到史丹寻求对策。后与汉元帝单独相见。王凤伏在青蒲席上，一边哭泣，一边说道："10多年来，太子的名号远传，才使天下归心。如今，流言满天飞，国家实在令人担心。如果非要改立，臣愿意先死！"汉元帝叹息道："先帝喜爱太子，皇后为人谨慎，我没有说改立的事，你是哪里听到的？"史丹爬在地上说："臣妄闻，罪当死！"汉元帝不语，挥手让他退下。

登基之后，汉成帝着手打击宦官势力。中书令石显被免官，走卒纷纷倒台。其后，打击外戚势力。首先，排挤能力强、名声大的冯昭仪的弟弟冯野王，迫使皇后之父许嘉引退。外戚、丞相王商被诬陷，而后悲愤而死。任职的子弟亲戚，一律被赶出长安城。至此，舅舅王凤专制朝政，一股独大。

前33年，汉成帝即位之初，召见刘更生，改名刘向，拜为中郎，使领护三辅都水。数奏封事，迁光禄大夫。前26年，下诏使谒者陈农求遗书于天下。委任光禄大夫刘向，总领校勘、整理采访来的书籍，命刘向校经传、诸子、诗赋；步兵校尉任宏校兵书；太史令尹咸校数术；太医监李柱国校方技，每校完一书，辄条其篇目，撮其旨意，做成提要，论其指归，辩其谬误，连同定本送交，交由他亲自观览后定夺。其中的《别录》，是中国最早的图书公类目录。今存《新序》《说苑》《列女传》《战国策》等，以及《五经通义》《楚辞》《山海经》传世。

内宫也是混乱不堪。先是，许皇后被专宠20年。被废之后，赵飞燕、赵合德姐妹得宠。女官曹伟能怀孕，赵合德拿着皇帝的诏书，旋即毒死母亲，取走婴儿。许美人怀孕生子。赵合德大哭大闹。汉成帝亲手掐死儿子。童谣随之传出，"燕燕，尾涎涎，张公子，时相见。木门仓琅根，燕飞来，啄皇孙。皇孙死，燕啄矢"。

汉成帝病重之际，由于无子，只好让给侄子。前7年，酒色侵骨的汉成帝躺在赵合德的怀中，中风暴死。太后王政君大怒，"治问皇帝起居发病状"。赵合德畏罪自杀。

三、王莽

汉成帝时期，太后王政君的7个兄弟，先后都被封侯。大哥王凤，官至大司马大将军领尚书事。王氏家族一时权倾朝野。"争为奢侈，赂遗珍宝，四面而至""狗马驰逐，大治第室"。

（一）一路攀升

王政君的小弟弟王曼早年死去，其儿子王莽跟随母亲寄居在叔父家。"众人皆贵，莽独无爵"。王莽只能，也只得简朴生活、谦恭为人，后师从沛郡陈参学习《论语》。《中华通史》评说，"王莽是一个经书读得很好的儒生，在王氏豪门之中，是一个出类拔萃的人物"。平时无事，精心服侍母亲及寡嫂，抚育兄长的遗子。兼之勤奋好学，喜好结交贤士。侍奉诸位叔伯，十分周到。人们都视其为王氏家族的另类，子嗣们的楷模，声名远播。

太后听到备感欣慰，又非常同情，于是让王莽及其母亲、寡嫂供养于东宫。无意之中，打开西汉的死亡之门。

1. 王凤、王商

前22年，执掌朝廷大权的王凤病倒。侄子王莽，在床前亲尝汤药，竭力侍奉。几个月如一日，衣不解带，累得蓬头垢面、疲惫不堪。王凤大受感动。临死时，托付皇太后王政君和外甥汉成帝，让他们关照。24岁的王莽晋升黄门郎。不久，升为射声校尉。

继任的大司马王商，感到侄子不同凡响。于是，向汉成帝上书，愿将自己的封地分一部给王莽。其实，就是要求封侯。一些朝廷大臣，随之附和。

前16年，30岁的王莽被封为新都侯、骑都尉、光禄大夫侍中，成为皇帝的侍卫近臣。

2. 王根

王商死后，王根继任。王莽身居高位，总是礼贤下士、清廉俭朴，经常把俸禄分给门客和平民，甚至卖掉马车接济穷人。这与他的那些兄弟绝然不同，引致朝野赞叹不已。

王莽的表兄、王太后的外甥淳于长，掌管皇宫的禁卫，成为九卿之一。大司马王根身体不适，准备告退。淳于长成为不二人选。这时，一直隐忍的王莽，突然发力。他命人秘密地搜集淳于长罪行，然后报告王根。主要是两条：暗中封官许愿，准备接替大司马；与被废皇后许氏私通。王根、太后大怒，将之杀死。

前8年，王根病重，举荐38岁的"好青年"王莽代替。执政后，王莽克己不倦、招聘贤良，所受赏赐和邑钱都用来款待名士，生活反倒更加俭约。一次，百官公卿来探望他的母亲，穿着简陋的王莽夫人，前来端茶倒水，被误认为是家奴，唤来唤去。事后得知，众人惊讶不已，也是佩服不已。

3. 孔光

前7年，汉成帝去世，汉哀帝继位。祖母定陶国傅太后与母亲丁皇后的外戚得势，王莽卸职隐居。儿子"获杀奴，莽切责获，令自杀"。一些不忍见此的官吏和平民上书，请求王莽复出。汉哀帝重新征召，却没有恢复官职。

汉哀帝更为昏庸，对幸臣董贤尊宠备至，"赏赐累巨万"，甚至要把皇帝宝座让给董贤。前1年，汉哀帝去世，无有子嗣。太皇太后王政君听说，收回传国玉玺。然后，逼得董贤自杀，官府变卖其家产。

汉平帝登基。王莽再度出任大司马，录尚书事，兼管军事令及禁军。王莽十分懂得"愚柔"的王政君。先是上言，封她的姊妹领受封赏。后来，又举办许多外事活动，邀请王政君出席，一是背书，二是散心，三是满足虚荣心。不仅如此，就连她的侍女之子生病，王莽也要亲自登门问候。

不仅如此，王莽又瞄准三朝元老、大司徒孔光。先是引荐他的女婿甄邯，担任侍中兼奉车都尉，后又逼迫孔光弹劾何武与公孙禄。中太仆史立、南郡太守毋将隆、泰山太守丁玄、河内太守赵昌等二千石以上的多名高官，相继被免。高昌侯董武、关内侯张由被剥夺爵位。

党羽随之安插。心腹堂弟王舜、王邑为，进入宫廷。亲信甄丰、甄邯主管纠察弹劾，平晏管理内务。王莽精于权术，平时表情严肃、一本正经。略微示意，党羽们就纷纷上奏，多次请求太皇太后封赏王莽。然后，表演开始，王莽拼命磕头，不停地哭泣，坚决推辞。

4. 王政君

当时，王莽建议太皇太后体恤民情，带头过俭朴的生活。自己又贡献钱百万、20顷田救济民众。百官群起效仿。每逢遭遇水旱灾害，王莽只吃素食，不食酒肉。

8年，新朝成立，王莽改汉朝的官服黑貂衣为黄貂，除掉许多礼仪。但是，王政君严令官属一律穿黑貂衣。还在汉朝规定的节日，举行小型聚会庆祝，以示不忘。13年，酷爱欺媚、自种苦果的王政君离世，享年84岁。

民国著名学者蔡东藩评论："孝元皇后（王政君），无傅太后之骄恣，又无赵氏姊妹之淫荒，亦可谓母后中之贤者。乃过宠王莽，使其罔上行私，得窃国柄，是则失之愚柔，非失之骄淫也。莽知元后之易与，故设为种种欺媚，牢笼元后于股掌之中。追弑平帝而元后不察，迎孺子而元后不争，称摄皇帝、假皇帝而元后不问，徒怀藏一传国玺，不欲遽给，果何益耶？要之妇人当国，暂则危，久则亡。元后享年八十有余，历汉四世，不自速毙，宜乎汉之致亡也。"

（二）万众劝进

王莽执政，少有边疆的侵犯。天下形势，内治为主。针对一度衰落的士阶层，特别是儒生的理想、权力和虚荣情结，相继出台一系列优待政策与措施。

1. 礼厚儒士

王莽"奏起明堂、辟雍、灵台，为学者筑舍万区……立《乐经》，益博士员，经各五人。征天下通一艺教授十一人以上，及有逸《礼》古《书》《毛诗》《周官》《尔雅》，天文、图谶、钟律、月令、兵法、《史篇》文字，通知其意者，皆诣公车，网罗天下异能之士，至者前后千数，皆令记说廷中，将令正乖缪，壹异说云"。

精心为学者建造万套住宅。不顾经济凋敝的现实，制礼作乐，浪费巨大。如修九宗庙的时候，"功费数百巨万，卒徒死者万数"，大力宣扬礼乐教化，自然得到表面威仪庄重、满口仁义道德，实则手无缚鸡之力的儒生们拥戴。

为了"专念稽古之事"，遂立"《左氏春秋》《毛诗》《逸礼》《古文尚书》"等古文诸经立于学官。大儒刘歆成为国师，号"嘉新公"，把刘歆、陈崇等12人"封为列侯"。还下诏，"祀百辟卿士有益于民者，蜀郡以文翁，九江以召父应诏书。岁时，郡二千石率官属行礼，奉祠信臣冢，而南阳亦为主祠"。

2. 收集典籍

王莽儒学造诣深厚，自比孔子之后的一代新圣。但是，"性躁扰，不能无为，每有所兴造，必欲依古得经文"。执政之后，十分重视对图书的收集和整理，以及前所未有的校订工作。

当时，民间藏书占有较大比重。王莽采取行政手段，将流传于民间的佚书、异说等集中到朝廷。这与先期是不同的。中央政府出面组织人手，对各种文化学说和思想流派等予以汇总和择取，依据一定的原则和标准，加以重新编撰和整理，"皆令记说廷中，将令正乖缪，壹异说云"。

3. 崇尚谶纬

大批儒生来临京城。零散的经谶、图谶、凿语、符凿、灵篇得以结集汇编。谶纬之术泛滥。

谶纬是谶书和纬书的合称。谶是秦汉间巫师、方士编造的，预示吉凶的隐语，后来发展成为庙宇或道观裹求神问卜，简化为求签。纬是汉代附会儒家经义衍生出来的一类书，被汉光武帝刘秀之后的人称为"内学"。谶纬之学，多见政治预言。

王莽利用谶纬，作为登帝位的合法根据。《隋书》指出，"王莽好符命，光武以图谶兴"。更有甚者，"好卜筮，信时日，而笃于鬼神"。他命人大量制造图徽，为自己受命代汉制造舆论，营造君命神授的政治文化氛围，阐述代汉立新的合理性。

《汉书·王莽传》记载，"前辉光（官名）谢嚣奏，武功长孟通浚井得白石，上圆下方，有丹书著石，文曰：告安汉公莽为皇帝"。又如，"天公使我告亭长曰：摄皇帝当为皇帝"。巴郡太守报告发现石牛，石背上刻字，不知其意。王莽下令，不恤代价，运至都城。使者揭开石牛身上的遮盖，突然刮起大风，沙尘满天。风停止以后，天降铜符帛书，写有"天告帝符，献者封侯"。

孟通白石丹书，很有意思。汉代谶纬学的兴起、国家谶学的形成，就是从这一块有字的石头开始的。

4. 万众劝进

2年，全国大旱，并发蝗灾，受灾最严重的是青州百姓。在王莽的带领下，230多名官民献出土地、住宅救济灾民。灾区普遍减收租税，灾民得到充分抚恤。皇家在安定郡的呼池苑，也被撤销，改为安民县，用以安置灾民。长安城专门为灾民建1000套住宅，受到广泛的欢迎。

4年，12岁的汉平帝，传出遴选皇后的喜讯。这是明显被安排好了的局。可是，成千上万的士人、百姓，涌向皇宫的大门口，久久不肯散去。大家声称，平帝必须娶王莽的女儿。场面极其壮观，激动人心。

王莽的长女王嬿，成为唯一的提名，毫无悬念地当选皇后。一些要求限田的中小地主和农民都起来拥护，"上书者，前后四十八万七千五百七十二人，及诸侯、王公、列侯、宗室见者，皆叩头言"，要求加赏王莽。

朝廷赏赐25600顷土地。王莽以救济灾民为由，辞谢不受。礼聘皇后的礼金2亿钱，实际到账6300万钱。"莽复以其千万，分予九族贫者"，大肆周济刘氏宗族的没落家庭。剩余的2000万钱，孝敬王政君使用。百姓、官吏掌声如雷。

5. 大义灭亲

王莽的正直与坚毅，异于常人。先前，王莽次子私杀家奴。其实，这并不是什么大事，根据汉朝的规定，可以用钱财赎罪（包括死罪）。然而，王莽借口家贫，次子被逼自尽。引得的是起伏不绝的掌声。

长子王宇，让舅舅吕宽在王府门前撒血避灾，涉嫌造反、被迫自杀。案件牵连数百人。引得的又是起伏不绝的掌声。

那时，"妻以莽数杀其子，涕泣失明"，日夜啼哭，弄得眼睛都瞎了，不时有怨言。王莽丝毫不退让。"赐临药，临不肯饮，自刺死"。引得的，还是起伏不绝的掌声。

每次灭亲之后，王莽的同党，总会到处歌颂说。街头巷尾，传诵一时。引得的仍是起伏不绝的掌声。

6. 百鸟朝凤

一时间，太平盛世、景象万千。身在其时的普通百姓，目睹、道听途说，想不激动、不冲动，是不大可能的。

朝廷派出8名使者，周游边疆，回到京城，四处搞演讲、搞聚会，无不赞颂天下太平，彰显宣扬教化之功。匈奴、羌人等外族的使者，纷纷遣使归顺，在京城之外，排队等候被召见。五颜六色的朝贺礼品，沿街堆放。

天下的臣民，视之为亘古未有的圣贤。许多人哭着、喊着，劝其担任"假皇帝"（即代理皇帝），遭到9次的严词拒绝。狂热的支持者不依，数度以自杀相威胁。天下震惊不已。900多名公卿大臣，也不甘心寂寞，联名请加九锡。后来，王莽含泪接受，成为修身、齐家、治国、平天下的圣人。

7. 禅让继位

6年，汉平帝死后，孺子婴即位。王莽使计，鼓动大臣们效法周公辅佐周成王的先例。王政君坚决反对，却不阻止。等到王莽自称摄皇帝，她大哭。

8年，王莽的部下，逼迫王政君交出传国玉玺。王政君再次大怒，取出国家玉玺，砸到地上，痛哭流涕。不久，孺子婴禅让，王莽称帝，即新始祖，改国号为"新"，又改长安为常安，称"始建国元年"。

如此，在朝野的广泛支持下，重开皇帝（符命）禅让的先河。《国史大纲》指出："王莽受禅，一面循汉儒政治理论之自然趋势，一面自有其外戚之地位，及个人之名誉为凭借（王莽姑母为孝元皇后）。元帝后，成、哀、平三君皆不寿，莽诸父凤、音、商、根相继执政而及莽，莽之地望已尊，莽又不失书生本色，治礼，务恭俭，迂执信古而负大志，又恰合时代潮流。汉儒群主让贤，而苦无一明白的选贤制度。王莽在政治上、学术上足膺此选格，遂为一时群情所归向。"

这是激情燃烧的岁月。儒家成为主流，垄断一切思想。儒生的自尊心、虚荣心，得到双重满足。汉家的"霸王道杂之"，迎来最坚定、最单纯的反叛者。

王莽，作为那个时代最伟大的策划者，最有权势的理想主义者，儒家学派的忠实继承人，甚至还是早产的社会主义者。完全可以，也有能力进行一场前所未有的改革、一场史无前例的革新。事实上，王莽是这样想的，也是这样做的。

第三章 新

8年，王莽称帝，建立新朝。23年，兵败被杀。这是中国历史唯一的，也是极其罕见的"一朝、一帝"，国祚16年。

第一节 改制始末

西汉末年，政治腐败，朝廷奢华无度，地方搜刮盘剥，再加上豪强地主大量兼并土地，百姓流离失所、生活困苦。

王莽信奉儒家思想，力求实现孔子提倡的礼治时代，达到政通人和。他积极改制西汉末年乱象，意图恢复到儒家歌颂的夏商周三代盛世。改制的内容上从典章制度、法律与教育，下到人民习俗、经济制度等，十分全面。史称"王莽改制"。

为了平息反对声音，王莽打出《周礼》的旗号。声称《周礼》是圣人定的制度，谁反对新政，就是反对《周礼》；反对《周礼》，就是反对圣人；反对圣人，就是违反纲常礼教，就是千古罪人。这场托古改制的运动，刚刚上场，就带有强烈的煽动气氛。

（一）政治领域

大批政府机构和官职改换名称。许多城市的名称，被儒生取得稀奇古怪，无外乎想与《周礼》涉及的名称一致。换来换去，最终还是回归本名。官名、官制屡加改变。如改大司农为羲和，后改为纳言，改少府为共工，大理改作士，太常改秩宗，光禄勋改司中，太仆改太御，卫尉改太卫等。地方官制上，改郡太守为大尹，都尉为太尉，县令为宰，御史为执法。其后，置卒正、连率、州牧、部监等官，边郡则置竟尉。

秩禄制与重划行政区。以《王制》及《周官》为据，改秩禄之号，更定官位为公、卿、大夫及士。最低级的庶士为百石，最高级的卿则为中二千石。又按照周朝的制度将官吏的选任制改为世袭制。此外，汉武帝以来设置的13州不合经籍，遂依《尧典》改为12州。同年，又大肆更易宫殿之名，如长乐宫改常乐室、前殿改王路堂；地名和行政区划方面，先据

《尧典》正十二州名分界,后又据《禹贡》改为九州。改长安为常安,改洛阳为雒邑等。又把汉时的州、郡、县三级制,改为州、部、郡、县四级,有一个郡甚至五易其名,官吏实在记不清楚,只得在公文上附上旧名。

重行封建,削去王号。相传,周代有诸侯1800多人,王莽依此先例,颁行五等爵,滥加封赏,并从中笼络人心。下诏说"爵从周氏为五。诸侯之员千有八百,附城之数亦如之,以俟有功"。他封其子王临为太子,王安为新嘉辟,孺子婴为安定公。又按哀章的《金柜图》及《金策书》,封辅臣11人为公,并封古圣贤之后,如封姚恂为初睦侯。

(二)经济领域

废除土地私有制,实行土地国有化,私人不准买卖土地。将天下田改名"王田",恢复"井田制"。比如,一家男子不满8人,而田却超过900亩,应把多余的田分给本族或者邻居的无田人。原来没有田的人,按上述制度每人给田100亩。如果反对,煽动人破坏法令,就流放至边境地区。

大臣区博劝说道:"井田虽圣王法,其废久矣。……虽尧舜复起,而无百年之渐,弗能行也。天下初定,万民新附,诚未可实行。"不到几年,就因为遭到豪强大地主的反对而废止。简言之,井田制"乃书生之论,所以不可行也"。

这些举措无疑体现儒家均平的社会理想,对后世均田制的创设有积极影响。不过,因此触动了大地主阶级利益,导致后来被各地豪强地主推翻。

奴婢改称"私属",与王田均不得买卖。可是,禁止买卖奴婢并没有改变奴婢的身份,也未获得民众支持。实际上,官僚地主暗中进行的土地和奴婢买卖并未停止。因而,被处以重罪者的不计其数,更引起了他们的激烈的反对。三年后,王莽只得让步。土地和奴婢买卖恢复合法。

10年,王莽推行五均、赊贷及六莞等措施,"抑兼并、齐众庶",意使"强者不得困弱,富者不得要贫,则公家有余,恩及小民矣",平抑物价,限制商人囤积居奇,稳定社会秩序。盐、铁、酒、铸钱及山林川泽收归国有。

王莽发动第3次货币改革。币制改革思想具有先进性和科学性,与现代货币制度十分接近。事实却是相反。为了使货币轻重大小各有差异,重新发行货币,总名"宝货",分金货(1种)、银货(2种)、龟货(4种)、贝货(5种)、钱货(6种)、布货(10种)等6种货币、28个品种。不仅名目繁多,还将早已失去货币性能的原始货币,如龟壳、贝壳等拿来使用。加之，换算比值又不合理，造成了极大的混乱，货币贬值，"百姓愦乱，其货不行"。

但是，新朝的政策极其强硬。"农商失业，食货俱废，民涕泣于市道"。为了提高布钱的地位，朝廷规定官民出入都要带上布钱，没有布钱者旅馆不接待食宿，渡口可以加以拘留，公卿出入宫门时，也必须出示所带布钱。

百姓赋税、徭役沉重。王莽喜好场面，"进所征天下淑女杜陵史氏为皇后，聘黄金三万斤，车马、奴婢、杂帛、珍宝以巨万计"。朝廷兴师动众讨伐匈奴和周边少数民族，大兴土木、军需连绵，成千上万的百姓死于非命。征讨句町的时候，发吏民20万，因为军粮不济，士卒饥疫，死者数万。人祸加上天灾，使土地荒芜，物价腾贵，米价由汉文帝时期的每石数十钱，涨至两千钱。王莽执政晚期，更达到了每斛价值黄金一斤的价格顶峰。多地发生易子相食、全家饿死的惨状。百姓的心情，降落到冰点。

（三）外交领域

王莽低估边疆政权的实力，一度安定的边境，反而战事不断。胁迫羌人"献"出青海湖一带的土地，设立西海郡，与北海郡（国）、南海郡、东海郡合成"四海"。为此，制定50条法令，进行强制移民。不仅如此，原本臣服于汉朝的匈奴、高句丽、西域诸国和西南夷等属国统治者，均由原本的"王"降格为"侯"。如，收回并损毁"匈奴单于玺"，改授"新匈奴单于玺"。离谱的是，还将匈奴单于改为"降奴服于"，高句丽改名"下句丽"。

11年，匈奴叛乱，王莽派12将，率兵30万，分兵10路讨伐匈奴。高句丽亦因征发问题而作乱，又招致新朝征伐。西南夷的句町，也因贬号致叛，王莽又出兵讨伐。

边境冲突不断升级，数十万军队长期陷于边疆。加上管理不善，军队扰民极甚。《汉书·王莽传》记载，"是时，诸将在边，须大众集，吏士放纵，而内郡愁于征发，民弃城郭，流亡为盗贼……大都督、大奸猾、擅弄兵权者，皆便为奸于外，扰乱州郡，货赂为市，侵渔百姓"。

（四）教育领域

汉武帝时期，尊崇儒术，兴建太学，设置五经博士及弟子员。博士们传授的经书，书写都是采用汉代通行的隶书，称为"今文经"，如"公羊学""谷梁学"。汉成帝、汉哀帝时期，刘歆受命校订秘府藏书，发现先秦古文字篆文写成的经书。于是，坚持《春秋左氏传》《逸礼》《古文尚书》《毛诗》等"古文经",一并列入学官。

伴随古文经学的兴起,引发儒家内争,分成两派。两派争吵,刘歆失势,离开京师。今文经与古文经相比,不仅文字不同,释经的内容、政治历史观也是大相径庭。后来,演变成以经学为形式的政治派别斗争。新朝成立,古文经学美化古制、倡导复古的主张,正是托古改制最好的工具。在王莽的支持下,古文经学再度兴起,又将刘歆召回朝廷,委以重任。《春秋左氏传》等4部种古文经,被列入学官。

王莽扩充太学,扩建太学生房舍。双增立《乐经》进入学官,将五经,增为六经。每经的博士增为五人,每个博士领弟子三百六十人,进一步扩大博士及其弟子的人数。在郡县设立学校,设置经师,招收生徒。

大力网罗天下异能之士。凡通晓《逸礼》《古文尚书》《毛诗》《周官》《尔雅》《月令》《史篇》,以及天文、图谶、钟律、兵法、小学、医药、方技的人,由地方官备车马遣送京师,前后达数千人。多数的异能之士,都是古文经的信奉者。他们聚集在京城讨论经传,着手释经"正乖缪,壹异说",发动对今文经学派的剿杀,企图统一学术思想。儒生们纷纷逃走。"四方学士多怀协图书,遁逃林薮"。太学逐渐零落。

(五) 科技领域

新朝时期,却是中国古代科技发展史上的亮点。18年,王莽得知,一位巧匠能制作飞行器,这种飞行器是用大鸟的羽毛做成的翅膀,然后装在人身上,可飞行数百步。于是,亲自观看,划拨一笔经费,支持实验工作。

铜卡尺是时代一绝。1992年,扬州市西北出土。固定尺通长13.3厘米,固定卡爪长5.2厘米、宽0.9厘米、厚0.5厘米,被定为国家一级文物。从原理、性能、用途看,与现代的游标卡尺十分相似,却比西方提早1600多年。

简言之,王莽的改革,体系庞大、结构完整。初始推行,遭到既得利益集团的激烈反对。王莽随即采取法家的严刑峻法,予以强制执行,受到重罪处罚的,不计其数。加之,政策朝令夕改,官吏百姓不知所从,豪强和平民强烈不满。

刘氏宗室率先发难。6年,安众侯刘崇,率兵进攻宛城。次年,东郡太守翟义起兵,拥立严乡侯刘信为皇帝。长安以西23个县的"盗贼"赵明,也起来造反。8年,期门郎张充等6人,密谋劫杀王莽。9年,徐乡侯刘快率数千人起兵。真定人刘都等,密谋举兵造反。以上均被镇压或者诛杀。

新政之际，屡有旱、蝗、瘟疫、黄河决口改道等灾害出现。天下动荡，国库耗尽。17年，各地农民纷起，形成赤眉、绿林大起义。

朝廷"动欲慕古，不度时宜"。各路起义军攻到都城，儒家"新圣"王莽，束手无策，根据《周礼》"国有大灾，则哭以厌之"，率领群臣来到长安南郊，设坛哭诉、责问苍天，希望上天出手，帮助朝廷平定叛乱。

23年，绿林军攻入长安，守城的大司马王邑日夜搏斗、死伤惨重。王莽、公卿大夫、宦官、随从等1000多人，逃往渐台。王莽的儿子、侍中王睦，想脱掉官服逃命，却被喝住。全体战死。

王莽被杀，时年69岁。10多个军士争夺尸体，惨遭撕裂。百姓听说，"共提击之，或切食其舌"。战后，王莽的头颅被收藏。公元295年，晋惠帝时期，洛阳武库突遭大火，遂被毁。

第二节　禅让穿越

汉宣帝以降，易欺难悟的汉元帝刘奭、荒淫无度的汉成帝刘骜、纵情声色的汉哀帝刘欣、幼小不造的汉平帝刘衎、不识六畜的刘婴，皆是不材之人。"汉家制度"导致国运系一身，民生福祉沉浮不定。

王莽建立的新朝，乃是热血沸腾、激情四射的创新、革新和维新朝代，也是时代穿越。15年的国运，无非说明两个问题：人才不可失；纯儒靠不住。

一、始聚复散

王莽本是书生，也是天生而老道的表演家，更是历史上第一个运用宣传机器造势的政治家。无论是逼死二子，还是刺死妻子，甚至是扳倒兄弟，都赢得清廉而无私的名声。磕头哭泣、坚持素食、主动赈灾、广泛散财、厚待儒生、平反昭雪、封赏改发、万国来朝……表演都很到位，分寸都合适，左右逢源、得心应手。权贵、将士、百姓们视之若神。死后，惨遭百姓们割舌，却是人心尽失。

（一）清洗宗室、猪突豨勇

汉平帝时期，王莽将平帝的母亲卫氏及其家族封到中山国，禁入京师。长子王宇命妻舅吕宽，把血酒撒于住宅门口，劝说王莽收回成命。不料，王莽大怒，逼死王宇、吕宽等人，借机诛杀外戚卫氏一族，敬武公主、梁王刘立等权贵和地方豪强牵连治罪。被杀者数以百计，海内震动。

汉平帝死去，王莽旋即清除丁氏、傅氏等外戚势力。禅让之前，32名刘氏宗族诸侯王，181名王子侯先后被废黜。关系复杂、势力强大的宗室群体，迅速成为反对王莽的主力阵营。

（二）培植亲信、士族躲避

专权期间，395名亲信先后被封。儒生刘歆、刘散、陈崇等10多人封为列侯。很少人立下军功，多数人口才上佳。王莽骨子里，本是书生气质。哪里经得起满天飞的甜言蜜语，哪里受得了全天候的阿谀奉承，越发自以为是。

新朝末年，将军公孙禄建议"匈奴不可攻，当与和亲。臣恐新室忧不在匈奴，而在封域之中也"，意思是与匈奴和好，撤退连续兵力，集中力量对付各路起义军。王莽大怒，根本听不进去。

士阶层离心。新都相孔休，德高望重、人气旺盛。王莽礼聘国师，却被谢绝。大司空彭宣、王崇，光禄大夫龚胜，太中大夫邴汉等人，纷纷告老还乡。6年，王莽立孺子婴为太子，引起尊崇刘氏汉室正统观念的朝臣们和宗室子弟严重不满。70多位朝臣和地方官吏，或告退，或隐亡，纷纷表示忠事刘汉政权。

这些人长期在中央政权任事，经验丰富、手段老辣。离开京城，纷纷倒向地方豪强们。例如，淮平郡大尹、"理政有能名"的侯霸，儒学大师郑兴，先后投奔地方豪强刘秀，皆成股肱之臣。

（三）吏治苛刻、执行艰难

王莽主张"附顺者拔擢，忤恨者诛灭"。"朝臣有言其过失者，辄拔擢"。真正提拔的时候，"但以世姓""或遣亲属子孙"。致命"诸将在边，须大众集，吏士放纵"，中郎将、绣衣执法"扰乱州郡，货赂为市，侵渔百姓"。

吏士"犹放纵自若"。执政时期，除三公月俸为4万~6万以外，九卿、州牧、太守等原官阶在2000石以上者，月俸为16000~20000石。即位后，官俸皆改为数千。官吏们无不反对，"上自公侯，下至小吏，皆不得俸禄，而私赋敛，货赂上流，狱讼不决"。

加之，王莽过分自信，独揽大权。"故务自揽众事……吏民上封事书，宦官左右开发，尚书不得知""公卿旦入暮出，议论连年不决……县宰缺者，数年守兼，一切贫贱日甚"。

（四）人才外流、遭遇劲敌

动乱时期，与普通民众不同，高端人才一旦解禁，流速加快，且能够迅速聚集起来。赤眉、绿林军起义之后，收纳不少的能人志士。刘秀起兵之后，更是"延揽英雄"。一时间，名臣云集、骁将雨聚。手下更有战功赫赫的"云台二十八将"，范晔称赞道："咸能感会风云，奋其智勇，称为佐命，亦各志能之士也。"

相比之下，曾经修建万间房屋，招揽天下儒生、异能之士的王莽，不过王邑、王寻、孔仁等。其中，王邑多次请求告老，都被王莽挽留。朝廷人才状况已然捉襟见肘，只能苦撑危局。

二、纯儒乱国

西汉末年，政治腐败，土地兼并更为激烈。"强者规田以千数，弱者曾无立锥之居。""百姓饥馑……人至相食"。民心思变，汉室无力解决。

治礼而恭俭的王莽，成为最耀眼的政治明星，兼之炮制救世者形象，自然得到权贵、士阶层和民众的广泛支持。汉朝元、成、哀、平四世，儒学推行广泛，尊儒之风盛行。

王莽创建的新朝，儒家治国达到巅峰，无以复加，却以惨败收场。仅从现代猎头的角度来看，主要包括：

其一，唯官是从。且不说"学而优则仕"，只谈"耕也，馁在其中矣；学也，禄在其中矣"。还有"劳心者治人，劳力者治于人"之类，不足以锁定人才的思维方式、分配原则和价值取向。

其二，空疏务虚。儒家崇尚的"治国、平天下"，缺乏普适性。"朝为田舍郎，暮登天子堂，将相本无种，男儿当自强"也非常人可为。绝大多数的士人，沉迷其中，不能自拔。眼高手低、志大才疏者，比比皆是。

其三，怯于竞争。儒家重视道德修养，强调自律和人治，忽略人性求利的本能和先天弱点。崇尚舍利取义、克制私欲。动辄置礼节于生命之上，更是灭绝人性。国家与国家的竞争，区域与区域的争斗，家族与家族的较量，其实都是功利。多数儒生语辞好战，但是，却不愿意直接打仗。

后世评价不一。杨慎说道："以乡愿窃相位，胡广也；以乡愿窃天位，王莽也。"夏言《申议天地分祭疏》指出："用《周礼》误天下者，王莽、刘歆、苏绰、王安石也。"胡适认为："王莽受了一千九百年的冤枉，至今还没有公平的论定……王莽确是一个大政治家，他的魄力和手腕远在王安石之上。我近来仔细研究《王莽传》及《食货志》及《周礼》，才知道王莽一班人，确是社会主义者。"葛承雍评道："王莽已经看到西汉后期危机的根源，改革主要针对大地主阶层，本意是想干一番事业，但结果却变成对人民的浩劫，这是他根本没有料到的，因此成为西汉腐朽统治的替罪羊。"

王莽的真正悲剧，就是叛离民心。西汉末年的汉元帝以来，政局混乱、经济凋敝、民不聊生。王莽最兴奋，最冲动，也是最执着，决心救民于水火，本意是善良的。然而，"他尽信中国古典，真的以为金字塔可以倒砌"。于是，具有穿越色彩的第一个"社会主义者"，死得很凄惨，死得很悲愤，却很有价值。

第三节　新末混战

新莽末年，改制不利。百姓反受其乱。水、旱等天灾不断。广袤的中原，赤地千里、哀鸿遍野。赤眉、绿林、铜马等10多股农民军纷纷揭竿而起。海内分崩，天下大乱。

17年，长江流域的荆州地区闹饥荒，争斗迭起。新市（今湖北京山东北）王匡、王凤，组织一批饥民占领绿林山（今湖北大洪山），给饭吃，给衣穿。一下子，就聚集很多人。2万官兵奉命围剿，却被打得大败。起义军增加到5万多人。次年，绿林山发生疫病。遂兵分新市、平林和下江三路人马，进入平原地区。西汉宗室刘玄，投身于平林兵。史称"绿林军"。

这时，山东琅琊人樊崇在莒县境内率众起义，随即占领泰山，也给饭吃，也给衣穿，很快发展到1万多人。22年，王莽派10万大军前往镇压。为了方便识别敌我，樊崇等人把自己的眉毛涂红。史称"赤眉军"。

22年，汉高祖刘邦九世孙、南阳地区豪强刘縯、刘秀兄弟，大地主李通、邓晨，相继在新野、宛、舂陵（湖北枣阳南）起义，号称"舂陵兵"。

次年，绿林军领袖王匡、王凤等，拥立隐居平林的汉朝宗室刘玄称帝，国号"汉"，年号"更始"。同年，绿林军兵分两路，王匡、王凤进攻洛阳，申屠建进攻长安。长安市民发生武装起义，攻入未央宫。王莽被杀，新朝覆灭。

24年，刘玄由洛阳进入长安，借故杀死众多将领，剥夺王匡、张昂等人的军权。义军将领逃窜。25年，赤眉军攻入长安，刘玄投降，更始政权灭亡。

故事到这个时候，应当结束了。然而，一双机警而敏锐的眼睛，始终在洞察时局。这就是刘秀。

第四章 东汉

这是中国历史上大一统的朝代。为了区别于之前的西汉,又称后汉。定都西安以东的洛阳,遂称东汉。起于 25 年,止于 220 年,历经 196 年。

第一节 光武中兴

东汉初年,中央政权采取一系列措施,恢复、发展社会生产,缓和西汉末年以来的社会危机。社会安定、经济恢复、人口增长,史称"光武中兴"。

一、帝业速成

东汉是一个速成帝国。22 年,28 岁的刘秀起兵。25 年,31 岁称帝。37 年,43 岁统一全国。57 年,63 岁病死,谥号光武。

其间的 35 年,刘秀积弱成强、平定天下,有着诸多的合力。最重要的是,其识才、用才和治才方略,皆有超凡之处,也被后世津津乐道。

三国时期诸葛亮评说:"光武神略计较,生于天心,故帷幄无他所思,六奇无他所出,于是以谋合议同,共成王业而已。光武上将非减于韩、周,谋臣非劣于良、平,原其光武策虑深远,有杜渐曲突之明;高帝能疏,故陈、张、韩、周有焦烂之功耳。"

明朝皇帝朱元璋认为,"惟汉光武皇帝延揽英雄,励精图治,载兴炎运,四海咸安。有君天下之德而安万世之功者也"。

毛泽东评价,"东汉两头均无意思,只有光武可以读"。刘秀"才明勇略,非人敌也",堪称中国历史上的"三最"皇帝:"最有学问、最会打仗、最会用人。"

(一)顺势而为,收揽民心

新莽末年,群雄并起。刘秀奉行儒家的"天地之性,人为贵"思想,不妄杀生灵。貌似柔弱,实则厚重,反而在战乱之际,收归天下人心。

1. 谶书聚心

西汉社会信奉天人合一，大事决于谶纬之术。根据五德终始说，汉高祖刘邦定为水德。汉武帝在位，又改为土德。王莽建立新朝，采用刘向、刘歆父子的说法，认定火德。

起兵不久，刘秀仿照王莽、公孙述等人，以谶书作为承受天命的依据，命人伪造"赤伏符"的谶书，"刘秀发兵捕不道，四夷云集龙在野，四七之际火为主"，乃是"上当天地之心，下为元元所归"的真命天子。这时的"元元"，就是百姓、庶民。

2. 拒绝决堤

23年，王邑、王寻统帅10万新朝军队围困昆阳城。王凤、王常率1万多人坚守。刘秀、宗佻、李轶等13人，乘着夜色缒下城门，调集定陵、郾城的援兵，准备夹攻。民众纷纷参战。散布谣言动摇王邑的军心。

进攻之际，风雨交加、电闪雷鸣，河水暴涨。起义军的喊叫声惊天动地。刘秀亲自率领3000名精锐骑兵，猛冲猛打，直扑新军的主帅大帐，斩杀王寻。城内军队闻讯出击。新莽军"走者相腾践，伏尸百余里"，淹死者万余人。王邑、严尤、陈茂等带着少数长安精骑，踏着死尸渡河才得逃脱。新朝主力被灭。

当年，萧王刘秀奉更始帝刘玄的命令，持节行巡河北，进至邯郸。已故赵缪王的儿子刘林劝说，赤眉军正在河东地区，只要决开黄河大堤放水淹之，百万之众皆成为水中之鱼。儒生出身的刘秀，坚决不同意。千万生灵得以保全。又派冯异和铫期"抚循属县"，释放囚徒、抚恤鳏寡，亡命投案者既往不咎。遂大获民心。

3. 元功策

不久，形势发生变化。刘秀决意采纳"元功"邓禹的计策，主要包括3个方面。

一是重新打出旗帜。更始帝昏庸。必须重新汉高祖的旗帜，以示中兴汉室，区别于绿林、赤眉、青犊之类。这是非常高明的策略。总体而言，汉朝的赋税很轻，百姓生活安定，在普通民众的认同度很高。只要能够减少高层的腐败，仍然有着广泛的群众基础，能够一呼百应。

二是重视人才。天下大乱之际，人才变得兴奋而脆弱，流动速度加快，且存在跟风效应。"于今之计，莫如延揽英雄，务悦民心，立高祖之业，救万民之命"。

三是争取民心。严格约束军队，禁止掳掠，不扰民、不侵民，取得民众的信赖，扩大士兵的来源，建立强大的后勤保障机制。

简单地说，争夺天下，就是6个字："旗帜、人才、民心。"遂成行动纲领。

这是重大而及时的战略调整。《中国通史》指出，刘秀本人兼有太学生、贵族、豪强三种身份。因此，他的文武部属也全是这三种人。这个以南阳豪强集团为主体的刘秀军，在政治上有优势，在军事上有谋略，再加上禁止掳掠，争取民心，这必然就决定了它的胜利……因之，他是一个对当时历史有着重要贡献的杰出人物。

4. 铜马帝

24年秋，刘秀军大破河北农民起义军的主力铜马军，非但没有杀降，反封众多首领为列侯。然而，投降的将领仍然担心。刘秀就命令士卒各自回到本营。自己轻装简从、巡行阵地。投降的将士交头接耳，萧王刘秀待人如此，我们只能以死效力呢！从此，心悦诚服。精明的刘秀，眼见时机成熟，重新配给手下的将领，部众陡增30多万。关西一带的百姓十分拥戴他，尊之"铜马帝"。

不久，樊崇率百万大军攻下长安，处死刘玄。刘秀乘机大肆纠合地主、贵族势力和关中豪强，封锁和分化农民起义军。刘玄旧部反击。长安粮绝，境况困苦。赤眉军被迫退出。

25年6月，"跨州据土，带甲百万"的刘秀，在众将拥戴下，于河北鄗城的千秋亭即皇帝位，建元建武。为了表示重兴汉室之意，仍然使用"汉"的国号，史称后汉。

27年，华阴决战。赤眉军大败，樊崇和刘盆子投降。29—36年，陆续消灭掉渔阳的彭宠、南郡的秦丰、梁地的刘永、齐地的张步、卢江的李宪、东海的董宪、汉中的延岑、夷陵的田戎、陇西的隗嚣、安定的卢芳和巴蜀的公孙述，重建统一的刘汉政权。37年，刘秀统一中国。

（二）以诚待人，为人之下

善用人者，为之下。在事业的快速上升期，刘秀非常重视网罗高端人才，像商汤、周文王、秦始皇、汉高祖刘邦一样。即使是出身绿林、赤眉、铜马的农民将领，也不例外。特别是，重用出身旧朝官吏、地方豪强和宗室背景的军政人才。

1. 新朝故吏冯异

22年冬天，打着"复高祖之业，定万世之秋"的旗号，刘縯、刘秀、富商李通、姐夫邓晨联合起义，史称"舂陵军"。初期，兵少将寡、装备很差。28岁的刘秀，只得骑牛上阵，传为笑话。新野激战之后，方才得到战马。不久，舂陵兵与绿林军的主力新市、平林、下江联合，多有大捷。刘玄称帝之际,刘縯被封大司徒,刘秀受封太常偏将军。

冯异时任颍川郡郡掾。奉王莽之命,与父城县长苗萌抵抗刘縯的军队。23年,刘秀率军进攻,未能攻克。不久,冯异"出行属县,为汉兵所执"。冯孝、丁綝、吕晏等人,共同保荐冯异。刘秀召见。冯异表示,老母现在城中。如能放我回城,愿意归顺。刘秀同意。冯异不食言,如约返回。又推荐众多同乡,如铫期、叔寿、段建、左隆等。这些人被任命为掾史,随从刘秀到达洛阳。

其后,刘縯被妒杀。刘秀隐忍不发,既不穿丧服,也不流泪,行为举止如常,受封武信侯。更始帝迁都,冯异力主避开嫌疑,到河北建立根据地。

"异为人谦退不伐,行与诸将相逢,辄引车避道。进止皆有表识,军中号为整齐"。征战间隙,将领经常聚在一起聊天。大家争功论能,说三道四的时候,冯异总是一个人,默默地坐到大树之下,远离是非、沉思不语。士兵称之"大树将军"。

是时,征西大将军冯异长期驻扎边疆、久握重兵,十分担心刘秀猜忌,多次上书,主动要求回到洛阳。这是一种姿态。刘秀心知肚明,不说行,也不说不行,而是委婉处理。他派遣使者,把一堆告密信亲手交给冯异。后者大哭,誓言示忠至死。刘秀回复道:"将军之于国家,义为君臣,恩犹父子。何嫌何疑,而有惧意?"

34年,实在和德、披荆斩棘的冯异,病死军中。刘秀闻讯,退朝一日,戒食一天,以示不忘。谥曰节侯,功列"云台二十八将"第七位。

2. 太学生邓禹

青少年时期的刘秀,喜欢做农活,为人谨慎少言。哥哥刘縯,喜欢结交侠士,经常取笑他。14—19年,"秀受兄揶揄,也觉业农非计,乃入都求学"。史载,刘秀游学京师,"拜中大夫许子威为师,肄习《尚书》,能通大义"。后来,"资用乏,与同舍生韩子合钱买驴,令从者僦,以给诸公费"。13岁就能够朗诵诗篇、出身豪富的太学生邓禹与之交好,学历正宗、教育正统,极有可能还是驴子的长期雇主。数年之后,邓禹回到家乡,多次谢绝更始帝的召唤。

刘秀"持节北度河,镇慰州郡"之际,邓禹"杖策北渡",追至魏郡邺城(今河北临漳)。刘秀见之,高兴地说:"我现在有任命和解除官吏职位的权力。你远道而来,弄个一官半职吗,好办呀!"这明显是对小师弟,也是高价驴子的回报。

邓禹嘻嘻一笑地说:"这不是我的理想。"问,为什么?后者答道:

"等着你的威德名扬四海之时,我能够有那么尺寸大小的功劳,可以名垂青史,就行了!"《后汉书·邓禹传》记载,"光武大悦,因令左右号禹曰邓将军。常宿止于中,与定计议"。儒家科班出身的邓禹,水平明显高很多。"时任诸将,多访于禹,禹每有所举者,皆当其才,光武以为知人"。

然而,号称"文比张良、武如韩信"的太学生邓禹,并不是省油的灯。这个油,是刘秀的,而不是别人的。

刘秀即帝,24岁的邓禹封大司徒、酂侯,食邑万户。此后,渡汾阴河,入夏阳,望风来归者众多,号称百万。邓禹担心粮食不继,失去战机。刘秀指出错误。但是,邓禹并没有及时改正,引起内讧。刘秀也不指责,也不生气,默默地擦干净他的屁股。随后,增派援兵平定叛乱。

26年,邓禹改封梁侯,食四县。进兵长安,无功而返。光武帝召还。他十分惭愧,不敢抬头直视。次年,与邓弘攻击赤眉军,又是大败,将士们四处逃散,只得带领24名骑兵逃到宜阳。直到那时,太学生出身的邓禹,方才知道战场的厉害,主动上交大司徒、梁侯印绶。可是,刘秀归还梁侯印绶。几个月后,又拜任右将军,向南进军。屡败屡战的邓禹,痛定思痛、神勇无比,终于大出风头。延岑战败西逃,数万人投降。

37年,天下平定。受封高密侯,食四县。56年,邓禹被重新启用,任命大司徒。名列"云台二十八将"第一位。

3. 常山太守邓晨

邓晨的曾祖父邓隆,官至扬州刺史。祖父邓勋,官至交趾刺史。父亲邓宏,官至豫章都尉。当初,地方豪强邓晨,娶刘秀的二姐刘元为妻。

23年10月,刘玄北上建都洛阳(今河南洛阳),任命邓晨为常山太守,成为坐镇一方的实力派。王郎反叛,刘秀从蓟逃到信都,邓晨前来相会。《后汉书·邓晨传》记载,"伟卿以一身从我,不如以一郡为我北道主人"。于是,回到常山郡,派出千名善射箭的士兵和大量的物资给养,连绵不断地送到刘秀的军营。不久,率领宗族宾客数千人,全体归顺。

刘秀与之交好,形同兄弟。邓晨也是旺族出身,家住南阳新野,与当地显赫的阴氏家族有亲缘关系。不久,刘秀接触到美貌的阴丽华,印象十分深刻。

姐夫邓晨,不愿意留在京城,反而喜欢郡守一类的职位。刘秀不语,先后任命中山太守、汝南太守,政绩卓著。42年,邓晨兼任廷尉。49年,邓晨去世,刘秀诏令派中谒者备办公主官属的礼仪,招迎先前死于战火的新野长公主孤魂,与之合葬在北芒。刘秀和皇后阴丽华亲自吊丧。谥号惠侯。

4. 马贩吴汉

吴汉出身贫苦。后来和刘邦早年一样,当了一个小小的亭长。新朝末年,他又和刘邦一样,因为犯法,逃到渔阳郡。遂以贩马为业,往来于燕蓟之地,结交各地豪杰。

刘玄称帝之后,升任县令。后投奔刘秀。巨鹿之战,与铜马军对峙,刘秀想从河北幽州征调援兵合围。于是,"夜召邓禹,问可使行者"。邓禹回答,偏将军吴汉"勇鸷有智谋,诸将鲜能及者"。于是,刘秀"拜(吴)汉大将军,持节北发十郡突骑"。不久,吴汉率领大军南下,一举消灭铜马。先后扫灭刘永、董宪、公孙述、卢芳等割据势力。骁勇善战、功绩昂赫,名列"云台二十八将"第二位。

他长年在外,妻子却在家购置田业。于是,责备道:"军师在外,官吏士卒供养不足,何必多买田宅?"于是,分送干净。

35年,汉朝进攻蜀地的成家帝公孙述。光武帝写信劝降。后者不肯,派遣杀手刺死中郎将来歙、大将军岑彭。次年,大司马吴汉、辅威将军臧宫继续攻打,连战连胜。光武帝再次下诏书说:"你不要因为杀死来歙、岑彭而疑问我的恩信。只要如期归降,就可保证身家性命,决不食言。"然而,公孙述终无降意,死于敌军之中。大司马延岑率领余部投降。

性情刚烈的吴汉,顿时大怒,满门抄斩公孙述、延岑家族,老小数百人哭哭啼啼,一并丧命。又恼于久攻不下,放纵汉军大掠,焚烧宫室。消息传到京城,光武帝大怒,随即传诏,大骂随军的汉朝宗室刘尚,没有尽到劝阻的职责,却不追究吴汉的责任。

44年,吴汉去世后,赐谥号忠侯。刘秀下令,发北军五校、兵车、甲士列队送葬,效法当年大将军霍光的丧礼。这是军事将领能够获得的,也是最高级别的隆葬。

5. 上谷太守之子耿弇

耿弇的父亲耿况,与王莽从弟王伋交好,后为朔调连率(即上谷太守)。少年时期,耿弇以勤奋好学。23年,刘玄建立更始政权,派遣将领占据各地。一些郡县的太守县令被撤换。21岁的耿弇奉命朝见刘玄,却因道路阻隔,北上晋见刘秀,被任命为门下吏。

不久,赵汉政权南下。耿弇进言道:"渔阳太守彭宠,是您的同乡;上谷太守,是我的父亲。发动这两郡人马,有万骑之众,邯郸是容易夺取的。"刘秀大喜,指着耿弇对大家说:"这是我的北道主人!"

24年,耿弇回到昌平,劝说父亲耿况归附,约同渔阳太守彭宠发兵支持。二郡各发骑兵2000、步兵1000。耿弇、寇恂、景丹率上谷兵与吴汉所率渔阳兵会师南下，击斩王郎的大将、九卿、校尉以下400多人，攻取涿郡、中山、巨鹿等22县，汇师广阿。随后，合力攻克邯郸。

刘玄预感不妙，封刘秀为萧王，着令回长安。选派幽州牧韦顺、上谷太守蔡充和渔阳太守苗曾。耿弇极力劝阻。刘秀遂拜之大将军，与吴汉北上征发幽州兵马。先后斩杀新任官吏，旋即率幽州兵南下，追随刘秀转战河北，击破铜马、高湖、青犊、赤眉、尤来、五幡、大枪等各路农民军，屡立战功。后又扫平山东、征讨陇右，位列"云台二十八将"第四位。

6. 桂阳郡太守之子铫期

铫期身材魁梧，容貌威严。父亲做过桂阳郡太守。为父服丧二年，乡邻敬重。后经冯异推荐，投到刘秀麾下。长期追随刘秀，铫期只担任一个小官。后升任裨将。"徇旁县，发房子兵"之时，成效显著。邓禹"以（铫）期为能，独拜偏将军，授兵二千人……光武甚善之"。

此后，铫期脱颖而出、屡建奇功，消灭王郎及铜马、青犊等流民军，长期镇守魏郡，历任虎牙大将军、魏郡太守、太中大夫、卫尉。受封安成侯。名列"云台二十八将"第十二位。

7. 上谷郡功曹寇恂

新朝末年，寇恂担任上谷郡耿况的功曹。这是佐吏性质的小官，萧何起兵前，就是沛县功曹。

24年，王郎与刘秀对峙，派使者到上谷，让耿况发兵援助。寇恂认为刘秀"尊贤下士，士多归之"，与同僚闵贡劝说耿况拒绝，反而归顺刘秀，并建议联合渔阳太守彭宠。此后，寇恂跟随刘秀进攻河北农民军，拜偏将军。邓禹与之相交甚厚。

消灭铜马及部分河北义军后，刘秀锁定洛阳和长安。《后汉书·寇恂传》记载，邓禹应答，"昔高祖任萧何于关中，无复西顾之忧，所以专精山东，终成大业。今河内带河为固，户口殷实，北通上党，南迫洛阳。寇恂文武备足，有牧人御众之才，非此子莫可使也"。刘秀照办。事实证明，寇恂不负众望、表现上佳，列入名列"云台二十八将"第五位。

8. 更始帝大将军王常

23年，更始帝即位。战功卓著的绿林军将领王常，被封为廷尉、大将军，封知命侯。当时的刘秀，只是小小的偏将军。25年，更始帝刘玄被杀。王常隐于乡下。次年，被捉，送到都城。

刘秀非常高兴，安慰地说："当年，我的哥哥刘縯与刘玄争夺帝位，你是有功的。常常想起从前，我们一起经历艰险，永远不敢忘记。你今天迟迟才来，还有信用吧？"王常叩头谢罪说："现在见到陛下，死无遗憾。"刘秀笑着说："我是在开玩笑。赶紧洗脸去吧，酒菜都准备好了，我们好好喝一杯！"

次日，刘秀召集公卿将军聚会，当面对大家说道："此家（王常），率下江诸将辅翼汉室，心如金石，真忠臣也。"特加赏赐，拜为左曹，封山桑侯。即派南方攻打邓奉、董欣，诸将领隶属之，大胜。又诏令转向北方攻打河间、渔阳，平定各处屯聚的军队，积极防备匈奴。王常积劳成疾，死于军营。"云台二十八将"增补之际，王常列为第一追补。

9. 伏波将军马援

本是陇右割据势力隗嚣的绥德将军。公孙述在蜀地称帝，隗嚣派马援去探听虚实。二人是老乡，交情也很好。席间，公孙述欲封侯爵，授予大将军。随从们很高兴，都想留下。马援毅然返回。

28年，马援携带隗嚣的书信到达洛阳宣德殿。刘秀不屑地说："你，不过只是一个周旋在两个皇帝之间的小人。我很惭愧见到你。"马援神情镇定，大声说道："当今之世，非独君择臣也，臣亦择君矣"，随即补充，"天下反覆，盗名字者不可胜数。今日陛下，恢廓大度，同符高祖，乃知帝王自有真也。"刘秀奇之，后任命待诏。

马援执意返回，派太中大夫来歙持节相送。隗嚣询问。马援如实禀报，"前到朝廷，上引见数十，每接宴语，自夕至旦，才明勇略，非人敌也。且开心见诚，无所隐伏，阔达多大节，略于高帝同。经学博览，政事文辨，前世无比"。隗嚣同意归汉。

此后，马援南征北战、西破羌人、北击乌桓、南征交趾，一生功绩显赫。官至伏波将军，封新息侯，殒命疆场、马革裹尸。论及功绩，应当列入"云台二十八将"。

但是，汉明帝描绘"云台二十八将"图像之际，却不列岳父马援（女儿马氏是皇后）。有人问及，明帝笑而不语。后人揣测，或是避嫌，或是防范马氏家族。

（三）雅量容人、招降纳叛

1. 烧毁文书

23年10月，更始帝刘玄任命破房将军、行大司马事刘秀平定河北。12月，王郎称帝，即是赵汉政权。旋以封10万户侯爵悬赏，征求刘秀的首级。

24年，刘植、耿纯率宗族宾客2000多人归顺刘秀。上谷太守耿况、渔阳太守彭宠派遣骑兵支援。王郎连战连败，不久被杀。

战后，刘秀的部下"收文书，得吏人与郎交关谤毁者数千章，光武不省，会诸将军烧之"。此举，实在高明之极。通敌者幡然悔悟、甘愿卖命。

2. 劝降朱鲔

25 年 7 月，岑彭与吴汉、王梁等 11 名将领围攻洛阳朱鲔，数月不能破城。9 月，刘秀命令曾经担任朱鲔校尉的岑彭前往劝降。朱鲔有罪不敢归降，直截了当地说："参与杀害刘秀的哥哥、大司徒刘縯，这是其一；劝说更始帝不要派遣刘秀安抚河北，这是其二。"

刘秀得知后，回信表示，永远不会加害朱鲔，并对黄河发誓。5 天后，朱鲔将自己反绑起来，率全城出降。刘秀亲自解其束缚，好言抚慰。次日，被任命为平狄将军、扶沟侯，连夜送回洛阳。日后，岑彭居功甚伟，名列"云台二十八将"第六位。

3. 善待刘玄

25 年 9 月，赤眉军攻入长安，刘玄兵败逃亡。刘秀闻讯，诏告天下：更始兵败弃城逃走，妻子儿女衣不遮体、游离失所；天下吏民，如有敢伤害他及其妻子、儿女的，视同死罪。不料，刘玄被赤眉军绞杀。刘秀十分悲伤，诏令大司徒邓禹，葬之霸陵，刘玄的三个儿子均被封为侯。

4. 奉养刘盆子

25 年，更始帝刘玄派兵袭击赤眉军。樊崇遂与之决裂，立 15 岁的汉宗室刘盆子为帝。27 年，赤眉军大败，刘盆子被解送到洛阳，封为郎中。后来，刘盆子双目失明。刘秀下令，用荥阳的官田租税，奉养刘盆子终身。

（四）审时度势，舍弃小我

23 年 6 月，刘縯遇害。刘秀强作欢颜，一如平常，反得晋升。《后汉书·冯异列传》记载，当夜，冯异安慰刘秀说："今更始诸将纵横暴虐，所至掳掠，百姓失望，无所依戴。今公专命方面，施行恩德。夫有桀纣之乱，乃见汤武之功；人久饥渴，易为充饱。宜急分遣官属，徇行郡县，理冤结，布惠泽。"史称"东汉《隆中对》"。刘秀回还宛城。

1. 阴丽华

刘秀作为昆阳之战的头号功臣，顺利迎娶南阳新野豪门千金阴丽华。阴氏家族是大户，土地达七百余顷，车马和奴仆的规模如同诸侯王。其时，此举真是一石二鸟。既蒙蔽磨刀霍霍的刘玄，又能够享受天伦之乐。

不久，刘玄迁都长安。洛阳政务空缺。冯异认为，必须放弃眼前貌似丰厚、实则凶险的洛阳，宜到战略要地河北，重新建立根据地。遂拿重金，暗中买通刘玄的左丞相曹氏，如愿成行。

2. 郭圣通

中山郡真定王刘扬，乃是世家大族。亲家郭昌也是名门望族，家产百万。10多万真定部众，均是精锐之士。刘扬与赵汉政权王郎结好。刘秀占得信都之后，刘植、耿纯率宗族子弟加入，合众数万。这时，刘植提出，欲霸天下，必须赢得刘扬支持。然而，刘扬提出，双方以政治联姻巩固合作，且是正室。新婚不久、夫妻恩爱的刘秀，只得同意。外甥女郭圣通嫁之。

24年，刘秀娶亲，合兵一处。不久，大破铜马军，又得十万兵卒。次年，称帝。后人评说，光武帝业、（郭）圣通半之，意即受益于政治婚姻。此后，刘植屡次建立奇功。26年，战死密县。名列"云台二十八将"第二十八位。

值得一提的是，阴丽华性格恭谨俭约，不好赏玩珍品，不喜欢嬉笑戏谑。生性仁爱孝顺，怜悯慈爱。阴丽华、郭圣通二人，相待以礼、彼此谦让，传为佳话。称帝之后，兑现诺言，册封郭圣通为皇后，发妻阴丽华受封贵人。

41年，心存内疚的刘秀，找了一个借口，废了皇后郭圣通，封阴丽华为皇后，还发妻应有的名分。汉明帝即位，尊阴丽华为皇太后。64年，阴丽华去世，享年60岁，与刘秀合葬，谥号"光烈"。

（五）慈悲为怀，惜悯才干

纵观刘秀一生，"宽博容纳，计虑如神""雄豪之中，最有俊令之体，贤达之风。"无论是友，还是敌，仁慈厚道、温文尔雅，尽显儒者气象。试举几例。

1. 李忠

24年春，刘秀兵败南逃，奔赴信都。任光、李忠、万脩率领官属欢迎，官吏民众高呼万岁。攻下苦陉，各路将领抢夺财物。李忠却是两手空空。刘秀就把自己所乘的大骊马及绣被衣物赐之。

赵汉政权的王郎攻破信都，李忠的母亲、妻子被扣为人质。刘秀宣布，凡是能够救得李忠家属的，"赐钱千万"。李忠闻讯，痛哭流涕、誓死效忠，后名列"云台二十八将"第二十五位。

2. 贾复

25年5月，书生出身的都护将军贾复，攻打青犊起义军，神勇无比、身受重伤。刘秀大惊失色，随即说道："听说他妻子怀了孕。如果生的是女儿，我就让儿子娶；如果生的是男儿，我就让女儿嫁！"这就是成语"指腹为婚"的由来。不久，贾复伤病痊愈，随军攻破邺城。刘秀称帝之后，拜贾复执金吾，封冠军侯。

经年之后，刘秀安排太子刘庄，连续娶了贾复的两个外甥女。其中之一，即为汉章帝刘炟的生母。一代名将贾复，出生入死、战功显赫，名列"云台二十八将"第三位。

3. 朱浮

26年，舞阳侯朱浮，受到渔阳太守彭宠、汲郡太守张丰二人夹击，兵败弃城。

尚书令侯霸奏道："败乱幽州，构成宠罪，徒劳军师，不能死节，罪当伏诛。"刘秀念其有才、有功，不忍加罪，降为执金吾，掌管京师治安，改封父城侯。

4. 祭遵

33年春，征虏将军祭遵死于军中。灵柩到达，刘秀"诏遣百官先会丧所，车驾素服临之，望哭哀恸""涕泣不能已""既葬，车驾复临其坟，存见夫人室家"。后论军功，祭遵名列"云台二十八将"第九位。

5. 岑彭

岑彭战功很大，被封舞阳侯。29年，攻占夷陵，一直追击田戎到秭归，俘虏田戎家眷、士兵。不久，还驻津乡，据守荆州冲要之地，四处招降。江夏、武陵、长沙等7个太守，相继派遣使者，贡献方物礼品。

30年，刘秀召见，厚加赏赐。特意下令，管理宫中事务的大长秋，每月逢初一和十五，都要携带礼物探望岑彭的老母，以示关怀。其后，岑彭攻打蜀地，被公孙述的刺客所杀。遂厚赏家属，谥号壮侯。列"云台二十八将"第六位。

6. 桓谭

光武帝迷信谶记，多决定疑难。所谓谶记，是预言未来事象的文字图录。先前，刘秀起兵夺权和巩固统治，就以它来笼络人心。

刘秀称帝之后，王莽时期的掌乐大夫、更始政权的太中大夫桓谭，被征召待诏。不久，上书言事"失旨"，未被任用。大司空宋弘极力推荐，任命议郎、给事中。不久，桓谭上书《抑谶重赏疏》，劝谏之。光武帝很不高兴。

56年，东汉政权建设灵台，主要是用来观察天象。群臣会议的时候，刘秀询问桓谭，"吾欲以谶决之，何如？"桓谭沉默一会，然后说："臣不读谶。"刘秀追问。桓谭回答两个字，"非经"，意思是说，这个不是正道，而是迷信。

刘秀大怒，指责桓谭"非圣无法"，并没有大开杀戒，下令迁为六安郡丞。桓谭"忽忽不乐",不久去世。

二、柔道天下

史书记载,帝幸章陵,修园庙,祠旧宅,观田庐,置酒作乐,赏赐。时宗室诸母因酣悦,相与语曰,文叔(刘秀,字文叔)少时谨信,与人不款曲,唯直柔耳,今乃能如此!帝闻之,大笑曰,吾治天下,亦欲以柔道行之。

(一)强化集权、整顿吏治

西汉后期,吏治败坏、官僚奢侈腐化。"光武长于民间,颇达情伪,见稼穑艰难,百姓病害,至天下已定,务用安静,解王莽之繁密,还汉世之轻法。身衣大练,色无重采,耳不听郑、卫之音,手不持珠玉之玩,宫房无私爱,左右无偏恩。"

东汉初年,中央的最高官职是三公,即司徒、司空和太尉。司徒是由丞相改称的,管民政,权力比丞相小得多;司空是由御史大夫改称的,不再管监察,而是管重大水土工程;太尉管军事。三公职位虽高,却徒有虚名,并无实权。

但是,"虽置三公,事归台阁""三公之职,备员而已"。行政大权归于设在中朝、皇帝直接指挥的尚书台。设尚书令1人,秩千石;尚书仆射1人,六曹尚书各1人,秩皆为六百石,分掌各项政务。合称"八座"。以下设有丞、郎、令史等官。"天下事皆上尚书,与人主参决,乃下三府"。

注意整顿吏治。25年,为了节省国家的财政开支,"条奏并有四百余县,吏职省减,十置其一"。躬行节俭,奖励廉洁,选拔贤能为地方官吏;并对地方官吏严格要求,赏罚从严。30年,下诏令司隶州牧各实所部,省减吏员,县国不足置长吏可合并者,上大司徒、大司空二府。

开国的"云台二十八将",11名来自刘秀的家乡南阳郡,且都受到重用。这是多种因素决定的。称帝之后,并州牧郭伋建议,"选补众职,当简天下贤俊,不宜专用南阳人"。刘秀采纳,下诏各郡县推荐人才,其中,宋弘"推进贤士冯翊、桓梁三十余人"。

为了加强对百官的监察,将西汉时的御史府升级为御史台。长官为御史中丞,权力仅次于尚书令、职掌解释法令、察举违法官员,主持祭天、寺庙等大典。又提高司隶校尉的职能,负责纠检除"三公"以外的百官犯法行为。每当公卿百官朝会时,尚书令、御史中丞和司隶校尉均可坐专席,时称"三独坐"。

又分全国为十二州，各州设刺史一人，作为朝廷派驻地方的巡察官，每年八月奉命巡视所属郡国，考察各地方官吏政绩及刑狱案件，年终奉告皇帝，以加强中央对地方的控制。

刘秀身体力行、勤于政事。"每旦视朝，日仄乃罢，数引公卿郎将议论经理，夜分乃寐"。《后汉书》评论："虽身济大业，竞如不及，故能明慎政体，总揽权纲，量时度力，举无过事，退功臣而进文吏，戢弓矢而散马牛，虽道未方古，斯亦止戈之武焉。"司马光也说："帝每旦视朝，日昃乃罢……虽以征伐济大业，及天下既定，乃退功臣而进文吏，明慎政体，总揽权纲，量时度力，举无过事，故能恢复前烈，身致太平。"经过整顿之后，官场风气为之一变。故有"内外匪懈，百姓宽息"之誉。

（二）释放奴婢、兴办太学

东汉初年，戎马未歇。光武帝平定豪强、恢复生产、整顿官吏的同时，相继出台两个重大的人才政策：一是废除夏朝以来、延续汉代，长达2100多年的奴婢制度；二是承继汉武帝创建、间断延续100多年的太学。后世赞誉甚多。

1. 释放奴婢

"奴隶"一词，通常是指失去人身自由、并被他人（通常是奴隶主）任意驱使的人。上古时期，一些人因为战争、犯罪、破产、血统等原因，成为奴隶（男为奴、女为婢），作为能够说话的财产，能够继承、转让和交易。少数奴隶可以通过逃亡、赎身、立功等行为，重新成为自由人。

夏代建立，遂有官私的分别。官奴婢为国家所有，多为工奴。官僚、地主、高利贷商人拥有的私奴婢，从事家役农业、手工业和商业活动。秦国的官奴婢"隶臣妾"，从事农业、工业、筑城、畜牧等官府差役。秦律规定，官府不受理主人屠杀隶臣妾的案件，归为"家罪"。及至秦朝攻灭东方诸国，奴婢数量更多。没有土地和财产的依附民，数量也不少。

西汉初期的统治者，多次发布免奴为民和限制蓄奴的诏令。前202年，刘邦诏令，因为饥饿自卖为人奴婢者，皆免为庶人；奴主的私奴婢，缴纳的算赋，比平民多出一倍。前160年，汉文帝免官奴婢为庶人。然而，诸侯国、权贵阶层和地方豪强，始终不愿放弃这块成本低廉、利润丰厚的财源，纷纷强烈反对。施行不久，只得重新恢复。前154年，吴楚之乱结束。七王皆死，六国（楚国除外）都被废除，没入为官奴婢的人数量猛增。

前140年，汉武帝赦免七国之乱官奴婢及其后人。前114年，推行算缗告缗。地方豪强中，中等以上的工商业者纷纷破产，成千上万的奴婢被罚没。董仲舒主张，除去对奴婢专杀之威。但是，连年的征战、紧缩的财政，也让汉武帝难以下定决心。

前线出现"抑配"现象，军队臃肿，行动不便。《汉书》记载，李陵"始军出时，关东群盗妻子徙边者，随军为卒妻妇，大匿车中，陵搜得，皆剑斩之"。这也是李陵乱杀无辜的证据。

随军妇女的数量应当限制。继管仲的"女闾"、勾践的"游军士"之后，"汉武始置营妓，以待军士之无妻室者"。各级地方挑选官婢，定期派到前线。

《汉官仪》记载，官婢地位卑贱、任人宰割，"事同妓妾而无常夫"。还举例说，负责起草公文、官职很低的尚书郎，通常加班到深夜，就到官府的招待所休息。"官奴婢至于执香炉，相从入台护衣，其亲切程度，虽妓妾不过尔尔。"

汉哀帝即位，诏令官奴婢年五十以上的，免为庶人。法令限制贵族、官僚、富人占有奴婢的数量，却没有收效。新莽时期，冻结奴婢买卖，私奴婢征收重税，借以限制奴婢数量。

东汉初年，光武帝先后6次颁布释放奴婢的诏令，"天地之性人为贵。其杀奴婢，不得减罪"。主要包括：杀奴婢者，不得减罪；敢炙灼奴婢者，论如律，免所炙灼者为庶民；又除奴婢射伤人弃市律；禁止私买奴婢；等等。其后，多次大赦，"见徒免为庶民"。

东汉以后的历朝历代，面对数量巨大、利润惊人的奴婢制度，时兴时废，时用时弃。官妓、军妓现象愈演愈烈。地方豪强和军阀们蓄奴养婢，反复发作。民间所指，"臭汉、脏唐、埋汰宋、乱污元、明邋遢、清鼻涕"，根源就在于繁荣"娼"盛的官妓制度。

2．兴办太学

东汉之初，光武帝下令广泛搜集、整理古代典籍，"采求阙文，补缀漏逸"。迁都洛阳之时，"其经牒秘书载之二千余辆。自此以后，三倍于此"。这就为复兴儒学、推行教化奠定物质基础。

29年，兴建太学，传授经学。设立五经博士，恢复西汉时期的十四博士之学。多次巡视太学，赏赐儒生。

在建之时，注意"退功臣而进文吏"，就是选一些文吏进城，作"光武中兴，好经术，未及下车，而先访儒雅"。一些著名的儒士，比如《易》刘昆，《尚书》欧歆，《秋》丁恭，《诗》与《论语》包咸，先后被任命都尉、大司徒、侍中等重要官职。31年，朱浮以国学既兴、宜广开博士之选，谏止刘秀在洛阳一地选博士的做法。刘秀也采纳了。

是时，许多郡、县也都兴办学校，"兴庠序之教"，而民间创办的私学也如雨后春笋般兴起。无论是官学，还是私学；无论是博士，还是经生，都为儒学的传播、教化的开展做准备。

光武帝遣大司空祭祀孔子，又封孔子后裔孔志为褒成侯，用以表示尊孔崇儒。特别是对儒家今文学派制造的谶纬迷信，更是崇拜备至，"宣布图谶于天下"，把谶纬迷信尊为"内学"，作为其维护帝国统治的思想工具。晚年，宣布图谶于天下，贬逐桓谭、冯衍等直言敢谏之士，是一生少有的污点。

（三）偃武修文、不尚边功

连年征战，天下百姓久遭战祸，生产凋敝，人口锐减。平定蜀地之后，刘秀重建统一政权，发展社会经济，安抚周边少数民族。

30年，下诏恢复西汉前期三十税一的赋制。并把公田借给农民耕种，提倡垦荒，发展屯田，安置流民，赈济贫民。租赋徭役负担大大减轻。农民安居乐业，生产得到恢复。

废除西汉时的地方兵制，撤销内地各郡的地方兵，裁撤郡都尉之职，也取消了郡内每年征兵训练时的都试，地方防务改由招募而来的职业军队担任。

鉴于王莽的教训，汉光武帝刘秀"知天下疲耗，思乐息肩，自陇蜀平后，未尝复言军旅"，一改征服政策。比如，实行"逸政"安边，不妄开战端；着眼于合作发展，实施扶持政策；试行"以边制边"，采取"自治"政策；等等。

东汉初年，西羌各部曾经联合隗嚣割据陇西，频频侵扰金城、陇西、临洮一带。刘秀采取武力镇压与迁徙的组合政策。羌患"不复为国家忧"。《后汉书》记载，"伏惟光武皇帝本所以立南单者，欲安南定北之策也，恩德甚备，攻匈奴遂分，边境无患"。

45年，西域鄯善、东师等16国"皆遣子入侍奉献，愿请都护……帝以中国初定，未遑外事，乃还其侍子，厚加赏赐"。

乌桓"居止近塞"，与匈奴"连兵为寇"。刘秀"乃以币赂乌桓"。"二十五年，辽西乌桓大人郝旦等九百二十二人率众向化，诣阙朝贡，……乌桓或愿留宿卫，于是封其渠帅为侯王君长者八十一人，皆居塞内，布于缘边诸郡，令招来种人，给其衣食，遂为汉侦候，助击匈奴、鲜卑"。同时，鉴于"乌桓天性轻黠，好为寇贼"，为"省国家之边虑"，刘秀因置乌桓校尉于上谷宁城，"开营府，并领鲜卑，赏赐质子，岁时互市焉"。

51年，朗陵侯臧宫、扬虚侯马武上书，请乘匈奴分裂、北匈奴衰弱之际，发兵击灭之，立"万世刻石之功"。光武帝下诏说："今国无善政，灾变不息，百姓惊惶，人不自保，而复欲远事边外乎！……不如息民。"遂采取以夷攻夷的策略，常设匈奴中郎将监护南单于，南匈奴主"皆领部众为郡县侦罗耳目"。

（四）打击豪强，推行度田

东汉政权依赖地方豪强势，始得建立。但是，豪强兼并大量的土地。不仅威胁皇权，也影响百姓生活。39年，下诏"州郡检核垦田顷亩及户口年纪，又考察二千石长吏阿枉不平者"。就是令各郡县丈量土地，核实户口，作为纠正垦田、人口和赋税的根据。即"度田"。果然，豪强势力纷纷抵制。刘秀下令，将度田不实的河南尹张伋等10多人处死。各地豪强大姓阳奉阴违，甚而爆发武装叛乱，"青、徐、幽、冀四州，尤甚"。交趾郡征侧、征贰姐妹起兵造反。

从此，度田政策推行放缓，地方权贵亦做退让，"诸郡新坐租"。意即各郡县自觉补交租税。刘秀也不再彻查权贵和官员。

三、全功臣策

中国古代历史上，刘秀既是建国皇帝，又是中兴之主，极为罕见。如何与功臣共始终，向来是历代难题。刘邦建国之后，异姓王或反或叛，致使征伐、屠杀不断，流血成河、惨不忍睹。

（一）恩威并施

25年，分封邓禹、吴汉、冯异等30多名功臣。次年，发布封功臣诏。邓禹、马成、吴汉、王梁、贾复、陈俊、耿弇、杜藏、寇恂、傅俊、岑彭、坚镡、冯异、王霸、朱佑、任光、祭遵、李忠、景丹、万修、盖延、邳彤、铫期、刘植、耿纯、臧宫、马武、刘隆，列入"云台二十八将"。

然而，刘秀"偃干戈，修文德，不欲功臣拥众京师"。仅有高密侯邓禹、李通、贾复等3人，均以特进奉朝的方式，参与国家大事。侯国长吏由中央委派，不臣于诸侯。功臣侯在封国无行政权，处处受到牵制，仅食租税而已，难以造成威胁。

刘秀亲自书写"丹书铁券"，誓言"优以宽科，完其封禄"，让功臣们世无绝嗣，"传于无穷"。"虽制御功臣，而每能回容，宥其小失。远方贡珍甘，必先遍赐诸侯，而太官无馀，故皆保其福禄，无诛谴者。"

梁侯邓禹、广平侯吴汉的食邑多达四县，俨然小型王国。有人上书直言,"古者封诸侯不过百里,强干弱枝,所以为治也。今封四县,不合法制"。光武帝回复,"古者亡国皆,以无道。未尝闻功臣地多而灭亡者也"。又说道:"有德之君,以所乐乐人,无德之君,以所乐乐身。乐人者其乐长,乐身者不久而亡。"

一次宴会,光武帝无意说道:"如果不是起兵讨逆,我可能就会终生做学问。"邓禹站起来说:"如果没有遇到陛下,我应当是一个优秀的五经博士。"喜好饮酒、说话无忌的扬虚侯马武,随声说道:"如果没有遇到陛下,我肯定是一个很好的差役,专门抓捕强盗!"不料,光武帝大手一挥,哭笑不得地说:"马武呀,马武,你不做强盗,就是万幸的了!怎么能够指望你去抓强盗?"君臣哄笑,尽欢而散。但是,功臣已然听懂弦外之音。

52年,光武帝察觉,皇后阴氏家族的势力过于强壮。于是,借口交友不慎,下令将外戚结交的宾客,皆依法治罪,重者处死,轻者贬官。"坐死者数千人"。《后汉书》记载:"时内外群官,多帝自选举,加以法理严察,职事过苦,尚书近臣,至乃捶扑牵曳于前,群臣莫敢正言。"表面上只针对宾客,不涉及外戚根本利益的做法,杀鸡吓猴,收效不错。

功臣也有自知之明,莫不自励。头号功臣邓禹,远离名利和权势,退居林泉,"内行淳备,有子十三人,各使守一艺,修整闺门,教养子孙,皆可以为后世法,资用国邑,不修产利"。意即,邓禹的家,人多口阔,却不经商,仅仅依靠俸禄维持,类似今天的"月光族",每月的俸禄,肯定而且一定会花光。13个儿子,遵从父亲的命令,每人专攻一经,以待国家之用。

其他功臣纷纷仿效。号称"赛曹参"的贾复,"既还私第,阖门养威重"。大司马吴汉握有重兵,"及在朝廷,斤斤谨质,形于体貌"。刘秀的妹夫李通,多次请求辞官,遂得以安享晚年。

(二)抑制外戚

早年,刘秀倚重的外戚势力,是统一战争和巩固政权的主力,45人获封。然而统治稳定之后,他开始着手抑制外戚势力,防止结党营私。

首先,郭氏家族。42年,光武帝以"怀执怨怼"和"吕霍之风"为由,下诏废掉郭圣通,改立原配阴丽华为皇后。特别强调,"异常之事,非国休福,不得上寿称庆"。其实,废改之事,乃一石二鸟之举。既能够彻底压制郭氏家族,也是对原配阴丽华的情感补偿。一时,满朝无声。

其次,阴氏家族。皇后阴丽华的哥哥阴识,被封为阴乡侯。弟弟阴兴,一直追随刘秀征战,赐爵关内侯。卫尉阴兴、新阳侯阴就,地位显赫。但是,刘秀严厉限制外戚。如在选择太子太傅的时候,明确表示不要太子的舅舅阴识。

最后，马氏、贾氏家族，也不例外。马援的幼女马失载，嫁太子刘庄，后为汉明帝的马皇后。同父异母的姐姐马姜，嫁与胶东侯贾复的第5子贾武仲，生有二女，也嫁给刘庄。其中一女，即是刘炟（汉章帝）的生母。

刘秀应对帝国功臣的策略和举措，史称"全功臣策"。多被世人称赞。《资治通鉴》指出："虽以征伐济大业，及天下既定，乃退功臣而进文吏，明慎政体，总揽权纲，量时度力，举无过事，故能恢复前烈，身致太平。"清初学者王夫之指出："君臣交尽其美，唯东汉为盛焉。"

四、简选人才

东汉初年，面对如云的功臣，刘秀妥当安置，压制外戚，做得十分漂亮。与此同时，中央政权采取多种渠道、多种手法培育和选拔人才，予以补充和储备。

（一）特召

西汉末年，一些官僚、名士醉心利禄。刘秀表彰忠于汉室、不仕二姓的隐士，制造崇尚气节的社会风气，借以巩固帝国统治。

《后汉书》记载，刘秀点名征聘名士周党、严光入朝。狂放的周党，入见俯伏而不拜谒，执意隐居。严光始终不肯受谏议大夫官职，乐在富春江耕种垂钓。博士范升上奏贬斥。刘秀却下诏说到，自古以来高明之君、圣德之主，必定有不服的人。伯夷、叔齐不吃周代的粮食，实是人各有志。周党隐居，赐帛40匹。严光老死，赐钱百万，谷千斛。

光武时期，隐逸拒征之风盛行。严光是先河。征聘的本来用心，不外乎为国家搜罗遗才，有助于政教。然法真、董扶、杨厚、黄琼等人，或三征，或四征，不是称疾不就，就是连年不应。辞征愈力，名声愈大，则朝廷愈征。风气日坏，遂弃之。

（二）辟除

司徒、司马、司空，号称"三公府"，可以自行辟除。其中的辟，征召；除，授官。即是自行聘任僚属，然后向朝廷推荐。

这与官吏铨选的制度不同。《文献通考·选举》记载："盖东汉时，选举辟召皆可以入仕，以乡举里选循序而进者，选举也；以高才重名蹑等而升者，辟召也；故时人犹以召为荣焉。"试用之后，可以担任朝廷和地方的官职。大将军以至诸卿，如光禄勋、太常等，皆可自辟掾属。公府既辟之后，除主官可直接向朝廷推荐之外，又得依诏令所定科目察举，成为东汉选官入仕的重要途径。

州郡辟除，更加广泛。一些掾史，成为朝廷或郡国大吏。但是，被辟除的属吏不是朝廷命官，去留自便。至于自除诸曹掾史，更是多见。地方割据势力始有发展、尾大不掉。

(三) 察举制度

汉代的特科，后来又发展出文学、方正、至孝、有道、敦朴、治剧、勇猛知兵法、明阴阳灾异，等等。特科中，贤良、方正、有道、敦朴、明阴阳灾异等科的应举者，要参加对策，按皇帝指定的策题发表对政事的见解。明经科则要参加射策，即经术考试，然后方得除授。汉代的岁举，除孝廉外还有廉吏等科。

朝廷规定，除少数德行优异者外，孝廉举前都应有担任郡县属吏的经历，以保证足够的行政经验。实施也比较严格。举荐者，如发现候选人不合标准，需要承担主要责任，被贬秩、免官。特别是孝廉一科，"名公巨卿多出之"，成为政府官员的重要来源。

(四) 考试

察举加考试，是汉代选官制度中的两个重要步骤。察举之后，是否选得其人，还需要经过考试，方可录用。

考试的方法，分为对策和射策两种。对策，就是命题考试，多用于考试举士；射策就是抽签考试，多用于考试博士弟子。

考试的等级，分为3种。一是皇帝策试。凡属诏令特举之士，皇帝亲自主持，时有"朕将亲览"之句。地点临时指定。二是公府考试。郡国岁举的孝廉、茂才，交由公府统一组织考试，"诸生试家法，文吏课笺奏"。后又增加复试制度，防止营私舞弊、择优选拔。三是博士弟子课试。

除以上固定的考试制度，尚有一些根据临时需要而进行的考试，即通过对现任官吏的考试，决定是否迁任高职。

(五) 保任纳赀

保任，高级官吏可以保任子弟为官。汉文帝之时，任子就成为通制。东汉初年，无论保任者，还是保任的对象，都在不断扩大。汉武帝时期，连年战争、财政困难，谷物、现钱、牛羊……都可以买到官职。光武帝时期，朝廷重视吏治，崇尚儒家，提倡气节，时有卖官，却不多见。

第二节 明章之治

57年，太子刘庄承继，是为汉明帝。75年，明帝去世，太子刘炟继之，是为汉章帝。88年，汉章帝死去。

明、章两代，大体承继光武帝的施政方针，吏治清明、境内安定。招抚流民、兴修水利。民安其业，户口滋殖。光武帝末年，全国载于户籍的人口为2100多万。至明帝末年，不到20年的时间，激增至3400多万。史称"明章之治"。

一、汉明帝

28年，出生于湖北枣阳，系刘秀第4子，母亲阴丽华。10岁，通晓《春秋》。朝廷重新清查田亩（度田）。有人上书，"颍川、弘农可问，河南、南阳不可问"。于是，刘秀疑惑不解，自言自语起来。12岁的刘庄正在身边，插话到，河南是帝城，南阳是帝乡。田亩和宅第肯定逾制，不能认真核查。光武帝诘实，果真如此。

43年，刘庄被立为太子，拜博士桓荣为师，学通《尚书》。刘秀死后，即位称帝。这是一个非常聪慧、争气和有为的皇帝。刘秀、阴丽华夫妇，感情交好、教子有方，的确是名不虚传。

（一）限制功臣、严防外戚

汉明帝委任高密侯邓禹为太傅，同母弟东平王刘苍为骠骑将军，先朝太尉赵憙保留原职，使得宗室、功臣、官僚集团，利益共沾，都有话语权。但是，王侯们不掌握封地的兵权。封地的国相和官吏都是皇帝委派的。只要风吹草动，就被立即告发。

同母弟刘荆，串通废太子刘疆。明帝没有追究。后来，多次冒犯，也没有追究。直到祭祀祝诅之事被告发，惶恐自杀。刘康、刘延也是图谋不轨，均被告发，削减封地。

窦融攻破隗嚣、经营河西五郡，堪称豪门。子孙却多有不法。侄子窦林坐欺罔及臧罪，下狱死。长子、光武帝的驸马窦穆，假传旨意，先是被免职，后又口出怨言、贿赂官吏。事发之后，连同窦宣、窦勋死于狱中。几经打击，窦融被迫辞职。

太皇皇后阴丽华的弟弟阴就的儿子、驸马阴丰，借故杀死公主。明帝不徇私情，将阴丰杀死。阴就夫妇自杀。

汉明帝的姐夫、河西功臣梁统的儿子梁松，本是遗命辅政的大臣，也是口出怨言，招致杀身之祸。

姐姐馆陶长公主的儿子，想当郎官。汉明帝宁可送给外甥1000万钱，也不答应。

明帝主持"云台二十八将"画像的时候，拒不收录功绩显赫的岳父马援。舅舅马廖、马光、马防，都是位不过九卿。

大臣阎章才学出众，工作突出。却因为两个妹妹，都是后宫嫔妃，久无提拔。

（二）总揽权柄、为政苛察

汉明帝对下属非常严厉。一次，内朝小吏误记西域属国贡献的供品。刘庄亲自查账，旋即把犯错的尚书郎招来，亲自拿着木杖责打。尚书台长官闻讯，请求管教失职之罪。刘庄方才息怒。

楚王刘英，与之关系不错。封国作金龟玉鹤，刻文字为符瑞，涉嫌造反。汉明帝把刘英罢免、流放。后来，刘英自杀。但是，发现与刘英结交的官吏名录。遂举起屠刀，株连无数。

（三）力倡文教、崇儒礼佛

汉明帝继承光武帝，尊崇儒术。亲赴太学，主持"大射""养老"等礼，又升堂讲说："故上至宗室诸王大臣子弟，下至于宫廷卫士，莫不受经习儒。"

博士桓荣是他的老师。继位之后，"犹尊桓荣以师礼"。桓荣生病，汉明帝登门看望，都是在很远的地方停下，步行前往。"诸侯、将军、大夫问疾者，不敢复乘车到门，皆拜床下"。

1. 四姓小侯

66年，《后汉书》记载，"汉明帝崇尚儒学，自皇太子、诸王侯及功臣子弟，莫不受经。又为外戚樊氏、郭氏、阴氏、马氏诸子弟立学，号'四姓小侯'，置五经师"。意即，外戚四姓不是列侯，故称"小侯"。又及，"显宗（即明帝）复为功臣子孙，四姓末族，别立学舍，搜选高能，以授其业，自期门羽林之士，悉令通《孝经》章句，匈奴亦遣子入学"。

这是太学内设的贵族学校。初期，能够可入学的，只有四姓子弟。后来，功臣子孙皆可入学。教学设施、经费支持、聘选教师等，远远超过太学其他机构。兴盛一时，声名日彰。匈奴国多次派遣贵族子弟，前来求学。故而，这也中国历史上最早接受外国留学生、专门从事贵族教育的官办教育机构。

2. 佛教传入

汉明帝听说西域有神，名曰佛陀。派遣郎中蔡愔、博士弟子秦景，远赴天竺（今印度、巴基斯坦地区）。一行人历经千辛万苦，跋山涉水，终于到达大月氏。67年，印度高僧迦叶摩腾、竺法兰，乘以白马，驮载佛经四十二章和释迦牟尼的佛像，抵达洛阳。汉明帝躬亲迎奉，敕令建设僧院，即为白马寺。

当时，二人都是外国人，不甚精通汉语。翻译佛经之际，义理、语言不太精准，而且翻译进度很慢、数量极少。再者，皇家供养与托钵乞食的惯例不一，加之前来学习的僧人太多，难以为继。

汉桓帝、汉灵帝时代，西域僧人相继来到中国。比如，来自安息国的安世高、安玄，月氏国的支娄迦谶、支曜，天竺国的竺佛朔从来，康居的康孟详。译经事业渐盛，佛教逐渐推广。

其时，安息国的太子安世高，精研阿毗昙、兼习禅定，游历汉朝20多年，翻译《安般守意经》《阴持入经》《大十二门经》《小十二门经》和《百六十品经》等30多部典籍。

支娄迦谶（简称支谶）通晓汉语，翻译《宝积经》《阿閦佛国经》《般舟三昧经》《般若道行经》《兜沙经》等10多部。竺佛朔、安玄、支曜、康孟详等人，也都各有传译。

初期，外来的佛教，被视为神仙方术，归入黄老之术，只在上层社会传播。后来，依附道教流行。儒家贬为"夷狄之术"，剃发（身体是父母所赐）、弃妻（无子女）不合孝道。道教攻击僧人"四毁之行"：弃亲、抛妻、食不清、行乞丐。但是，上流社会的刻意呵护，使得佛教享有宽大的发展空间，逐渐扩散开来。

（四）北伐西征、擢升新锐

光武帝以来，东汉休养生息，长达30多年，国力得以恢复。73年，汉明帝起用功臣子嗣，强硬对付匈奴。名将耿弇的侄子耿秉、功臣窦融的侄子窦固，率领大军进攻北匈奴，班彪之子、中郎将班固随军出征，大获全胜。

跟随从军的假司马班超，本是班彪的幼子。长兄班固、妹妹班昭写就《汉书》，名垂青史。由于家境贫寒，班超依靠替官府抄写文书维持生计。大军北伐之际，投笔从戎。几战下来，班超小有战功。平定北匈奴，窦固派遣派班超、郭恂等36人出使西域，袭杀北匈奴使团。鄯善王归附。

班超回来，面见窦固。后者非常高兴，上奏敦请选派使者出访。汉明帝下诏，像班超这样的使臣，不辱使命，何必挑选别人？于是，提拔班超担任军司马，继续出使。

此后，奇才班超在西域31年。动辄带领10多个国家的部队，旗帜鲜明、浩浩荡荡，谁不服，就打谁；直到打怕、打服为止。95年，封为定远侯，食邑千户。

公元100年，年近70岁的班超，上书请回。之前。班固死于窦氏之难。妹妹班昭，到宫廷讲授史学，备受皇子、公主喜爱，时称"曹大家"，也随即上书。

汉章帝之子汉和帝，手捧奏请、备受感动，下诏班超返回。102年，历仕汉明帝、汉章帝、汉和帝的功臣班超，长途跋涉、如愿抵达。不久，旧伤复发，病死。朝廷怜悯之，吊唁致祭、赏赐优厚。

这是源于历史的警示。前两次出使，班超一行，不过区区30多人。后来，朝廷派遣的支援部队，也只有1000多人。可是，最终平定西域的，并不是法治，也不是德治，而是外交手段，即纵横家的"术"。

通常情况下，外交不力，使得朝廷震惊、百姓怨愤。春秋时期，齐国如此；战国时期，秦国也是如此；汉武帝时期，更是如此。汉明帝实行"法、儒、术"三位一体，也是"霸王道杂之"的质变，是治国安邦理念的扬弃，也是可资借鉴的新常态。

二、汉章帝

汉明帝死后，19岁的太子刘炟继位，是为汉章帝。喜爱儒学，书法上佳，忠厚仁义、笃于亲系。但是，"孝章皇帝宏裕有余，明断不足，闺房谗惑，外戚擅宠"。中央政权出现官吏腐败、人才失控。

在位期间，行宽厚之政，除去以往一人犯谋逆等大罪，则亲属皆受牵连的禁令。命罪人减刑迁到边境地区。禁用酷刑，以尚书陈宠之议，废除刑罚残酷的条文50余条。禁盐、铁私煮、私铸。注重选拔官吏，以得廉能之吏为政治清明的保证。打击豪强地主兼并土地，采取优惠政策募民垦荒，鼓励人口增殖，减轻徭役赋税。

（一）国政宽疏

汉明帝勤于政事，注重选官用人，政治清明，"朝无威福之臣，邑无豪桀之侠"。反观，汉章帝矫枉过正、过于宽容，"富奸行贿与天下，贪吏枉法于上"。

先前，官员贪污，要禁锢三世，即三代人都不准为官。汉章帝废除之。对官员和贵族的赏赐，往往超过规定的限额，造成国家财政的困难。76年，兖、豫、徐等州发生严重旱灾，不料，汉章帝紧急救援之际，依据灾祥谶纬之学，大赦天下。如此，盗贼横行，成事不足、败事有余。

(二）外戚崛起

汉章帝即位，一改东汉光武、明帝严禁外戚和宦官参与朝政的既定政策，宠爱皇后窦氏，重用窦后之兄窦宪，又优待宦官。外戚和宦官势力随之重现。

不仅如此，越级提拔马援之子、太后的兄弟马廖、马防、马光。78年，太后去世。册立窦融的曾孙女为皇后，废黜宋贵人和皇太子刘庆，设计将梁松的侄女之子刘肇据为己有，改立太子。后宫大乱。

马氏家族失势。窦氏家族乘机而起。窦皇后的哥哥窦宪，被任命为侍中、虎贲中郎将，其弟窦笃被封为黄门侍郎。汉章帝虽然有所警惕，却没有彻底整治，外戚势力日益壮大。

第三节 永元之隆

88年，汉章帝去世。10岁的刘肇即位，是为汉和帝。养母窦太后执政。次年，改年号为永元。

一、燕然勒石

89年，窦宪派遣刺客，杀死太后幸臣刘畅，嫁祸蔡伦，事泄获罪，被囚于宫内。日夜恐惧，请求出击北匈奴以赎死。适逢南匈奴单于请兵北伐，尚书、侍御史、骑都尉、议郎们极力上谏，央请窦太后"奈何以一人之计，弃万人之命"。太后决意出兵，拜窦宪为车骑将军，耿秉为副手，各领4000骑兵，汇合南匈奴、乌桓、羌胡兵3万人出征。

联军在涿邪山会师，大败北匈奴于稽洛山，杀死1.3万多人，俘虏无数。在燕然山（今蒙古杭爱山）刻石记功，史称燕然勒石。史称"燕然勒石"，与霍去病"封狼居胥"、马援立下"伏波铁柱"，并称汉代对外战争胜利的标志。

朝廷拜窦宪为大将军，位高三公。91年，再次出击，大破北匈奴单于主力，俘虏北单于皇太后。《罗马帝国衰亡史》记载，北匈奴残部进入中亚，奔袭到欧洲的黑海和多瑙河一带，汇同原住民哥特人，侵袭古罗马帝国，直到灭亡。南匈奴内附中原，鲜卑族侵占故地，逐渐汉化。秦始皇以来，300多年的匈奴反复袭扰，中原政权多次反击的混战局面，就此了断。

其时，班超大破焉耆，50多个国家降附，复置西域都护。乌桓校尉任尚大破南单于，又将辽东收服，改为渤海郡。武功赫赫，开疆拓土。东汉达到极盛,时称"永元之隆"。史称"卓矣煌煌,永元之隆。含弘该要,周建大中。蓄纯和之优渥兮,化盛溢而兹丰"。

二、剿灭窦氏

汉和帝即位,窦太后刚愎放纵。哥哥窦宪提升侍中,掌管朝廷机密,负责发布诰命。弟弟窦笃任虎贲中郎将,统领皇帝的侍卫。弟弟窦景、窦环均任中常将,负责传达诏令和统理文书。10多人担任侍中、将、大夫、郎吏等职。

窦氏家族如日中天、跋扈恣肆。侵凌平民,强夺财货,篡取罪人,抢掠妇女。搞得京都商贾闭塞,如避寇仇。主管官吏噤若寒蝉,忍气吞声,不敢举奏。司徒袁安见天子年幼,外戚专权,深为忧虑,言及国家大事,只能呜咽流泪。

92年,窦宪和邓叠班师回京。14岁的汉和帝,被困宫中、难施拳脚,只得秘密联合宦官,下诏大鸿胪持节到郊外迎接,并按等级赏赐将士。窦宪进城,和帝亲临北宫,关闭城门,带着一批近卫、宦官,逐一逮捕邓叠、邓磊、郭举、郭璜、班固,下狱诛死。收回窦宪的大将军印绶,更封为冠军侯,令与窦笃、窦景、窦瑰回到各自的封地。不久,三人先后自杀。98年,窦瑰被迫自杀。受株连者也都免官还乡。

三、劳谦有终

汉和帝早起临朝,深夜批阅,"劳谦有终"。多次下诏赈济灾民、减免赋税、安置流民、勿违农时。多次诏令理冤狱,恤鳏寡,矜孤弱,薄赋敛,告诫官吏。96年,京城发生蝗灾。他下诏,"蝗虫之异,殆不虚生,万方有罪,在予一人"。忧民之心,殷殷可见。

岭南地区(今广东)出产龙眼、荔枝。朝廷"十里一置,五里一候,昼夜传送"。翻山越岭、劳民伤财。唐羌上书。刘肇批复,"远国珍羞,本以荐奉宗庙,苟有伤害,岂爱民之本?其敕太官勿复受献!"遂止。

外患不再,四夷安宁。在刘肇夺回政权的过程中,中常侍钩盾令、宦官郑众,参与策划和实施,夺得首功,升迁大长秋(皇后近侍,掌管宫中诸事)。和帝非常相信他。"宦官用权自此始矣"。

其实,汉和帝是非常精明的。他生了许多皇子,但是,大都夭折。原因不详。便以为宦官、外戚,在暗中谋害儿子,遂将剩余的皇子留在民间抚养。

四、蔡侯纸

宦官，生于桂阳郡（今湖南郴州），铁匠世家。汉明帝时期，18岁的时候，入宫给事，主管监督制造宫中器物。或说是中国南方第一个有史记载的宦官。

西汉初年，开始出现纸，多以漂絮法，即以上等蚕茧抽丝织绸，剩下的恶茧、病茧等则用制取丝绵。漂絮完毕，篾席上会遗留一些残絮。当漂絮的次数多了，篾席上的残絮便积成一层纤维薄片，经晾干之后剥离下来，可用于书写。史称赫蹏或方絮。

新的造纸方法，也有出现。主要利用树皮和破布等麻皮纤维或麻类织物，代替茧丝。虽然成本降低、工艺简单，但是，生产的纸张质地粗糙，夹带着较多未松散开的纤维束，表面不平滑，不适宜于书写，多用于包装。

蔡伦决意改造。先是挑选出树皮、破麻布、旧渔网等，让工匠把它们切碎剪断，放在一个大水池中浸泡。过了一段时间后，其中的杂物烂掉了，而纤维不易腐烂，就保留了下来。再让工匠把浸泡过的原料捞起，放入石臼中，不停搅拌，直到它们成为浆状物，然后再用竹篾挑起来，等到干燥之后，就变成了纸。经过反复试验，成功制出取材容易、来源广泛，轻薄柔韧、价格低廉的纸。

105年，蔡伦向汉和帝献纸，还将造纸的方法写成奏折，连同纸张一并呈献，得到皇帝的赞赏，遂诏令天下使用并推广。上至官署、下到民众，欢呼雀跃。9年后，蔡伦被封为"龙亭侯"。新式的纸张，被称为"蔡侯纸"。

蔡伦的造纸术被列为中国古代"四大发明"，对人类文化的传播和世界文明的进步，做出了杰出的贡献，千百年来备受人们的尊崇。麦克·哈特的《影响人类历史进程的100名人排行榜》中，蔡伦排在第七位。《时代》周刊"有史以来的最佳发明家"，蔡伦也是榜上有名。2008年，北京奥运会开幕式，特别展示蔡伦发明的造纸术。

105年，汉和帝病死，时年27岁。17年的帝王生涯，恰如流星一般，极其突然、极其短暂，却是无比的耀眼和灿烂。

出生100天、还在吃奶的少子刘隆继位。次年，夭折，成为中国历史上继位年龄最小、寿命最短的皇帝，史称"百日皇帝"。这是父亲汉和帝意想不到的。

第四节 强汉末路

从某种程度上来说,所谓的汉家制度,就是通过中央集权、专制统治,坚持世袭世传,极力维护皇权及统治集团利益。刘氏宗室的既得与既有,永远居于首位。至于国家、社会和人民,只是稳固汉家制度的承载、供奉汉家画像的花果。

88—220年,信奉"汉家制度"的东汉,出现罕见的百年政治基因死结。主要表现:君主短命、士族湮灭、藩镇坐人。

一、帝王:短命不寿

西汉、东汉,一共有26位皇帝(刘婴除外)。21人的生卒年份记载完整,平均寿命31岁。其中,7人活过40岁,14位死于40岁以下(6人死于20岁以前)。

88年,汉和帝(刘肇)登基,在位17年,病死,终年27岁(下同)。

殇帝(刘隆)不足1年,病死,2岁。安帝(刘祜)19年,病死,32岁。少帝(刘懿)不足1年,病死,年龄不详。顺帝(刘保)19年,病死,31岁。冲帝(刘炳)不足半年,病死,3岁。质帝(刘缵)不足1年,被毒杀,9岁。桓帝(刘志)21年,病死,36岁。灵帝(刘宏)22年,病死,34岁。少帝(刘辩)不足半年,被毒杀,15岁。

189年,汉献帝(刘协)登基,在位31年。220年,被废黜。54岁病死,创下在位时间(其实无权)、寿命最长记录。

汉和帝到汉献帝的130多年,11个皇帝动辄呜呼,其中,病死9人,非正常死亡2人。如不算汉献帝,平均10年左右的光景,灵堂就要重新布置。加之,无子、幼子的帝王接连不断,难以形成强势的皇权集团。

详情不明。主要原因是两个:一是瘟疫流行。史书记载,汉桓帝时期,大疫3次,汉灵帝时期的171年、173年、179年、182年、185年,接连发生5次瘟疫大流行。医生忙得不可开交,"按寸不及尺,握手不及足",甚至相视片刻,就直接开方抓药。二是宫廷频繁争斗,达到疯狂的程度。皇族、宦官、外戚和地方豪强,纷纷插手帝位继承,风云变幻、光怪陆离。

二、士族：命运多舛

光武帝、明帝时期，功臣集团趋于消失，外戚集团、宦官集团屡受打击，士族集团噤若寒蝉。汉章帝笃于亲系、外戚专权。汉和帝依靠宦官集团，剿灭外戚集团。死后不久，外戚重新得势。

（一）党锢之祸

士大夫集团，本是职业型的军政人才群体，皇帝是其最大的靠山，也是其衣食父母。那时，皇帝或者被挟持，或者过于早死，或者平庸无为，都使得处于夹缝的士阶层，无以适从、左右摇摆。如是依附外戚集团，旋即被宦官集团追杀干净；断然投靠宦官集团，又被外戚集团彻底清洗；加之，外戚与宦官交替执政，权术横行，政变频繁、血雨腥风。

166年，宦官赵津、侯览及其党羽张泛、徐宣，故意在大赦之前犯罪，借以扩大势力、平安脱逃。成瑨、翟超、刘质、黄浮等官吏，在大赦以后，按律处置。宦官集团实施报复。汉桓帝听信，重处这些官员。重臣、位列三公的太尉陈蕃、司空刘茂，一同进谏。桓帝不理。成瑨、刘质被害，岑晊、张牧逃亡。河南尹李膺，在大赦后处死了蓄意在赦前杀人的张成之子。张成投靠宦官党羽，诬陷李膺"养太学游士，交结诸郡生徒，更相驱驰，共为部党，诽讪朝廷，疑乱风俗"。士族、宦官之间的矛盾瞬间爆发。

昏庸的汉桓帝大怒，诏令逮捕并审理党人。太仆卿杜密、御史中丞陈翔等重臣，陈寔、范滂等名士，皆被通缉。太尉陈蕃拒绝平署诏书。桓帝跳过司法程序，直接让宦官审理。李膺、陈寔、范滂等人，受尽酷刑，不改其辞。民间激愤。度辽将军皇甫规，因为没有名列"党人"而被捕，深深感到耻辱，上书"臣宜坐之"。桓帝不理。

167年，汉桓帝皇后的父亲窦武，上书求情。宦官集团担心夜长梦多，进言大赦天下。党人获得释放，放归田里、终身罢黜，史称"第一次党锢之祸"。

（二）雪上加霜

整个国家的权力，变成宦官集团、外戚集团之间争夺的绣球，你先我后、我先你后，已经与士族无关。赖以士大夫为核心的士族，身家性命都不保，更不要说有什么势力，妄谈成为独立的、具有牵制和监督功能的政治势力。

168年，汉灵帝即位，窦武升任大将军，陈蕃再度被任命为太尉，与司徒掌握朝政。名士李膺、杜密、尹勋、刘瑜等人，重新起用。不久，着手整治。事泄。猖狂的宦官集团闻讯，立即发动政变。陈蕃闻讯，率太尉府僚及太学生数十人拔出刀剑冲到尚书门，寡不敌众，被擒遇害。

窦武起兵对抗。护匈奴中郎将张奂、少府周靖班师回朝，误信传言，与精锐的虎贲军、羽林军一起进攻。窦武被围、无奈自杀，宗亲宾客姻属及侍中刘瑜、屯骑校尉冯述等人皆被族灭。虎贲中郎将刘淑、尚书魏朗等，被迫自杀。窦太后被软禁，李膺等再次被罢官，禁锢终生。牵连者众多。

不久，宦官集团再次发难。14岁的汉灵帝卜诏严查。李膺、杜密、翟超、刘儒、荀翌、范滂、虞放等百余人，被下狱处死。700多名士人，在各地陆续被逮捕、杀死、流徙、囚禁。得罪宦官的名士张俭，流亡途上、望门投止，得以逃到塞外。汉灵帝追查，数十家被追究灭门。郡县也因此残破。

176年，汉灵帝下诏，凡是党人门生、故吏、父子、兄弟中任官的，一律罢免，禁锢终身，并牵连五族。党锢的范围扩大，波及更多的无辜者。史称"第二次党锢之祸"。

士族心态发生严重的变异。许多躲过党锢之祸的文人、官吏、将领得赦之后，受尽酷刑、血泪俱干，不再直言强谏，不再耿正任性，心灰意冷、多求自保。

学者余英时指出，党锢灾难的前后，当时的士大夫精神意态之殊异，已然相去甚远。此以前，士大夫领袖，尚具以天下为己任之意识，故其所努力以赴者，端在如何维系汉代一统之局于不坠；此以后，士大夫既知，"大树将颠，非一绳所维"，其所关切者，亦唯在身家之保全，而道术遂为天下裂矣！

（三）收之桑榆

失之东隅，收之桑榆。中国古代的士阶层，年轻苦读、素有学识，怀有大志、奋发有为。

东汉末年，形同思想、文化和科学领域的"小春秋"。春秋时期，天下大乱，诸侯国、豪强势力群起，人才竞争激烈。高端人才的选择余地很大。吴起就是时代典型人物，更换多份工作，都是将相级的。然而，东汉末年仍然是统一的王朝，尽管帝王更换频繁，仍然能够控制地方势力。争斗来自朝廷内部。外戚和宦官交替执政，相互清洗。

高端人才很难，也没有办法正确站队。即使外放到诸侯国担任职务，也是中央政权任命的。中性立场、擅长技术的高端人才，成为动荡不已的政治不倒翁。与此同时，庞大而严整的儒学之风，已经走到神秘主义的死胡同，高深莫测、装神弄鬼，也在客观上提供了唯物主义的反击时机。

1. 王充

生卒 27—97 年，字仲任，祖籍魏郡元城（今河北大名）。东汉时期，道家思想的重要传承者与发展者，中国古代百科全书的创始人，杰出的唯物主义理论家。

当年，儒学的高才生王莽，提着一支枪，冲进"霸王道杂之"的西汉政坛，落得身败名裂；那时，道家的高才生王充，也是提着一支枪，冲进儒家主导、百家急流的东汉论坛，也是落得创伤累累。乃至，主张经世致用的王夫之，还是提着一支枪，冲进密不透风、颠扑不破的程朱理学，赫然坦言"六经责我开生面，七尺从天乞活埋"。

燕赵之地，慷慨悲歌；任侠斗气风气盛行。西汉初年，已经是豪强。王莽出身元城王氏。执政时期，王氏势齐云霄、荣耀非凡。迁居江南，家族逐渐衰落。

《论衡·自纪篇》记载，家族渊源由来、罗列祖上丑陋行径，"宗祖无淑懿之基"。自称，少时孤儿、出身寒辛，"父未尝笞，母未尝非，闾里未尝让"，却是"处逸乐而欲不放，居贫苦而志不倦"。遂招致史学家一顿猛批。斥为"三千之罪人"，又诟病，"历诋其祖父之恶，恐难称孝"。奴化时代，孝道能够扬名四海、能够察举笙仕、能够飞黄腾达。王充却是特立独行。

光武年间的 44 年，博学淹贯的大儒社林、郑众、桓谭、班彪，都在京师。18 岁的王充，喜欢桓谭、班彪的主张和风格，经常登门求访。《后汉书》记载，班固年 13，王充见之，抚其背谓班彪曰，"此儿必记汉事"。一语成谶。

汉明帝时期，兰台是皇宫藏书的石室，也是中央档案典籍库。"兰台之史，班固、贾逵、傅毅、杨终，名香文美。"王充苦学经年、名声渐起。徘徊州县、淹滞不进。年近 70 岁的时候，汉章帝特诏公车征聘。有病不去。汉和帝永元年间（89—105 年），推算是 97 年，和后世众多的唯物主义家一样，病卒于家、死期无算。一生仕途艰辛、著述却是丰富。代表作《讥俗》《政务》《养性》《论衡》。其中，《讥俗》《政务》《养性》失传。

东汉时代，儒家思想支配意识形态领域。加之，掺进谶纬学说，成为神秘的"儒术"。集大成者，就是作为"国宪"和经典的、79 年汉章帝钦定的《白虎通义》。这是学术领域的新霸权。然而，《论衡》"博通众流百家之言"，"疾虚妄古之实论，讥世俗汉之异书"，史称中国古代史上第一部"百科全书"。

仅就学术角度,《论衡》细说微论,解释世俗之疑,辨照是非之理,即以"实"为根据,疾虚妄之言。"衡"字的本义是天平,就是评定天下价值的天平,目的是"冀悟迷惑之心,使知虚实之分"。《儒增》《书虚》《问孔》《刺孟》诸篇,尖锐而猛烈地抨击儒学的唯心主义,实属不朽的唯物主义作品。儒家正统思想无力回击,只得借"诋訾孔子""厚辱其先"的虚妄,环顾左右、而言其他,极力抑制。《隋书》以下,历朝历代多把《论衡》列入不知宗师、来历不明的"杂家",遭到当时以及后来的历代统治者的冷遇、攻击和禁锢,向来被视之"异书"。

当时的王充,动辄语出惊人、石破天惊,却是满天飞雪、落地成林。这是中国古代朴素唯物主义的效能所在。但是,如同后世的许多唯物主义者一样,通常很勤奋、很激情、很博学、很无奈,也很难得善终。

王充的思想、主张与学说,多涉及人才领域,犹如警钟、时时敲响,肃然于心、厉然于行。一有,"涉浅水者见虾,其颇深者察鱼鳖,其尤甚者观蛟龙"。二有,"儒生过俗人,通人胜儒生,文人逾通人,鸿儒超文人"。三有"守信师法,虽辞说多,终不为博"。四有,"知古不知今,谓之陆沉;知今不知古,谓之盲瞽"。五有,"凡贵通者,贵其能用之也",如是学而不能用,"虽千篇以上,是鹦鹉能言之类也"。六有,"操行有常贤,仕宦无常遇。贤不贤,才也;遇不遇,时也。才高行洁,不可保以必尊贵;能薄操浊,不可保以必卑贱。或才高行洁,不遇,退在下流;薄能浊操,遇,进在众上。世各自有以取士,士亦各自得以进。进在遇,退在不遇。处尊居显,未必贤,遇也;位卑在下,未必愚,不遇也"。及至如今,也是一针见血,分毫不差。

特别是,"乡里有三累,朝廷有三害"。乡之三累,系指仕宦之前遇到的麻烦:朋友反目,相为毁伤,一累也;庸才忌妒,毁伤高才,二累也;交游失和,转相攻击,三累也。朝之三害,系指出仕之后遭受的陷害:竞进者为了有限的职位互相诋毁,在长官面前捏造夸大事实,长官又不明察,信纳其言,一害也;同僚爱好不同,清浊异操,"清吏增郁郁之白,举涓涓之言",名声越来越洁白,见解越来越高明,浊吏自惭形秽,怀恨在心,暗中收集清吏的过失,陷害重罚,二害也;长官亲幸佐吏,佐吏人品不高,提拔邪回之人,对不肯附从的"清正之士"必然心怀不满,在长官面前诋毁他,三害也。这些基于现实的概括和总结,生动、形象而具体,恍如昨天一梦。

2. 王符

生卒 85—162 年，字仲任。安定临泾（今甘肃镇原县）人，东汉政论家、文学家、进步思想家，无神论者。

与许多士人一样，王符是小妾所生，舅家无亲，也没法指望。所以幼时，备受歧视。年轻时候，又不苟于俗，不求引荐，难得游宦，也无升迁。愤而隐居、终生不仕。162 年，东汉名将皇甫规，年老多病、辞官回到安定。太守、官吏、百姓们听说，纷纷前往欢迎。不料，廉洁奉公、刚直不阿的皇甫规，冷落不理。

王符闻讯拜访。皇甫规衣不及带、屣履出迎，嘘寒问暖、惺惺相惜。时称，"徒见二千石，不如　缝掖"。这里的缝掖，意指大袖单衣，乃是古代儒者的衣着。可见，王符身居小城，盛名在外。

《潜夫论》讲道："以讥当时失得，不欲章显其名。"今存本 35 篇，《叙录》1 篇，共 36 篇，虽有脱乱，但大致仍属旧本。全书以《赞学》始，以《五德志》叙帝王世系、《志氏姓》考谱牒源流而终。其余诸篇，分题论述帝国时代的用人、行政、边防等内外统治策略和时政弊端，兼及批评当时迷信卜巫、交际势利等社会不良风气。"其指讦时短，讨谪物情，足以观见当时风政。"而在思想上，"折中孔子，而复涉猎于申、商刑名，韩子杂说"，大致以儒为体，以法为用。凡此种种。

3. 仲长统

生卒 179—220 年，字公理，山阳郡高平人。东汉末年哲学家、政论家。自幼聪颖好学，博览群书，长于文辞。少年时敏思好学，博览群书。20 多岁，游学青、徐、并、冀州之间。才华过人、性情卓异，豪爽洒脱不拘，直言默语无常，时称"狂生"。

凡州郡召他为官，都称疾，坚辞不就。汉献帝时期，曹操的尚书令荀彧闻其名声，举荐尚书郎，却无重用。代表作《昌言》。主要观点包括：

一是因时势决定法律，繁简宽猛相济。他虽然持儒家"德主刑辅"观点，强调德教是"人君之常任"，而"刑罚为之佐助"；但是，并不反对使用重刑。主张"繁简唯时，宽猛相济"，然而，非严刑峻法不足以"破其党"的时候，必须使用重刑。法律之繁简、轻重应当根据形势的需要而变化。

二是"治""乱"在于用法者。他认为，国家"治""乱"，不在于"法制"的不同，而在于统治者执行"法制"的好坏。"君子用法制而至于化，小人用法制而至于乱。均是一法制也，或以之化，或以之乱，行之不同也"。

三是恢复肉刑有利于惩罚"中罪"。前167年,汉文帝下诏废肉刑,以髡、笞代替黥、劓、刖。此后,时有人提出恢复肉刑,东汉末期甚至开展争论。仲长统主张恢复肉刑,在死刑和髡、笞刑之间增设肉刑,有利于惩罚"中罪"。因为,对"中罪"杀之则太重,髡之则太轻,如果没有与"中罪"相适应的肉刑,必然造成执法上的混乱,使刑罚"轻重无品",罪与罚"名实不相应"。

近200年的东汉,仅有王充、王符、仲长统,堪称思想家。余者,无得计入。范晔《后汉书》合传三人,誉为"汉世三杰"。其中,王充的年辈最长、著作最早,乃是龙头老大。

4. 张衡

生卒78—139年,字平子。南阳人。出身大族。光武帝时期,祖父张堪,先后担任蜀郡太守、渔阳太守。16岁,离开家乡到外地游学,到达西京三辅地带、东汉都城洛阳,进入最高学府太学。通达五经六艺、才高于世。从容淡泊,喜好雅士。

多次征召,多次不举。屡次为官,屡次辞职。历任郎中、太史令、侍中、河间相等职。晚年,入朝出任尚书,病逝。享年62岁。

他属于技术型的全才,只是尽心尽职,也不站队,几乎和政治派别无关,故而平安一生。与司马相如、扬雄、班固并称"汉赋四大家"。他是东汉时期伟大的天文学家、数学家、发明家、地理学家、文学家。

天文学,著有《灵宪》《浑仪图注》等。数学,著有《算罔论》。文学,以《二京赋》《归田赋》等为代表。《隋书》收录《张衡集》14卷,久佚。明人张溥编有《张河间集》,收入《汉魏六朝百三家集》。

张衡发明浑天仪、地动仪,也是浑天说的代表人物之一,被誉为"木圣(科圣)"。联合国天文组织将月球背面的一个环形山,命名"张衡环形山",太阳系中的1802号小行星命名"张衡星"。

5. 张仲景

本名张机,生卒不详,字仲景,东汉南阳人。被誉为"经方大师",尊称"医圣"。

211年,被州郡举为孝廉,累进升迁长沙太守,也算是一方父母官。后来,眼见政局不稳,旋即辞职,安心著述。这就是著名的《伤寒杂病论》,共16卷。

晋朝时期,太医令王叔和,无意得见,遂全力搜集各种抄本,并加以整理,命为《伤寒论》,收录著论22篇,记述了397条治法,载方113首,总计5万余字。杂病部,却是残缺。之后,逐渐在民间流传,受到医家推崇。南北朝时期，名医陶弘景评价，"惟张仲景一部，最为众方之祖"。

张仲景去世800年后的宋代，《伤寒杂病论》焕发青春。宋仁宗时期，翰林学士王洙，在皇家书库里发现一本"蠹简"，也就是虫蛀的竹简，书名《金匮玉函要略方论》，内容与《伤寒论》相似。朝廷大喜，诏令验证。实为张仲景所著，更名《金匮要略》，共计25篇，载方262首。刊行于世。

宋代的《伤寒论》和《金匮要略》，都是皇家校订和发行。除重复的药方外，两本书共记载药方269个，使用药物214味，基本概括了临床各科的常用方剂。与《黄帝内经》《神农本草经》并称"中医四大经典"。张仲景一人，独占两部，被奉为"方书之祖"。

6. 笮融

佛教的中国化道路，曲折而漫长。东汉末年，迎来发展的第一次小阳春。关键人物，就是笮融。

他是丹杨（今安徽宣城）人，笃信佛教、喜好施舍。《后汉书·陶谦传》记载，"黄巾起义之后，初，同郡人笮融，聚众数百，往依谦，谦使督广陵、下邳、彭城运粮。遂断三郡委输，（193年）大起浮屠寺，上累金盘，下为重楼，又堂阁周回，可容三千许人"。《三国志·吴志》记载，"笮融乃大起浮图祠，以铜为人，黄金涂身，衣以锦采，垂铜盘九重，下为重楼阁道，可容三千许人，悉课读佛经"。

笮融公告天下，举凡愿意信仰佛教的，一律免去其徭役。北方的洛阳、关中地区连年混战。百姓闻讯，纷纷逃至。信徒多达5000人。还举行盛大的浴佛会，提供免费饭菜。路上铺设的布席，长达10多里，民众围观和就食的，超过1万人，费用巨大。

193年，曹操率兵攻打陶谦，在泗水屠杀男女数十万。次年，复攻陶谦。笮融带领1万多人、3000多匹马撤至广陵。太守赵昱待以宾礼。不料，笮融杀死赵昱，放纵民众哄抢。195年，率众渡过长江，杀死豫章太守朱皓，再次放纵士卒、民众哄抢。扬州刺史刘繇，奋起起兵讨伐。笮融战败被杀。

下邳期间，建造的浮屠寺、九镜塔，"上累金盘、下为重楼"，成为早期的基本塔型，延至唐朝初年。奉佛之行，如铸佛像、建寺院、浴佛、施食等，也不同于上流社会的做法，趋于世俗化、群体化和规模化。加之，中华民族的历史悠久、文明始终薪火相传。汉代在世界诸国，也是高度发达的。特别是，外来的佛教文化，得到上层社会呵护，兼收并蓄、择善而从，很少发生迫害或消灭异教徒的现象。这与欧洲地区的教派之间，动辄兵戎相见、血流成河，显然是不同的。

三、藩镇：拥兵自重

184年，汉灵帝在位。朝廷腐败、宦官外戚争斗、边疆战事不断。国势疲弱。适逢大旱，颗粒不收而赋税不减。巨鹿人张角，头扎黄巾，高喊"苍天已死，黄天当立，岁在甲子，天下大吉"，率领易子而食、走投无路的贫苦农民造反，史称"黄巾起义"。

黄巾军连战连捷、势如破竹。北地太守皇甫嵩上疏，请求解除党禁。宦官集团自感不保，反而怂恿汉灵帝大赦天下。皇甫嵩升任左中郎将，与朱儁率军镇压黄巾军。

手忙脚乱、兵力不足的朝廷，一改严禁诸侯掌握军权的汉家制度，下诏各地州牧、郡守，自行招募将士，抵抗起义军。这种饮鸩止渴的做法，使得大官僚、大地主和大军阀，名正言顺地招揽士兵，扩大势力范围，形成割据态势。

这时，犹豫不决的士族，迅速行动起来。他们整理行装、携带家小，反投求贤如渴、礼遇有加的地方豪强。这是有道理的。一是朝廷依旧内斗不止、旗帜变换，远离京城、躲避乱局，是明智的选择；二是财大气粗的军阀，争相招揽见多识广、精明强干的士人，福利待遇也不错；三是军阀混乱，死伤无数，高端人才始终紧缺。

如此一来，整个帝国人才的心脏，仍在都城洛阳（后迁长安）。不过，只有源源不断输送到全国各地的人才动脉，少有回到京城服务中央的人才静脉。帝国严重失血，一病不起。

188年，黄巾余势再次起义。汉灵帝派遣一些宗室或重臣担任州牧，拥有军政权力，加强地方实力，全力进剿。此后，地方官吏勾结地方、豪强们拥兵自重、互相攻击。

地方军阀借机坐大。他们本身拥有相当的人口和封地，享有赋税，缺乏自治政策和得力人才。党锢之祸，送来素质精良的军政人才；黄巾起义，送来前所未有的权力自由。如在190年，关东州郡起兵讨董卓。渤海太守袁绍、河内太守王匡、冀州牧韩馥、豫州刺史孔伷、兖州刺史刘岱、陈留太守张邈、广陵太守张超、东郡太守桥瑁、山阳太守袁遗、济北相鲍信与曹操、后将军袁术，个个都有数万将士，兵粮优足。

220年12月10日，天色蒙蒙、小雨点点。名义在位31年、实则早无实权的汉献帝刘协，沉重而缓步地来到祖庙，痛哭流涕、以头抢地。哭祭完毕，黯然禅让帝位给魏王曹丕。

前202年开国、间断延续405年的汉帝国，就此完结。何曾记得当年的豪言，雷霆万钧、犹如在耳，"宜悬头槁街蛮夷邸间，以示万里；明犯强汉者，虽远必诛！"

第五章 三国时期

滚滚长江东逝水，浪花淘尽英雄。是非成败转头空。青山依旧在，几度夕阳红。白发渔樵江渚上，惯看秋月春风。一壶浊酒喜相逢。古今多少事，都付笑谈中。这是《三国演义》的开场白。

东汉末期的百年震荡，汉朝灭亡，曹魏政权建立，而以知识分子为主体的士族，依然是帝王将相、诸侯和地方豪强的猎头对象。与春秋战国、西汉、新朝相比，他们更加机智、机巧和机动，更加敏感、敏锐和敏捷。

第一节　曹魏

这是刘氏家族没落，曹氏家族播种与劳作，司马氏家族收割的时期。历经东汉末年，曹操弄权，曹丕建国，又到三国鼎立，再到司马氏建立西晋统一中国。

一、乱世枭雄

东汉末年，天下扰乱、群雄逐鹿，曹操在军阀混战中，势力逐渐增强，控制东汉朝廷，受封魏公。

（一）愤青天下

曹操的一生，与猎头有着不解之缘。他以担任猎头名闻天下，依靠猎头招揽人才，借助猎头雄居一方，坚持猎头奠定基业。

1. 五色大棒

宦官曹腾是汉相曹参之后，自幼入宫，深居宫廷30多年。历经安帝、顺帝、冲帝、质帝、桓帝，获封费亭侯，升任大长秋。他喜欢结交名士。死后，养子曹嵩（非宦官）承袭封爵。229年，被追尊为高皇帝，成为中国历史上获授正统王朝皇帝称号的唯一宦官。

167年，汉桓帝刘志驾崩，皇后窦妙临朝问政。大将军窦武选中汉章帝的10岁玄孙刘宏，次年即位，是为汉灵帝。宦官集团随机发动政变，控制朝政。张让、赵忠等12名宦官，号称"十常侍"，大肆卖官，鱼肉百姓。

曹操是曹嵩之子，字孟德，小字阿瞒。155年出生于沛国谯县（今安徽亳州）。年轻的时候，机智警敏、任性好侠，博览群书，喜好兵法。汉灵帝时期，被举为孝廉，出任洛阳北部尉。

洛阳当地，皇亲贵戚聚居，治安非常糟糕。曹操上任之际，申明禁令、严肃法纪，订制10根五色大棒，悬于衙门大柱之上，称道："有犯禁者，皆棒杀之。"宦官蹇硕的叔父蹇图违禁夜行。曹操毫不留情，取下柱上的大棒，将其当场挥棒打死。于是，"京师敛迹，无敢犯者"。

2. 扬名养誉

曹操是宦官之后。恰值宦官集团得势，大树底下好乘凉。尽管出了一点风头，但是，痛恨宦官的权贵、士大夫和百姓，仍然瞧不起他。这是高端人才脱颖而出、飞黄腾达的重大阻碍。

东汉末年，士大夫特别重视"扬名养誉"，求名之风盛行。《魏晋南北朝史论丛》指出，士人多依赖三公辟举，评判重心实在于操行，才能则为次要。意思是说，一个人博取声名，才能入仕，而声名之取得，必先履行其社会关系中的道德任务。人物评论风气是与士大夫求名之风分不开的，士尚名节之风，本汉代选举制度有以促成之。

这种基于谶纬术，逐渐演变来的人物评论，非常时髦、看点甚多。太尉桥玄，即是有名的评论家。曹操花费重金求见，桥玄欣然收下礼品，爱惜地说："今天下将乱，安生民者，其在君乎！"应当说，这个评语太宽泛、太普及，适合所有前来送礼的人。尽管如此，曹操还是非常感动。

许劭，字子将，著名的人物评论家，每月都要对时局人物，进行一次品评，时称"月旦评"，具有相当的影响力。《后汉书》记载，曹操携带重礼求见，获得"清平之奸贼，乱世之英雄"的评价，又有"治世之能臣，乱世之英雄（奸雄）"之说。

相比桥玄，许劭的点评，非常之中肯，且到位，影响力相当广泛。顿时，引起人们的普遍关注。曹操借助舆论的扩散力量，从"君未有名"到"由是知名"，一如西周早期的姜太公。

3. 济南相

178年，曹操受到牵连，被免去官职，回到家乡谯县闲居。180年，又被朝廷征召，被任命为议郎。黄巾起义爆发，死难者众，朝廷人才紧缺。稍有名气的曹操，被拜为骑都尉，跟随皇甫嵩进攻颍川，大破黄巾军。升为济南相。

济南相任内，施展拳脚、大力整饬，多数长吏被奏免。济南震动，贪官污吏纷纷逃窜。"政教大行，一郡清平"。朝廷闻讯，征还东郡太守，拜为议郎。曹操不肯，再度隐居。

188年，汉灵帝设置西园八校尉。这是禁卫兵团，8位将军统令分为上、中、下、典、护等5个兵种。上军校尉蹇硕、中军校尉袁绍、下军校尉鲍鸿，出任重要的职位。典军校尉曹操，级别也不低，相当于中央警卫团的营长。

4. 闻名天下

189年，大将军何进的外戚势力与张让的宦官集团，激烈对攻，先后身死。西凉太守董卓乘势入京，专擅朝政。不久，毒杀少帝、改立献帝，残忍嗜杀，倒行逆施，

司徒王允召集一班老臣，谈及形势，不禁痛哭。突然，曹操抚掌大笑，大声说道："满朝公卿，夜哭到明，明哭到夜，还能哭死董卓否？"王允反问："不思报国，为何反笑？"他慷慨回答："吾非笑别事，笑众位无一计杀董卓耳。操虽不才，愿即断董卓头，悬之都门，以谢天下。"王允欣然，赠送七宝刀。

次日，杀手曹操，如愿晋见。寒暄几句后，董卓酒醉乏力，转身而卧。曹操心想，"此贼合死"，慢慢地抽出亮闪闪的宝刀。部将吕布恰好进门，大声呵斥。董卓惊醒。他赶紧跪下说："操有宝刀一口，献上恩相。"溜出相府，连夜逃离京城。吕布生疑，亲自率领士卒追杀。未果，下令天下搜捕。

各地的城门和街道，很快贴满通缉曹操的画像。这个时候，想不出名，也很难了。一时间，痛恨董卓的权贵、将领、官吏和百姓，甚至小孩子，都记得这个大名鼎鼎的刺客。

（二）挟天子以令诸侯

190年，关东联军推举渤海太守袁绍为盟主，曹操任代理奋武将军，共同讨伐董卓。二人曾有对话。袁绍："若事不辑，则方面何所可据？"曹操反问："足下意以为何如？"袁绍说："吾南据河、北阻燕伐，兼戎狄之众，南向以争天下，庶可以济乎！"曹操："吾任天下之智力，以道御之，无所不可。"二人志向，高低立见。

几经交手，董卓战败，胁迫献帝迁都长安（今陕西西安西北），大肆抢掠，焚烧田地。吕布统率的凉州精锐，挡住联军西进。曹操挺身而出，却被打得大败。关东联军无心再战，一哄而散。次年，曹操先后大败于毒、白绕、眭固、於扶罗等，升为东郡太守。不久，出任兖州牧。"设奇伏，昼夜会战"，击败黄巾军，30多万将士投降。大部分被遣散，一些精

锐重新编制成军，时称"青州兵"。

192年，王允、吕布刺杀董卓，反被旧部李傕、郭汜打败，重新占领长安。195年，双方相攻，死者万数。次年，献帝带着一家老小，仓促出逃，辗转东行。

196年8月，曹操得知，与当年的吕不韦一样，感到"奇货可居"，准备西行，迎接汉献帝。至于见面礼，有人提及美女、黄金和宝马，曹操摇头。谋士荀彧站起来，说出6个字："一碗面条，足矣。"众人哄堂大笑。不料，曹操点头赞许，吩咐下去。

费心周折，终于找到狼狈不堪的汉献帝。拜见完毕，便献上一碗热腾腾的面条。汉献帝狼吞虎咽，抹干嘴巴，放声痛哭。镇静下来后，就一直拉着曹操的手，不住地说："知朕意！知朕意！"后人无不惊叹荀彧的准确判断。为了完成任务，厨师只得在车上带着木柴，点燃炊具，随时待命。这就是最早出现的火锅（一说）。

一行人进入洛阳城。虽说没有什么将士，汉献帝的政治权力，还是存在的。旋即，赐予曹操节钺，封为大将军、武平侯，"奉天子以令不臣"。随后，迁都到许县，改称许都。

众所周知，皇帝刘协徒有虚名、没有实权。孙策雄踞江东，刘表霸占荆州，刘璋割据益州，韩遂、马腾盘踞凉州，公孙度经营辽东，都有是相当的实力。冀州牧袁绍，虽然有心，却又无意。

地方势力起初不屑此事。时间一长，他们突然发现并深刻体会，这个小小的行动，竟然被曹操玩出花样，玩出水平，搞得地方诸侯痛苦不堪。

第一，废除皇帝、政治风险极大。长期执行的休养生息政策，文景之治、汉武强盛、昭宣中兴、光武中兴、明章之治、永元之隆，令人记忆深刻。中央的太学、地方的官学、民间的私学，都以儒家为主的儒化教育，耳濡目染、如火如荼。鉴于此，王莽夺权之际，权贵纷纷抵制，百姓破口大骂。刘秀自立之时，豪气冲天、兵强马壮，也不敢更换旗帜，继续沿用汉室。这都是历史的经验和教训。

第二，教化深固、崇儒之风犹存。400多年的汉朝，向来重视教化。即便是在政治腐败、战乱不已的东汉末年，也是如此。178年，21岁的汉灵帝设置专科性质的鸿都门学，探讨辞赋、书法，学生多达千人。对于权贵、官吏和地方豪强来说，都不愿意撕破君子的面罩，公开造反；都不愿意拒认名存实亡的朝廷，背负大逆不道的罪名；都不愿意突破三纲五常的儒学教化，公然犯上作乱。百姓也承认，皇权暂时衰落，光复承继却是大势所趋。正是如此，困顿无助的汉献帝，具有相当的地位、号召力和影响力。

第三，诏书频发，运营成本极低。不久，拥兵自重的州牧、郡守接到汉献帝的诏书，突然醒悟的时候，如同股市集体跳水一样，个个都是绿澄澄的。真命天子下诏，明知是曹操搞鬼，臣子哪敢诘问。面对一张张印鉴齐全、指令明确的诏书，实在为难：听之，曹操获利，自己的利益势必受损；不听，千人所指，自己的名声肯定受损；反叛，时机尚早，自己的实力明显不够。

试想，曹操在旁边说，皇帝边听边写，与练习书法无异。一旦接到居高临下的诏书，诸侯就得带领人马向东前进。半路上，铁定接到向西的紧急指令。如此，倒腾不已。许多的地方豪强，头上还戴着朝廷的官帽，权衡再三、绞尽脑汁，实在没有什么好的对策。

这时，人们突然想起，23 年，刘秀行大司马事北渡黄河，镇慰河北州郡。名列"云台二十八将"第一名的太学生邓禹指出，乱世争夺天下，并不复杂，就是 6 个字："旗帜、人才、民心。"重整汉朝之旗帜，师出有名，出兵平息叛乱。百姓容易理解，这是要恢复到汉朝的繁荣景象，引起强烈的心理共鸣，自然坚定拥护。

曹操深谙其中的奥秘，通过高举振兴汉室、拯救民生的旗帜，"三居其二"，名正言顺号令诸侯。先前处处被动的形势，顿时逆转，反而抢占上风。

（三）礼士御将

起家的时候，曹氏集团的军政人才，多是宗族，且人数很少。及至鼎盛时期，谋士如云、良将千员。试分 4 个类别，荀彧、郭嘉、张辽为代表的军政人才，徐庶、吕布、关羽为代表的游侠，杨修、蔡文姬为代表的文人，司马懿为代表的隐士等，借以探讨曹操的吸纳、任用和处置策略。

1. 荀彧：居中持重

荀彧（163—212 年），字文若。颍川郡颍阴人。曹操平定北方的第一谋臣，誉称曹魏的"子房（张良）"。史称，汉朝的名臣张良，颜美如妇。荀彧也不逊色，为人伟美、仪容上佳，因喜好熏香，身上香味不绝。二人均为多病，说话有气无力，目光却都坚毅于常人。

189 年，被举孝廉，任守宫令。董卓进京，旋即辞职。不久，带着宗族迁至冀州。按照当时的情形，袁绍是司空袁逢之子，曾祖父起四代有五人位居三公，自己也居三公之上，家族享有"四世三公"之称。尽管被袁绍待为上宾，但是，他并不开心。

191 年，连夜渡江投奔曹操，被任命别部司马。他冷静地说道："奉主上以从民望,大顺也;秉至公以服雄杰,大略也;扶弘义以致英俊,大德也。"遂成为曹氏集团的政治纲领。

荀彧为人高洁。凡是所赐之物,都分散给族人和朋友,家无余财。曹操见此,将女儿安阳公主嫁给荀彧长子荀恽。二人结成亲家。但是,很少随军出征,而是"居中持重"。曹操征战在外,军国之事交由荀彧统筹。

荀彧力荐多人。"前后所举者,命士大才,邦邑则荀攸、钟繇、陈群,海内则司马宣王,及引致当世知名郗虑、华歆、王朗、荀悦、杜袭、辛毗、赵俨之俦,终为卿相,以十数人。取士不一以揆,戏志才、郭嘉等有负俗之讥,杜畿简傲少文,皆以智策举之,终各显名。"

曹操与荀攸交谈,高兴地说:"公达(荀攸),非常人也。吾得与之计事,天下当何忧哉!"于是,以荀攸为军师。曹操评价叔侄二人的时候,又说:"荀文若(荀彧)之进善,不进不休;荀公达之去恶,不去不止。""二荀之论人,久而益信,吾没世不忘。"平定冀州,曹操表封攸"军师荀攸,自初佐臣,无征不从,前后克敌,皆攸之谋也"。封陵树亭侯。论功行封的时候,他说:"忠正密谋,抚宁内外,文若(荀彧)是也。公达(荀攸)其次也。"后来,荀攸在征讨孙权路上,病死。曹操"言则流涕"。

199年6月,袁绍击灭幽州公孙瓒,统带精兵10万,战马万匹,南下进攻许都。将相争议不休。荀彧说:"袁绍兵虽众而法令不整肃,田丰刚愎而好犯上,许攸贪婪而不检束,审配专权而无谋,逢纪果决而刚愎自用。至于名将颜良、文丑,不过匹夫之勇,可以一战而胜。"众人叹服。

徐州局面混乱,难以治理。曹操请出当地的名士陈群、何夔等人,担任诸县的主官,以图稳定局势。得到邺城后,立即辟用袁绍的部下、谋士。攻破荆州后,委托当地大名士韩嵩,"条品州人优劣,皆擢而用之"。与名士私人操纵的乡间评议相比,具有官方性质,公信度高出很多。

200年,官渡之战爆发。袁绍人才济济、兵强马壮。许攸、沮授、审配、郭图等谋士,均是一流。相比之下,曹操军粮将尽、士卒疲惫,准备退守许昌。荀彧寄信说:"公今画地而守,扼其喉而使不能进,情见势竭,必将有变。此用奇之时,断不可失。"曹操继续坚守,苦苦撑着。

不久,许攸的家人犯法入狱,怒而投奔曹操。当时,曹营近于断粮。狭路相逢,勇者胜;勇者相逢,智者胜。随即,献计偷袭袁绍的粮草重地乌巢。奇袭得手,大火烧得天空都红了。袁绍联军闻讯,顿时大乱。曹军奋勇出击,以少胜多、一鼓作气,歼灭7万余人。袁绍仅带800多骑兵渡河北逃,从此一蹶不振。当初,荀彧的预见,多被事实证明。

战后，曹操写就《请增封荀彧表》，文中提及，昔袁绍作逆，连兵官渡。时众寡粮单，图欲还许，尚书令荀彧，深建宜住之便，远恢进讨之略，起发臣心，革易愚虑，坚营固守，徼其军实；遂摧扑大寇，济危以安……（曹操）向使臣退军官渡，绍必鼓行而前，敌人怀利以自百，臣众怯沮以丧气，有必败之形，无一捷之势……（荀彧）以亡为存，以祸为福，谋殊功异，臣所不及。203年，曹操再次上表，封荀彧万岁亭侯。207年，又增荀彧食邑千户，前后共计二千户。还要授以三公，被后者坚决推辞。

212年，曹操欲进爵国公、加封九锡（大子奖励臣子的最高礼遇）。荀彧说道："（曹公）本兴义兵以匡朝宁国，秉忠贞之诚，守退让之实；君子爱人以德，不宜如此。"引致曹操不满。

征讨孙权的时候，荀彧留守，后去谯县劳军，就地留在军营。不久生病，死在寿春，时年50岁，谥敬侯。相传，曹操从很远的地方，专门派人赠送食物。荀彧打开饭盒，空无一物，遂自尽（一说）。

曹操鼎盛之时，有名的谋士超过100人。但是，对于荀彧，始终情有独钟，不亚于汉高祖刘邦得力张良。《资治通鉴》说道："建安之初，四海荡覆。尺土一民，皆非汉有。荀彧佐魏武而兴之，举贤用能，训卒厉兵，决机发策，征伐四克，遂能以弱为强，化乱为治，十分天下而有其八，其功岂在管仲之后乎！"

荀彧的一生，谋划全局、雄于筹划，却是始终信奉契约。这是基于志同道合的心理契约。当年，放弃袁绍，是因为"终不能成大事"；之所以投靠曹操，希望"削群雄以匡汉室"，绝非取而代之。曹操准备晋爵、加九锡，就是破坏雇佣原则和政见底线。这是绝对不能容忍，必须明确反对的。

汉代士人之间，喜欢玩弄的隐语游戏，主要寻找心理默契（意会）。荀彧是何等人物，看见空饭盒，顿时识破。表面上，意思非常明白：想吃饭，就得听我的；否则，只有空碗。实质上，正在挑衅答案：你是第一功臣，又有逃离董卓、反叛袁绍的经历，用与不用、杀与不杀，都是难题；再说，反正你有才华横溢，到哪里都有饭伺候，用不着我给了。无疑，这是丧心病狂的摊牌。

病重的荀彧，决意以死相拼，给出唯一，也是彻底的正解：你曹操不改变夺取汉朝政权的意图，我宁可一死，也要反对！人们相信，或者愿意相信，不世出的荀彧，宁为直中取、不向曲中求，忠心汉朝、以死明志。如此，曹操终生不敢称帝（一说）。

2. 郭嘉：奇佐神话

郭嘉（170—207年），字奉孝，颍川郡人。"才策谋略，世之奇士"。擅长战略分析，曹操誉为"奇佐"。

年轻时候，隐居山林。经友人推荐，21岁的郭嘉面见袁绍。事后，对谋臣辛评、郭图说："袁公仿效周公的礼贤下士，却不知道其中的道理。思虑多端而缺乏要领，喜欢谋划而没有决断。贪图建称王称霸的大业，实在很难啊！"于是，辞官不就。

196年，曹操的谋士戏志才去世，让荀彧推荐候选人。隐居6年的郭嘉，复出江湖。二人相谈甚欢。不久，任军师祭酒（参谋）。但是，郭嘉身体虚弱、生活放纵，不拘常理、时有出格。曹操却是毫不在意，对左右说："此乃非常之人，不宜以常理拘之。"同年，刘备被吕布打败，前来投奔。曹操待以上宾之礼，任命豫州牧。"益其兵，给粮食，使东至沛，收散兵以图吕布"。

天下大乱，民弃农业，诸军乏粮。曹操接受荀彧、郭嘉的建议，命令善于务农的羽林监枣祗、骑都尉任峻，在许都附近募民屯田，得谷百万斛。各州郡纷纷置屯田官，"所在积谷，仓廪皆满"。又如，河东太守杜畿，善于治理地方，也得重任。"河东十六年，常为天下最"。这些，使得征伐四方的曹操，总有坚实的粮草、源源不断的兵源，除却后顾之忧。

197年，曹操讨伐张绣失败，袁绍写信羞辱之。全军肃然。面对将领丧气，士气低落，郭嘉提出著名的"十胜十败"之说，并详细解释"公有十胜，绍有十败"。顿时，军心振奋。

次年，刘备为吕布所破，依附曹操。谋士程昱建议杀之。郭嘉指出，"备有英雄之志，今不早图，后必为患"。郭嘉说道："有是，然公起义兵，为百姓除暴，推诚杖信以招俊杰，犹惧其未也。今备有英雄名，以穷归己而害之，是以害贤为名也。如此，则智士将自疑，回心择主，公谁与定天下乎！夫除人一之患以沮四海之望，安危之机也，不可不察。"曹操赞许，严令不提此事。

199年，刘备趁袁术北投袁绍之机，请兵截击。这时，恰好郭嘉不在，曹操就同意了。等着郭嘉、程昱回来，生气地说，放走刘备，天下就发生变数了！果然，刘备夺取下邳，举兵对抗。

200年发生官渡之战，曹操阵营兵少将寡，人心离析。大战结束，搜出许多的通敌竹简。郭嘉建议不看，一律焚烧。将士惭愧，更加效忠。后来，预言袁绍之子袁谭、袁尚的矛盾，佯装南下攻打荆州牧刘表。果然。兄弟相残。遂引兵北上，大破之。

205 年，郭嘉建议曹操，多聘青、冀、幽、并州的名士，收附民心，巩固统治。"建安七子"之一、撰写《为袁绍檄豫州文》的陈琳，文风陡峭、谨肃直白，征战被推荐。那时，头痛发作、难受不已的曹操，正躺在床上，读到文章的深处，惊出一身冷汗。翕然而起，头风顿愈。

207 年，袁尚、袁熙逃入乌桓，曹操前去征伐。38 岁的郭嘉，病死，谥曰贞侯。

后人称，诸葛亮出山，刘备时来运转；郭嘉早逝，曹操霉运连连。208 年赤壁之战，"太祖征荆州还，与巴丘遇疾疫，烧船"。不仅如此，哀叹"郭奉孝在，不使孤至此"，大声喊叫"哀哉奉孝！痛哉奉孝！惜哉奉孝！"将相黯然自惭，无地自容。

郭嘉经常被善于表演的曹操，一次又一次地抬出来，哭给别人看，哭给别人听。目的只有一个，就是打击手下的自尊，强化部属的忠诚，集束忠贞不贰的奴性。

3. 张辽：极品全才

张辽（169—222 年），字文远，雁门马邑（今山西朔州）人。三国时期曹魏著名将领。

先后跟从丁原、董卓、吕布辗转奔波。下邳之战，归顺曹操。此后，随曹操征讨，战功累累。与关羽同解白马围，降昌豨于东海，攻袁尚于邺城。白狼山之战，担当先锋斩杀乌桓单于蹋顿。又讨平辽东柳毅、淮南梅成、陈兰等。堪称一代名将。

濡须之战，张辽、李典、乐进等守卫合肥，多次打败孙吴军队。215 年，逍遥津之战，更以区区的 7000 人，大破 10 万大军。如同长刀砍西瓜，说有多爽快，就有多爽快，并且差点还活捉孙权。经此一役，遇到小儿哭啼，大人就说，再哭，再哭！张辽来了！于是，小儿立即停止，惊恐万状、四处张望。风俗至今犹存。

曹丕登基之后，张辽依旧守御孙权，抱病击破吴将吕范。222 年，病逝，谥刚侯，享年 54 岁。与乐进、于禁、张郃、徐晃，并称曹魏"五子良将"。

张辽出身商人世家，"计略周备，质忠性一"。这是曹操最喜爱，也是最看重的性格。原因非常简单，曹操豪放无羁，张辽心细如发。二人合作自然顺畅。再者，张辽跟从多位豪强，见多识广、深知自保之术。语言平实、忠贞不贰的作风，深得上层喜爱。与人友善、信守承诺的性格，赢得朋友信任。况且，战功卓著，文武双全，却又不居功自傲。

这是职场的极品人物。张辽的性情，与西汉名臣陈平，高度相似，疑为转世。此等人物，如同灰色，涂在什么地方都是底色，并不起眼；可是，没有他，总感觉少点什么；单独拿出来，也可以成为主调，丝毫不亚于五彩斑斓。与之一起，如沐春风、冬日夏云。得人如此，的确是曹操、曹丕父子之福。

4. 徐庶：人才冻结

徐庶，字元直，颍川郡人，家境贫寒。189年，充当朋友的炮灰，报得私仇。易装潜逃，却被抓获。官吏问姓名，一言不发。无奈，牢牢地绑在柱上，悬赏辨认。无人出卖。朋友不忍惨状，出手救走。一改气节，潜心求学。

192年，董卓作乱京师。徐庶与好友石韬，南下至荆州避乱，结识诸葛亮。201年，刘备被曹操击败，南下依附刘表，驻扎新野抵御曹操。徐庶闻讯，前往投奔，被拜为军师。再经交手，屡有小胜。谋士程昱顿时警觉，如今的刘备作战，不似先前胡乱瞎搞，似有高手指点，派人暗中探听。后定计，赚得徐母的手迹，找到高手模仿，仿造家书。徐庶收到母亲被扣曹营、死前一见的传信，决意亲往。来也匆匆，去也匆匆。

告别之后，徐庶本已骑马转过山头，突然又回来，强力推荐诸葛亮。特意留下一封引见信，"庶本欲事刘豫州，奈老母为曹操所囚，驰书来召，只得舍之而往。临行时，将公荐与玄德。玄德即日将来奉谒，望公勿推阻，即展平生之大才以辅之，幸甚！"后来，正在隐居的诸葛亮，接到信件，长叹一声，徐母必死矣。

《三国演义》写得非常精彩。徐母见到儿子被骗来投靠，怒斥道："辱子飘荡江湖数年，吾以为汝学业有进，何其反不如初也！汝既读书，须知忠孝不能两全。岂不识曹操欺君罔上之贼？刘玄德仁义布于四海，况又汉室之胄，汝既事之，得其主矣，今凭一纸伪书，更不详察，遂弃明投暗，自取恶名，真愚夫也！吾有何面目与汝相见！汝玷辱祖宗，空生于天地间耳！"自缢而死。曹操大哭，亲自送葬。

徐庶身在曹营、一言不发。对于曹操来说，其实已经丧失价值，借口杀死，反而节省许多粮食。但是，他并没有这样，而是淡然处置。223年，徐庶被封为右中郎将、御史中丞。228年，诸葛亮率军北伐，得知徐庶、石韬的官职寻常，不禁说道："魏殊多士邪！何彼二人不见用乎？"几年后，徐庶病死。

其实，这是特殊形式的猎头，俗称"冻结"。即在竞争激烈的情形下，采取极其特殊的手段，挖来对方的高端人才，予以闲置、不再任用，类似釜底抽薪的做法。曹操借助程昱，骗来至孝闻名的徐庶，已经预料性情刚烈的徐母，或有一死；但是，刘备失去徐庶，如同断了胳膊，出错和失误不可避免，势必露出更多的马脚，进而制造歼灭对方的有利条件。事实上，他们正是这样合谋的。

这是东汉末年，士族与雇主的心理博弈，具有普遍意义。徐庶睿智而敏锐。救母心切的时候，仍然不忘记给对方制造麻烦。明知是陷阱，我直接跳下就是；但是，我找一个更加厉害的角色（诸葛亮），替代我，够你喝一壶的。来到曹营，母亲果然自杀。那时，指望今后为曹操出谋献策，那是不可能的，毕竟是杀害母亲的凶手；很快被杀，也是不可能的，曹操不会背这个骂名。

于是，徐庶决定好好地活着，死嗑曹操。220年，曹操死去之后，死嗑他的子孙。10多年过去，诸葛亮多次反攻失败，遥遥无期。病死之际，绝非荒唐之极的"纵做鬼，也幸福"，却也不乏"一根筋、犟到底"的士族禀性。

5. 吕布：反复无常

吕布，五原郡九原县人（今内蒙古包头）。好似楚霸王项羽转世，二人极为相似。擅长骑射，膂力过人，人称"飞将"。

并州刺史丁原极为赏识，收为义子。汉灵帝死后，接到何进的征召，跟随到达洛阳，密谋诛杀宦官。不料，何进未果先死。董卓入京，派遣使者，说服吕布杀死丁原，获授骑都尉，结为父子。不久，升为中郎将，封都亭侯。其后，吕布与董卓的婢女貂蝉有染。司徒王允乘隙而入，刺杀董卓，任职奋武将军，假节，仪比三司，进封温侯，与王允同掌朝政。

董卓的旧部李傕、郭汜，率领军队攻入京城。吕布战败，率百余骑兵，带着董卓的首级杀出武关，投靠袁术。后来，自恃有功、恣兵抄掠，被迫改投袁绍。袁绍忌惮，委派甲士除之。吕布幸运脱逃，与太守张邈相交，结为兄弟。

194年，曹操攻打陶谦。吕布派遣陈宫驻守东郡，趁机劝说张邈，迎接吕布。次年，曹操在巨野击败吕布，遂向东逃跑，自立徐州牧。196年，袁术派遣大将纪灵征讨刘备。吕布出手调停，一箭射中方天画戟的小枝。各自回兵。一会西，一会东，匆匆，匆匆！

198年，吕布攻打刘备。曹操救援，决水围城。吕布的部下侯成、宋宪、魏续反叛。突围不成，乱战被俘。吕布被绳索捆作一团，说道："缚太急，乞缓之！"曹操回答说："缚虎不得不急。"主动乞降，曹操心动。刘备冷眼说："你忘记丁建阳和董太师的故事吗！"吕布死前说："大耳儿（刘备），最不能相信！"吕布被缢杀。陈宫、高顺被处死，张辽投降。

不可置疑，吕布是不世出的勇猛之士。著名史学家陈寿说："吕布有虓虎之勇，而无英奇之略，轻狡反复，唯利是视。自古及今，未有若此不夷灭也。"一语中的。

6. 关羽：来去自由

关羽，字云长。与刘备结义。200年，曹操讨伐刘备，关羽陷入重围。遂派张辽游说关羽，后者提出有条件地归降：一是降汉不降曹；二是确保兄嫂安全；三是如有刘备消息，立即离去，曹操不能阻拦。后者闻讯，待以厚礼，任命为偏将军。

袁绍派名将颜良、文丑，谋士郭图等进攻白马。曹操救援。前锋关羽，望见颜良的麾盖，策马冲锋，力斩杀之。白马之围被解，获封汉寿亭侯。

曹操安排张辽试探。关羽叹道："我终不会留下。立下功劳后，自然离去。"不久，关羽得知刘备的下落，封存金银、挂印梁上，千里走单骑。《三国演义》描写到，过东岭关时，杀孔秀；过洛阳城时，杀韩福、孟坦；过虎牢关时，杀卞喜；过荥阳时，杀太守王植；过黄河渡口时，杀秦琪。有趣的是，每过一关，丞相曹操的通关令随后就到，非常延期的准时，也是非常后到的及时。

关羽，与忠贞不贰的张辽、反复无常的吕布相比，属于合同型的高端人才，也是曹操的金字招牌。这种人，多是忠义之人、不羁之士。不求所有、但求所用，未尝不可。

7. 杨修、祢衡、华佗：狂放犯忌

杨修（175—219年），字德祖，今陕西华阴人，太尉杨彪之子，东汉末年的文学家。学问渊博、极是聪慧，曾任丞相府的主簿。"是时，军国多事，修总知外内，事皆称意"。

王室衰落、军阀割据。士族成为争夺高端人才的焦点。杨修、孔融等士人，都是著名的清议复古派，恃才放旷、口无遮拦。后来，卷入子嗣之争触犯曹操的敏感神经，先后被杀。

祢衡时有才华，孔融推荐。"尚气刚傲"，动辄辱骂。曹操大怒，对孔融说："祢衡竖子，孤杀之，犹雀鼠耳。顾此人素有虚名，远近将谓孤不能容之。"于是，转到刘表。后者用了一段时间，转到江夏太守黄祖。后黄祖怒而杀之。遗有《鹦鹉赋》。

这是托物言志之作，"缛丽而轻清"。赋中描写，具有"奇姿、殊智"的鹦鹉："闭以雕笼，剪其翅羽……顺笼槛以俯仰，窥户牖以踟蹰……顾六翮之残毁，虽奋迅其焉如。"如此，是以鹦鹉自况，抒写愤懑心情，强

烈不满东汉末年的黑暗政治。寓意深刻、状物维肖,感慨深沉,融咏物、抒情、刺世为一体,既是汉赋的经典,也是士族心态的真实写照。

名医华佗,医术高超、恃才自傲。曹操晚年,亲理国事,得病沉重,让他治疗。华佗却说:"短期之内,很难治好,我先开一些药。最近接到家书,回去一趟,就回来。"可是,多次请求延长假期。曹操也算不错,三番五次写信。诏令郡县发遣送。华佗仍然不上路。曹操大怒,派人去查看。特别嘱咐,如真,便赐小豆四千升,放宽假期;如骗,就逮捕押送。查实,华佗认罪。荀彧苦苦求情不成。后被施以酷刑,死在狱中。

他们与荀彧的性质不同。荀彧功绩卓著,又是名臣;激烈交锋的紧急状态之下,如是叛逃,势力损失惨重,故而采取非用即杀的做法。杨修、孔融、祢衡、华佗,并非军政人才,也不是硬需求,自然成为拿捏的榜样。此外,自作聪明地卷入曹氏集团极其复杂的子女、婚姻、财产、继嗣等家族事务,也是重要的死因。

一些士人,或孤傲成僻、动辄辞职,或阿谀奉承、反复无常,导致身份打折。领袖真正渴求的部属,忠诚谦逊、远离是非,平时温顺、战时发力,一如张辽。

8. 蔡文姬:重金赎回

本名蔡琰,陈留郡圉人,东汉文学家蔡邕的女儿。博学多才而又精通音律。早期嫁给河东卫仲道。夫亡之后,蔡琰回到家里。195年,董卓、李傕等作乱关中,匈奴趁机劫掠。蔡琰被匈奴左贤王掳走。在北方生活12年之久,生下两个儿子。

207年,曹操得知下落,派遣使者带着金块、玉璧,赎回蔡文姬,嫁给董祀。众所周知,曹操的文学、音乐颇有造诣。重金赎回之举,虽然无利于国家军政大事,却是收揽人才、安抚群臣的做法,也不乏恻隐之心。

蔡文姬只身返回,忆想滞留在匈奴的青葱岁月,写就《胡笳十八拍》:"我生之初尚无为,我生之后汉祚衰。天不仁兮,降离乱,地不仁兮,使我逢此时……无日无夜兮,不思我乡土,禀气含生兮,莫过我最苦。天灾国乱兮,人无主,唯我薄命兮没戎房……为天有眼兮,何不见我独漂流?为神有灵兮,何事处我天南海北头?我不负天兮,天何配我殊匹?我不负神兮,神何殛我越荒州?……身归国兮,儿莫之随,心悬悬兮,长如饥。四时万物兮,有盛衰,唯我愁苦兮,不暂移……胡与汉兮,异域殊风,天与地隔兮,子西母东。苦我怨气兮,浩于长空,六合虽广兮,受之应不容!"

《诗镜总论》评价道:"东京风格颓下,蔡文姬才气英英。读《胡笳吟》，可令惊蓬坐振，沙砾自飞，真是激烈人怀抱。"郭沫若说："……那像滚滚不尽的海涛，那像喷发着熔岩的活火山，那是用整个灵魂吐诉出来的绝叫……这是继《离骚》以来，最值得欣赏的一部长篇叙事诗。"

赤壁战败，董祀犯罪论死。时值严冬，曹操正在宴请宾客。蔡文姬求见。遂许之。"蓬首徒行，叩头请罪，音辞清辩，旨甚酸哀，众皆为改容。"曹操说："文书已经发出，怎么办？"饱经风霜的蔡文姬，平静地说道："主公的马厩里，骏马成千上万，勇猛的士卒不可胜数，还会吝惜一匹快马、一位骑手？"曹操动容，下令赦免。还命人取过头巾、鞋袜，让她留居在家中，等着董祀归来。

曹操的性格，非常复杂。既有强烈的功利心，也不乏恻隐与情怀。蔡文姬的个人身世、悲惨经历和文学水平，天下皆知。面对蓬乱头发、光着脚的蔡文姬、"众皆为改容"的场面，顺水人情，收揽人心，自是情理之中。

9. 司马懿：强征强用

曹操喜欢强征人才，既是怪僻，也是策略。这是极其特殊的强制手段。东汉末年，各路势力争抢人才。户籍制度不复存在。高端人才的流动性很强。策反、叛变和投诚的现象，非常普遍。对此，曹操是很有心得的。那就是强征，强行征用，主要是针对隐士。

汉代的隐士现象，也很常见。小隐，隐于野；中隐，隐于市；大隐，隐于朝。这些人，心态不一、水准不同，既有旷世绝代之才，也有沽名钓誉之徒，还有躲避战祸之人。可是，曹操不管那么多，听到有点名气的，就派遣使者，带着礼物前去邀请。一些人，坐车而去；另外一些人，死活不肯。这时，就只能一而再，再而三地聘请。至于暗杀隐士，却是不能的，将担负恶名。如此，强征隐士的使者，很快职业化，越玩越熟练。

司马懿就是一例。东汉末年，生于乱世。高祖父司马钧，是汉安帝时期的征西将军，曾祖父司马量是豫章太守，祖父司马儁是颍川太守，父亲司马防是京兆尹，均是有名的将相。

"少有奇节，聪明多大略，博学洽闻，伏膺儒教""常慨然有忧天下心"。南阳太守杨俊，素以知人善任著称，曾经见过20岁的司马懿，感觉非凡。尚书崔琰与司马懿的兄长司马朗交好，也说，你弟弟聪明懂事，做事果断，英姿不凡，不是你比得上的。

年轻时，司马懿被人追杀，著名隐士胡昭涉险寻找，得以脱险。201年，郡中推举，担任上计掾。当时的曹操，正在担任司空，闻讯派人召见。司马懿不肯，借口自己患有风痹病。

曹操不信，派人夜间探看。果然，司马懿躺在床上，半天过去，动也不动，如同真的。208年，担任丞相之后，准备采取强制手段，辟为文学掾。临行前，特别对使者说："若复盘桓，便收之。"意思是说，如果还是叽叽歪歪、推三阻四的，立即收拾他。司马懿畏惧，只得就职，历任黄门侍郎、议郎、丞相东曹属、丞相主簿等职，与太子曹丕交好。

《魏略》记载，司马懿很有学问。大将曹洪，自以为才疏，想让他过去辅佐。后者却不肯，装着生病的样子，拄着拐杖，在门口接见使者，不让进门。过了几天，曹操召见，司马懿立刻扔掉拐杖，跑步出门，登上使者的马车，绝尘而去。曹洪记恨。

人才就像怀胎，时间长了，总会被看出来的。曹操察觉"有雄豪志""狼顾之相"，心里很忌讳。多次对曹丕说，司马懿不是甘为臣下的人，今后，必会干预我们的家族之事。但是，曹丕与之关系很好，总是处处护着他，而得以无事。司马懿得知，更加勤于职守，更加废寝忘食，遂使曹操一时安心。

215年，曹操征讨张鲁，司马懿随军。建议道："刘备用诡计俘虏刘璋，蜀人没有归附，反而远征遥远的江陵。这是破蜀的大好机会，不可错过。"后者不听。不久，刘备醒悟，反手取得蜀地，建立牢固的后方，已成尾大不掉。曹操后悔莫及。

219年，司马懿升任太子曹丕的中庶子，佐助曹丕，"每与大谋，辄有奇策"。与陈群、吴质、朱铄并称"四友"。

不久，担任丞相军司马。一次，在军事会议上，司马懿分析道："荆州刺史胡修粗暴，南乡太守傅方骄奢，都不应驻守边防。"曹操不予重视。此后，孙权攻打合肥。关羽北攻荆襄，包围大将曹仁，水淹于禁七军，斩庞德。胡、傅二人降蜀。一时间，关羽威震华夏，逼近樊城，遥望许都。曹操感到威胁，准备迁都。司马懿、曹椽和蒋济劝阻说，刘备、孙权是姻亲，其实各自盘算。现在，关羽风头强劲；如果孙权出手牵制关羽，樊城之围自解。曹操从其计。孙权派吕蒙袭取江陵，关羽被杀。

司马懿长于战略分析，善于谋略筹划。江陵一战，孙、刘联盟遭到破坏，孙、刘争夺荆州的矛盾，随之爆发。依照原来的计划，诸葛亮从宛洛、秦川方向，同时出兵、钳击中原，只得暂停。战略格局迅速转变，曹氏集团掌握主动权。

220年，曹操去世。曹丕即魏王位，司马懿受封河津亭侯，转丞相长史。孙权率军西进，朝野危惧。可是，司马懿却是悠闲，一边管理丧葬诸事，一边处理军政大事，审时度势、进退自如。

(四) 求贤令

东汉早期，政局稳定，强调通经致用。注重操行的选拔原则，行之有效。但是，中后期的时候，外戚与宦官迭握，政治愈加腐败黑暗，统治集团内斗不已，社会矛盾重重。地方豪强以割据，比如，号称"四世三公"的袁绍，众多的门生故吏，成为军政人才。

208年，孙权、刘备联军大破曹军。军备、器械和粮草损失惨重，军政人才更是受到重创。曹操痛定思痛、决心改革。于是，运用中央政权、国家机器和机制手段，批量搜罗和吸纳各种高端人才。除正常的选拔机制以外，还在210年、214年、217年，连续3次发布"求贤令"，进行人才总动员，实行紧急招募。崔琰、毛玠主持选拔，"总齐清议，十有余年"。

1. 唯才是举

210年，曹操发布《求贤令》，激情说道："……自古受命及中兴之君，曷尝不得贤人君子，与之共治天下者乎？及其得贤也，曾不出闾巷，岂幸相遇哉？上之人不求之耳。今天下尚未定，此特求贤之急时也……孟公绰为赵魏老则优，不可以为滕薛大夫……若必廉士而后可用，则齐桓其何以霸世！今天下得无有被褐怀玉，而钓于渭滨者乎？又得无盗嫂受金，而未遇无知者乎？二三子其佐我明扬仄陋，唯才是举，吾得而用之！"

这一份求贤令，引经据典、气势磅礴，极有煽动力。主要包括三层意思：

一是时局危急。国家急需中兴，各类人才应当挺身而出，即使是"不出闾巷"的隐士，也不例外。

二是人不同能。引用《论语》故事说，品德绝佳的孟绰，做晋国赵氏、魏氏的家臣的确绰绰有余；可是，在滕国、薛国这样的小国，却是当不了大夫的官职。如果死盯着管仲的贪污腐败，大肆并购土地的恶行，齐桓公怎么又能够称霸天下！那些有德行的人，未必能够挽救国家的颓势，拯救民生于水火！

三是才能优先。如今的天下，有没有怀抱美玉（才华），穿着粗布衣服，假装睡觉的？有没有类似西周名臣姜子牙那样的，还在渭河，装模作样钓鱼的？还有没有像西汉名臣、"盗嫂受金"的陈平那样，正在等待知己的帝王？如果有这样的两三个人，辅佐我"明扬仄陋"？我的用人原则就是"唯才是举"！

曹操认为，延续尚道德、重清议的旧例，已经成为统一、强壮政权的主要阻碍，必须破除之。袁氏统治下的冀州，采取乡间之评，朋党标榜之风盛行，"父子异部，更相毁誉""豪强擅恣，亲戚横行"，甚至"藏匿罪人"。求贤令严正指出，平抑德行、突出才能，始得"共治天下"。毕竟，曹氏集团重创之后，功利主义的人才理念已经占据上风，不再顾及道德品行。

为此，摒弃汉代选拔官吏，恪守道德品行、讲究门第出身的世俗，对于虽有劣迹或出身卑微，确有文韬武略的人才，破格提拔重用广泛集聚各类人才。陈寿《三国志·魏书·武帝纪》评说："……官方授材，各因其器，矫情任算，不念旧恶，终能总御皇机，克成洪业者，惟其明略最优也。"

这是历史的总结，又是教训。在这个世界上，人口很多，人才很少；偏才很多，全才很少。特别，有才无德的多，有德无才的多，德才兼备的少。千百年以来，一个国家、政权、党派、家族，势力弱小的时候，重视才能，重视功利；等着强大的时候，重视忠诚，重视品行。延伸而言，大忠者，必大奸；小人者，多有才。

2. 士无遗滞

214 年，曹操再次发布《求贤令》，慨然指出："夫有行之士，未必能进取；进取之士，未必能有行也。陈平岂笃行，苏秦岂守信邪？而陈平定汉业，苏秦济弱燕。由此言之，士有偏短，庸可废乎！有司明思此义，则士无遗滞，官无废业矣。"不愧是曹操，一些文人心照不宣的旧事（丑闻），说得这么粗糙、直白；抢人才，就抢啊，还讲得这么大义凛然、清丽柔婉。

第二次的《求贤令》，言辞显示有些着急，心态有些急促。但是，明确提出对人才不能求全责备，再次强调不能以德行作为取士的唯一标准。这是应景，也是创新。

3. 勿有所遗

217 年，曹操第 3 次发布《求贤令》，坦然指出："昔伊挚、傅说出于贱人。管仲、桓公，贼也，皆用之以兴。萧何、曹参，县吏也，韩信、陈平，负污辱之名，有见笑之耻，卒能成就王业，声著千载。吴起贪将，杀妻自信，散金求官，母死不归。然在魏，秦人不敢东向；在楚，则三晋不敢南谋。今天下得无有至德之人，放在民间，及果敢不顾，临敌力战。若文俗之吏，高才异质，或堪为将守。负污辱之名、见笑之行，或不仁不孝，而有治国用兵之术，其各举所知，勿有所遗。"这篇文章，与前 2 次的口气，表述稍有严谨、文风出入较大，应当出于另外一人之手。

在这次《求贤令》，曹操再次，也是反复提及商代、春秋战国和西汉的著名将相，诸如伊挚、傅说、管仲、吴起、萧何、曹参、韩信、陈平，或出身微贱，或曾是君王死敌，或负污辱之名，或不仁不孝……但是，都有治国用兵之才，古代君王起用他们，成就王霸之业。这是进一步打消士阶层的顾虑，希望主动出山、脱颖而出。

有趣的是，3次《求贤令》，历仕不坠、不拘小节的西汉名臣陈平，躺在棺材，连续3次中奖。曹操不过是借此，反复强调，人才选用不苛求完备，取其大义、舍其小节。只有这样，才能"成就王业，声著千载"。

二、士族政治

220年春，曹操去世。曹丕继任丞相、魏王。当年的冬天，曹丕受禅登基，史称魏文帝，以魏代汉。自此，汉、汉代、汉家制度、虽远必诛……终成历史记忆。

（一）曹丕理政

曹丕（187—226年），在位7年。字子桓，曹操与卞夫人的长子。8岁能提笔为文，善骑射，好击剑，堪称文武双全。长相普通。三国时期著名的政治家、文学家。

1. 改革吏治

设立中书省，官员改由士人充任，原由尚书郎担任的诏令文书起草之责，转由中书省官员担任，机要之权渐移于中书省。

曹魏进一步削夺藩王权利，藩王的封地时常变更，没有治权和兵权，举动受到严格监视，形同囹圄。

废除中常侍和小黄门，改设散骑常侍，散骑侍郎两种官职，定员各4人。严禁宦人干政、宦人为官，最高只能充任"诸署令"，从制度上铲除宦官干政的根源。"严令妇人不得预政，群臣不得奏事太后，后族之家不得当辅政之任，又不得横受茅土之爵"。

2. 九品中正制

在中国猎头史上，夏、商、西周实行"世卿世禄制"，战国时期兴起"军功爵位制"，汉代试行并确立"察举征辟制"，三国时期出现"九品中正制"，隋唐以来的"科举制"，民国时期尝试"公务员制度"，合称国家选拔官吏、政府猎头的"六制"。

"六制"，是生产力的永恒发展，带动生产关系的调整，推动上层建筑变革的产物。各种制度的演变，既是时代的制度创新，也是政权面对形势的应合。

黄巾起义之后，大批的地主、士人侨寓他乡。一批士人躲避征召，甚至是隐居起来。这批知识分子，成为各路势力的争夺重点。即便是以善于识人和用人而闻名曹操,多是"决于胸臆""各引其类",全凭个人的眼力,经常看得准,也会走眼。

220年,魏文帝为了拉拢游移不定的士族,缓和曹氏集团与世家大族的紧张关系,采纳吏部尚书陈群的意见,设立"九品中正制",又称"九品官人法",成为魏、晋、南北朝时期重要的选官制度,开辟士族政治之先河。

事实上,魏文帝即位不久,下令人口10万以上的郡国,每年察举孝廉1人,如有特别优秀的人才,可以不受户口限制。也就是说,察举征辟制度还在并行,尚未完全废除。九品中正制具有浓厚的妥协、试探和过渡色彩。

后人根据魏九品中正制的发展历程,分为两个阶段:一是从陈群创建,再到司马懿设立州中正,在选贤任能方面确曾起到积极作用。二是自司马懿设立州中正,再到西晋建立,是九品中正制的成熟阶段,成为巩固门阀统治的政治支柱。

第一,设置州郡中正官。这是掌管对特定地区人物进行品评的官吏,也是九品中正制的关键。这是中国古代历史上最早的、专职从事政府猎头的官员。

中正官又有大小之分,州设大中正官,掌管州中数郡人物之品评。通常是世家大族出身的大官兼任。各郡则另设小中正官。中正官最初由各郡长官推举产生。主要是代替先前的乡闾,重点是为远道迁移而来、没有本土背景的士人,增加晋升的机会,单独进行品评。

西晋之后,改由朝廷三公中的司徒选授。其中,郡的小中正官可由州中的大中正官推举,但是,仍需经司徒任命。一般情况,州郡的大小中正官,都是由司徒举荐的现任中央官员兼任。有时,司徒或吏部尚书,还可以直接兼任州的大中正官,保证中央对选举的直接控制,避免他人对中正事务的干扰。大小中正官的属员,专门配备"访问"官职,负责猎头(高端人才寻访)。

第二,品第人物。这是中正官的主要职责。中正官负责品评和他同籍的士人,包括本州和散居其他各郡的士人。

品评主要包括三个内容:①家世。即家庭出身和背景。指父祖辈的资历仕宦情况、爵位高低等。这些材料被称为"簿世"或"簿阀",是中正官必须详细掌握的。②行状。"状"即是个人品行才能的评语。言辞比较简括,诸如"天材英博、亮拔不群""德优能少"等。③定品。即确定品级。分为上品、中品和下品三类、九个等级。即是:上品包括上上、上中、上下；中品包括中上、中中；下品包括中下、下上、下中、下下。其中，上上虚设，无人能达到。原则上，只依据行状，家世只作参考。东汉末年，名士品评人物的习俗，得以制度化。

第三，吏部选官。中正评议结果，上交司徒府复核批准，然后送吏部作为选官的根据。

中正官评定的品第，又称"乡品"，与被评者的仕途密切相关。任官者其官品必须与其乡品相适应，乡品高者做官的起点（又称"起家官"）往往为"清官"，升迁也较快，受人尊重，乡品卑者做官的起点往往为"浊官"，升迁也慢，受人轻视。

中正评议人物照例3年调整一次。但是，中正对所评议人物也可随时予以升品或降品，比如"或以五升四，以六升五"，"或以五退六，或以六退七"。一个人的乡品升降后，官品及居官之清浊，也随之变动。为了提高中正官的权威，政府还禁止被评者诉讼枉曲。如果中正官舞弊或者捣乱，政府就是要追查责任的。

创立之初，确实起到选拔人才的作用。选拔标准也比较科学，家世、品德、才能并重；同时，剥夺州郡长官自辟僚属的权力，将官吏的任免权收归中央。

九品中正制的中正官，一般是二品，二品又有参与中正推举之权。因此，获得二品的，几乎全部是门阀世族的子弟。才德标准逐渐被忽视，家世则越来越重要，甚至成为唯一标准。

品第偏重门第已成事实。《晋书·郑袤传子默附传》指出："初，（晋武）帝以贵公子当品，乡里莫敢与为辈，求之州内，于是，十二郡中正佥共举默。"高门士族子弟，往往弱冠便由吏部直接选仕，而不必经过察举。出身寒门者，行状评语再高，也只能定在下品；出身豪门者，行状不佳，亦能位列上品。于是，形成"上品无寒门，下品无士族"的局面。

3. 重视文教

在中国历史上，每当政局趋于稳定，教育就得以重视。魏文帝封孔子后人孔羡为宗圣侯，重修孔庙。

在各地大兴儒学教育，立太学，置五经课试之法，设立春秋谷梁博士。很快，一度流失的正统文化，得以复兴。

（二）司马家族

司马家族世代做官，衣食无忧、交际广深，远胜平民家庭。什么钱可以收，什么钱不能收，显得合法、职业和专业。加之，家族教育严格，子弟多是谨慎处事。

曹丕登位之后，司马懿深受重用。225年，任抚军大将军、假节，加给事中、录尚书事。专门下诏说："吾东，抚军当总西事；吾西，抚军当总东事。"次年，曹丕驾崩，时年40岁。魏明帝即位。司马懿、曹真、陈群、曹休，共为辅政大臣。

1. 平灭孟达

这时，镇守蜀魏西南边境的新城太守孟达，心情不佳。他本是刘璋的部下。211年，刘备入蜀，受封宜都太守。关羽被围樊城、襄阳之际，孟达拒派援兵。事后，畏惧被治罪，投降曹魏。曹丕时期，受到重用，封平阳亭侯、新城太守，统管房陵、上庸、西城三郡，防备西南。直至曹丕去世，逐渐失宠。

227年，诸葛亮暗中与之通信，准备反水。孟达犹豫不决。这时，蜀国为了坚定他的信心，故意泄漏计划给与他矛盾很深的太守申仪。孟达只得仓促兴事。

诸葛亮随即派兵援救，并提醒孟达，警惕司马懿征讨。但是，孟达认为，曹魏主力驻扎宛城，离洛阳800里，距离新城1200多里，崇山峻岭、河曲众多，来回路程，非30天不可抵达；增援的蜀军，10天就能够汇合。所以，根本没有什么战时准备。

驻扎宛城的司马懿得知，迅速安排飞骑，上报朝廷。又亲自写信安慰说，蜀人不论愚蠢也好，智慧也好，对将军你的反复无常，莫不痛恨。诸葛亮欲破坏你和魏国的关系，只苦于没有办法。这是阴谋，而并非小事。诸葛亮故意让我得知，此中道理，你是应当明白的。快骑将之发给孟达。

当晚，司马懿立即整顿军马，亲自率领主力，日夜兼程赶赴西南边境。8天之后，抵达新城城下。吴、蜀派出援兵，均被拦阻。司马懿挥师进攻，16天破城，斩杀孟达，俘获万余人。大势已去，诸葛亮不停地叹气。

2. 决战五丈原

229年，蜀军出兵攻魏，即"三出祁山"。230年，魏明帝决定兴师伐蜀，而司马懿升任大将军、加大都督、假黄钺，担任主帅。两人交手，互有胜负。但是，曹魏军队牢牢控制战略要点，掌握战略主动权。

234年，诸葛亮"六出祁山"。10万吴军攻魏，被击退。司马懿坚壁拒守、以逸待劳，与之久持不决。诸葛亮派人送来"巾帼妇人之饰"，刺激司马懿出战。不料，仍不出战。部属逐渐不满。司马懿大怒，上表请战。魏明帝心知肚明，派遣辛毗，手持皇帝的杖节，担任军师。只要诸葛亮挑战，司马懿穿好衣甲，就要带兵出击。果然，辛毗一人，持皇帝的杖节，立于军门，大声斥责。司马懿只好回去，脱下盔甲。如此多次。

蜀将姜维闻讯，对诸葛亮说："辛毗杖节而至，贼不复出矣。"诸葛亮慢慢地回答："彼本无战情，所以固请战者，以示武于其众耳。将在外，君命有所不受，苟能制吾，岂千里而请战邪！"弟弟司马孚来信询问军情，司马懿回信说："亮志大而不见机，多谋而少决，好兵而无权，虽提卒十万，已堕吾画中，破之必矣。"这也是三国时期，来自敌对国的军事领袖，对于民间千百年以来，被誉为智慧象征的诸葛亮，最透彻、最直白，也是最为精辟的评断。

不久，诸葛亮遣使求战。司马懿不谈军事，只是聊天，有意无意地问道："诸葛公起居饮食如何，一顿能吃多少米？"使者回答："三四升。"然后问这问那。使者无意说道："打二十军棍以上的处罚，都是诸葛公自己阅批。"等着使者离开，司马懿对手下的人说："诸葛亮将要死了。"众人不解。10月，诸葛亮病故于五丈原的军营，年仅53岁。

蜀军秘不发丧，全军后退。司马懿闻讯，派兵追击。次日，巡视蜀军的营垒，只见阵形完整、错落有致，赞叹诸葛亮"天下奇才也"。至此，历时7年的北伐，画上句号。蜀国全面转入战略防御。

后来，有人重提此事。司马懿说："那时的诸葛亮，吃得很少，公务繁重，加上魏军坚守不战，身心疲惫。连打军棍这样的小事，都要亲自过问，表面上看，精神还不错；实际上，身体状况已经达到极限了。蜀国军营的上空，多日的星光，暗淡不振，应有预兆。"听到这些，众人无不拜服。

3. 扫除辽东

238年，司马懿率4万步骑兵，讨伐公孙渊。当时，兵少粮多（不是兵少粮少），安然对垒。适逢大雨，辽水暴涨。司马懿下令，有敢言迁营者斩。公孙渊的军队出城、打柴、牧马，安然自若。将领再度请求出击，司马懿不允。

司马陈圭不解，当年，我们攻击上庸，八路并进，昼夜不停，故能在一旬半时间里，攻下坚城，杀了孟达。这次远道而来，为什么行动如此缓慢？司马懿说，当年，孟达军队少、粮食又不多，我们的兵力是孟达的4倍，粮食却不足1月，只能速战速决。4打1，即使一半人伤亡，也是可行。之所以不计死伤，正是因为粮草，必须争取时间。如今，敌人兵力多、我们的少。但是，我们的粮食多，敌人的却很少。又遇大雨，想速战速决，也是不可能的。从出兵开始，我就不担心敌人来进攻，而是怕他们会逃跑。不久，敌军粮草将尽，我军的后续兵力跟进，就可以合围。

不久，后续兵力到达。魏军完成合围，昼夜强攻。公孙渊请求投降，司马懿斩杀使者。公孙渊又派侍中约定送儿子当人质。司马懿不屑地说："作战的要领有五：能战当战，不能战当守，不能守当走，余二事惟有降与死耳。若不肯自缚请罪，就是决心寻死了，不须送什么人质。"公孙渊奋力突围，战死在梁水边上。

入城后，司马懿大开杀戒，命令将15岁以上的男人大约7000人，全部杀死，部下收集的尸体，堆积如山。又杀死200多名公卿、将军。1000多名、60岁以上的士兵，解除兵役，送返回乡。上奏朝廷，辽东彻平。

4. 迷惑曹爽

239年，魏明帝去世，曹芳即位，是为魏哀帝。厚赏司马懿。11名弟弟、儿子受封列侯。那时，司马懿功勋德望如日中天，为人处事却更加谦恭。司马懿告诫子弟说："盛满是道家所忌的，春夏秋冬尚且往返推移，吾有何德能居此高位。减损再减损，或可以免于祸啊！"后来，大将军曹爽一意孤行，屡次出征，屡次大败。并州刺史孙礼抱怨不止，却被安慰道："且止，忍不可忍。"

247年，曹爽"专擅朝政，兄弟并掌禁兵，多树亲党，屡改制度"。司马懿假装生病，不问政事。次年，曹爽派遣心腹前去刺探。司马懿让两个侍婢扶着自己，拿衣服，拿不稳，掉在地上，还指着嘴说渴。侍婢献上粥来，直接用口去接，汤流满襟。于是说："我已经快死了，你们好好努力，多为国家建立功勋。"说完，流涕哽咽。使者回来禀报，如同行尸走肉，真的快不行了。曹爽心安。

249年春，曹芳离开洛阳祭扫坟，大将军曹爽、中领军曹羲、武卫将军曹训随从。司马懿闻讯，从床上一跃而起，扔掉头上的冷毛巾，穿戴厚重和盔甲，列阵出发，控管京城的兵力。自率将兵出迎，驻扎在洛水浮桥。又派人上奏，陈述曹爽之罪。又派遣使者劝降。不料，曹爽却说道："司马公正当又夺吾权耳。吾得以侯还第，不失为富家翁。"部属桓范大哭，直截了当地说："曹子丹（曹真）佳人，生汝兄弟，犊耳！何图今日坐汝等族灭矣。"请求免职，跟随回京。

不久，司马懿以谋反的罪名，杀曹爽及其党羽何晏、丁谧、邓扬、毕轨、李胜、桓范等，并灭三族。鲁芝、辛敞、王沈等跟班的，都得到宽大处理。

251年春，司空王凌借口吴国人堵塞涂水，请求出兵征讨。司马懿知其阴谋，先让皇帝下诏书，赦免王凌之罪，还写信安慰他。哪里知道，司马懿率领大军突至。王凌请罪，自己把自己绑着，低三下四地说："我如果真的有罪，你用半片竹简（诏书）就是能够召回，何苦亲自来呢？"司马懿郑重地说："君非折简之客。"说罢，解送洛阳。临行前，王凌索要棺材上的钉子。这是汉代士族的隐语，类似曹操送荀彧空饭盒。不料，司马懿随即命令手下，找来铁钉，连夜送给他。王凌顿时绝望，走到项城，服毒而死。

司马懿做事彻底，毫不手软。凡牵连在内的，一律诛灭三族。顺手把楚王曹彪也杀了。王公全部拘捕，放置邺城，命有司监察，不准交结往来。

5. 三代成事

251年，司马懿病了，不久死去。秉承遗愿，辞让郡公和殊礼，遗命简葬，作顾命三篇，敛以时服，不树不坟，不设明器。灵位置于太祖庙，配享祭祀，排位以官职大小为序。太傅司马懿，列为第一。

长子司马师，随后出任大将军，独揽朝廷大权。254年，司马师将曹芳废为齐王，改立高贵乡公曹髦为帝，是为魏废帝。次年，司马师病重。弟弟司马昭前往许昌，临时提升卫将军。不久，司马师死，曹髦命令司马昭镇守许昌，尚书傅嘏率领军队返回京师。司马昭敏锐发现不利，采取傅嘏、钟会的计谋，自己率大军回到洛阳，重新执掌大权。曹髦无奈，只得封司马昭为大将军，加侍中，都督中外诸军、录尚书事，辅助朝政，带剑穿履上殿。

260年，曹髦召见王经等人，坦然说道："司马昭之心，路人所知也。"不料，事泄。司马昭的谋士贾充，指使武士成济，乘乱刺杀曹髦，年仅20岁。燕王曹宇的儿子曹璜，改名曹奂继位，是为魏元帝。司马昭掌控朝政。

263年，大将军司马昭统一调度指挥，征西将军邓艾率兵3万，雍州刺史诸葛绪率3万，镇西将军钟会率主力10多万人，分三路攻打蜀汉政权。邓艾攻入成都。刘禅投降，国亡。

264年，下诏拜司马昭为相国，封为晋王，加九锡。次年，病死。数月之后，儿子司马炎，代魏称帝，国号晋，史称西晋。280年，西晋攻灭孙吴，结束三国鼎立，统一中国。

三、魏晋风度

东汉末年，直到西晋，都是士族的天堂。政治、经济、军事文化，无不遍布身影。诗歌、音乐和舞蹈，依然是主流文学的传承形式。美学显现。其中的汉赋，分为骚体赋、大赋、小赋。散韵结合，专事铺叙。"铺采摛文""体物写志"。这是时代特征。

"三曹""建安七子"的作品,继承汉朝乐府民歌的现实主义传统,或风骨遒劲、俊爽刚健,或雄健深沉、慷慨悲凉,史称"建安风骨"。被后人尊为典范。

(一)曹氏三杰

曹操与曹丕、曹植合称"三曹",汉献帝建安时代,诗人群体的耀眼家族。父子雅爱词章,不但以帝王之尊、公子之豪提倡文学,促成了五言古体诗歌的黄金时代,而且身体力行,创作了各具风格的名篇佳作。父亲悲凉慷慨、气韵沉雄;兄长纤巧细密、清新明丽;弟弟骨气充盈、淋漓悲壮,都有深远的影响。

1. 曹操

吟诗作赋,历来是宴席的风雅。曹操著有《孙子略解》《兵书接要》,留有《蒿里行》《观沧海》《薤露》《短歌行》《苦寒行》《碣石篇》《龟虽寿》等不朽诗篇。

诗如其人。曹操的诗句,多为五言体和四言体。凌驾豪迈、直白简洁。且以经历为主线,或有感而发,或悲叹人生,或斗志昂扬,或苍凉凄婉。与天才诗人、文学成就较高的儿子曹丕与曹植相比,胜在气势与境界。

《蒿里行》,成于191年前后,时年36岁。述道:"关东有义士,兴兵讨群凶。初期会盟津,乃心在咸阳。军合力不齐,踌躇而雁行。势利使人争,嗣还自相戕。淮南弟称号,刻玺于北方。铠甲生虮虱,万姓以死亡。白骨露于野,千里无鸡鸣。生民百遗一,念之断人肠。"后世称誉"汉末实录,真诗史也"。赋中涉及董卓进京、废除刘辩、军阀起兵、结义为盟、曹操迎战、联军残杀,以及百姓大量死亡、社会经济遭到破坏。

《步出夏门行》,约成于207年,时年52岁。组诗。《观沧海》描述道:"东临碣石,以观沧海。水何澹澹,山岛竦峙……日月之行,若出其中;星汉灿烂,若出其里……"《龟虽寿》言及:"神龟虽寿,犹有竟时……老骥伏枥,志在千里。烈士暮年,壮心不已。盈缩之期,不独在天。养怡之福,可得永年……"寓情于景,借景生情。

《短歌行》,约成于208年。分两节。其一,尤为著名。《三国演义》描写,曹操平定北方后,率百万雄师,饮马长江,与孙权决战。是夜,明月皎洁,大江之上,置酒设乐、欢宴诸将。酒酣,曹操取槊(长矛)立于船头,慷慨而歌。内容深厚、感情充沛。赋诗写道:"对酒当歌,人生几何!譬如朝露,去日苦多……青青子衿,悠悠我心……月明星稀,乌鹊南飞。绕树三匝,何枝可依?山不厌高,海不厌深。周公吐哺,天下归心。"

其中，"周公吐哺，天下归心"就是指周公旦为了及时会见前来投奔的人才，接连3次吐掉嘴巴里面的饭菜，漱口之后，出门相迎。

毛泽东说："曹操的文章诗词，极为本色，直抒胸臆，豁达通脱，应当学习。"至于《龟虽寿》"盈缩之期，不独在天。养怡之福，可以永年"，多次引用。《浪淘沙·北戴河》直接写道："往事越千年，魏武挥鞭，东临碣石有遗篇"，英雄相惜，千古回响。

2. 曹丕

生于乱世，自幼好书，喜好酒色。跟随父亲曹操，金戈铁马、南征北战，目睹战争和残酷惨状。

曹丕敏感而细腻，令人感悟且感伤。诗名不如其父曹操、其弟曹植，却最有文人气质。《古诗归》评价："婉娈细秀，有公子气，有文人气。"《古诗源》更加说道："子桓诗有文士气，一变乃父悲壮之习矣，要其便娟婉约，能移人情。"

《燕歌行》乃是代表作，约写于207年曹操北征乌桓期间。采用乐府体裁，开创性地以句句用韵的七言诗形式写作，是现存最早、完整的七言诗。诗中说道："……秋风萧瑟天气凉，草木摇落露为霜，群燕辞归鹄南翔。念君客游思断肠，慊慊思归恋故乡，君何淹留寄他方？贱妾茕茕守空房，忧来思君不敢忘，不觉泪下沾衣裳。援琴鸣弦发清商，短歌微吟不能长。明月皎皎照我床，星汉西流夜未央。牵牛织女遥相望，尔独何辜限河梁……"

该诗主要描写战乱之际，相爱的男女被迫分离，内心的怨愤和惆怅。全诗用词不加雕琢，音节婉约，情致流转。王夫之盛赞："倾情，倾度，倾色，倾声，古今无两。"

3. 曹植

字子建，曹操之子、曹丕的弟弟。天资聪颖，才思敏捷，沉溺酒色。号称"绣虎"，意即精致而腼腆的文学高手（老虎）。多年受到迫害，慌恐不可终日，最后抑郁而终。

辞赋以笔力雄健、词采画眉见长，"情兼雅怨，体被文质"。留有集30卷，已佚。《诗品》称赞说："骨气奇高，词彩华茂，情兼雅怨，体被文质，粲溢今古，卓尔不群。"文学家谢灵运评价说："天下才有一石，曹子建独占八斗。"清代王士祯断言，2000多年的诗家，曹植、李白、苏轼三人，堪称"仙才"。

代表作品包括《洛神赋》《白马篇》和《七哀诗》。其中的《洛神赋》描绘道："黄初三年，余朝京师，还济洛川……其形也，翩若惊鸿，婉若游龙，荣曜秋菊，华茂春松。髣髴兮若轻云之蔽月，飘飖兮若流风之回雪。远而望之，皎若太阳升朝霞。迫而察之，灼若芙蕖出渌波。……肩若削成，腰如约素……柔情绰态，媚于语言……余情悦其淑美兮，心振荡而不怡……体迅飞凫，飘忽若神。凌波微步，罗袜生尘。动无常则，若危若安。进止难期，若往若还。转眄流精，光润玉颜。含辞未吐，气若幽兰……揽騑辔以抗策，怅盘桓而不能去。"

然而，明代王世贞《艺苑卮言》指出："曹公莽莽，古直悲凉。子桓小藻，自是乐府本色。子建天才流丽，虽誉冠古今，而实逊父兄。何以故？材太高，辞太华。"

流传最广泛的，却是一首小诗。《世说新语·文学》记载，魏文帝曹丕登基，大肆迫害弟弟妹妹。一次宴会，命令曹植只走七步，就作一首诗，否则处死。他只走了几步，就脱口而出："煮豆燃豆萁，豆在釜中泣。本是同根生，相煎何太急？"诗句表面是写煮豆，燃烧豆秸（茎）的情形，却是一语双关地说，你我都是同一个父亲曹操所生的骨肉，为何急切除掉我？曹丕惭愧不已，只得作罢。才华如此，虽与拯救国家、普济众生无关，救自己的一条小命，还是绰绰有余的。既是悲剧，也是喜剧。

（二）建安七子

东汉桓帝、灵帝时期，连续发生党锢之祸，血流成河、残酷蹂躏，禁锢士人终身断绝参与国政的通道。汉献帝时期，长安、洛阳残破废落、几无人烟。黄巾起义之际，脖子没有刀子硬的事实，已然不争。曹魏期间，士族解禁，文风炽烈。

建安七子，多是亲身经历现实的动乱和人民的苦难，耳闻目睹朝廷的腐败、战争的残酷和官吏的专横之人。作为文坛的领军人物，多被朝廷相中，成为御用的文人。这也决定浮沉不定、随波逐流的命运趋势。

1. 孔融（153—208）

建安七子之首。字文举，孔子的二十世孙，家学渊源。灵帝时期，与中丞不合，托病辞归。献帝时期，因忤董卓，派到战火纷飞的青州北海郡为相。袁绍之子袁谭攻青州，孔融只身出奔，妻子被俘。后被曹操征召，迁少府。又不满曹操雄诈，多所乖忤，被奏免官。复拜太中大夫，退居闲职、好士待客，奖掖推荐、声望甚高。终为曹操所忌，枉状构罪，下狱弃市。

现存散文和诗。如《荐祢衡表》《与曹公论盛孝章书》《与曹操论禁酒书》《杂诗》，或辞藻华丽，或诙谐，或哀婉动人。

孔融的人生起伏，也是孔氏家族的乱世写照。根深蒂固的儒学教育，总是与现实屡屡碰壁。就像儒生王莽执政的模样与祸害，令人们记忆犹新。朝廷时兴时弃，也是无奈之举。

2. 陈琳

字孔璋，生年无确考。汉灵帝末年，担任大将军何进主簿。董卓入京，避难冀州，成为中央朝廷官吏流落民间、投靠地方军阀的典型人物。

袁绍厚待。军中文书，多出其手。最著名的是《为袁绍檄豫州文》。历数曹操的罪状，诋斥及其父祖，极富煽动力。官渡一战，袁绍大败，陈琳被俘获，署为司空军师祭酒，使与阮瑀同管记室。后又徙为丞相门下督。

217 年，与刘桢、应玚、徐干等人，同染疫疾而亡。擅长章奏书记。《饮马长城窟》假借秦代筑长城故事，借古喻今，针砭时弊，揭露繁重的徭役，给民间带来的苦难。

3. 王粲

字仲宣。强记默识，尤善算术行文。先到荆州依附刘表，后劝刘表次子刘琮归降曹操，赐爵关内侯。后与中书令荀攸发生矛盾，忧郁而死。文学成就较高，以《七哀诗》和《登楼赋》为代表。

建安七子的其余 4 人，系指徐干、阮瑀、应玚、刘桢。徐干的《中论》《室思》，阮瑀的《驾出北郭门行》《为曹公作书与孙权》，应玚的《侍五官中郎将建章台集诗》，刘桢的《赠从弟》等，均是传诵一时的佳作。

（三）竹林七贤

系指三国时期曹魏年间，嵇康、阮籍、山涛、向秀、刘伶、王戎、阮咸七人，经常聚在山阳县的竹林，喝酒纵歌、肆意酣畅。

执政的司马集团隐忍不发、残暴异常，喜欢征召影响力较大、置身事外的隐士。竹林七贤恃才自傲、放荡不羁，与贴近政治、浮沉不定的建安七子相比，反而成为受灾最重的鱼肉，任人宰割、任人践踏，不乏慷慨悲歌、从容赴死。

1. 嵇康（223—262 年）：越名教而任自然

字叔夜，谯国至人。三国时期著名的文学家、思想家、音乐家。本是魏朝宗室的女婿，任过中散大夫。

崇尚老庄，讲求养生服食之道，著有《养生论》。在政治思想上"托好老庄"，排斥"六经"，强调名教与自然的对立，主张决破礼法束缚。认为"元气陶铄，众生禀焉"，肯定万物都是禀受元气而产生的。提出"越名教而任自然"之说。

嵇康自幼聪明好学，才思敏捷。鲁迅《魏晋风度及文章与药及酒之关系》指出："思想新颖，往往与古时旧说反对。"代表作有《与山巨源绝交书》《难自然好学论》《幽愤诗》《赠秀才入军》《声无哀乐论》。善鼓琴，以弹《广陵散》著名，并作《琴赋》。

依附司马昭的关内侯钟会，"敏慧夙成，少有才气"。但是，嵇康拒绝与之交往。《世说新语》记载，钟会《四本论》刷青之时，想请嵇康审阅，又担心被当面羞辱，只好远远地把书简掷到院内，掉头就跑了。钟会受命征召，前来寻访。可是，嵇康不加理睬。光着臂膀，和朋友在大树下打铁为乐。钟会久坐无果，悻悻离开。这时，嵇康停下铁锤，缓声地问："何所闻而来，何所见而去？"回答说："闻所闻而来，见所见而去。"遂记恨在心。

好友山涛担任尚书吏部郎。另要高就之际，他推荐嵇康。不料，后者写了《与山巨源绝交书》。这是被认为是历史上第一篇真正体现文人独立性格的讽喻佳作，基于"师心以遣论"的立场，文风犀利、见解大胆，表面上是在羞辱山涛，其实直指司马氏集团残暴而虚伪的统治。心中有玫瑰的风流，总比猥琐阴毒的暗箭，更加人性、真实和爽朗。

诚然，性格决定命运。司马昭执政之后，就想拉拢名气很大的嵇康。但是，他虽然远离政治斗争，依然倾向羸弱的曹氏皇室，招致司马集团的严重不满。后介入朋友的家事纠纷，遂被处死。

死前，儿女托付给山涛，嘱咐道："山公尚在，汝不孤矣。"山涛、王戎、向秀等旧友们，并没有辜负重托。儿子嵇绍长大之后，屡任高官，正直以谏。死后，赠太尉，谥忠穆。

2. 刘伶：死便埋我

字伯伦，沛国人。曾经担任朝廷的小官。不满司马集团的虚伪礼教和黑暗统治，躲避乡下。素以骈文《酒德颂》、五言律诗《北邙客舍》传世。

刘伶不爱交往、沉默寡言。《晋书》记载，经常驾着鹿车，携带美酒，一路痛饮。还让仆人扛着一把锄头跟着后头，"死便埋我"。遇到阮籍、嵇康，顿时有说有笑。经常大醉，三更半夜地爬着回家。一次，客人来访，他不穿衣服出来会见。客人责问，回应说，我以天地为宅舍，以屋室为衣裤，你们为何入我裤中？

世人笑我太疯癫，我笑世人看不穿。不见武陵豪杰墓，无花无酒锄作田。放荡不羁的刘伶，根本不讲什么三纲五常，也不理会什么名教礼法。美酒让他，恍惚游离在梦想与现实、真实与虚幻、抱负与痛苦之间，酣畅淋漓、干净彻底。唐代诗人王绩，苦闷的时候，赫然写道："恨不逢刘伶，与闭户轰饮。"后人也评说："斯人虽逝，风骨独存；率情真我，百代风流。"

3. 阮籍：五哭闻名

建安七子之一阮瑀的儿子，字嗣宗。《晋书》记载，曾经登广武城，观看楚汉战场，慨叹"时无英雄，使竖子成名！"

魏明帝曹叡去世后，司马懿杀曹爽，独专朝政、杀戮异己，被株连者很多。阮籍心怀不满，却又感到力不从心，就采取不涉是非、明哲保身的态度，或者闭门读书，或者登山临水，或者酣醉不醒，或者缄口不言。

先后做过司马氏父子三人的从事中郎，升到散骑常侍、步兵校尉，也称之"阮步兵"。平时孤独寂寞，内心苦闷却不敢表达。每当嵇康一行人，抱琴携酒而来，"籍大悦，乃见青眼"。司马昭自封晋公、备九锡的时候，受命执笔的"劝进文"，文采还是不错的。正因为此，司马集团睁一只眼，安排其书写文章、拼命干活；闭一只眼睛，听任其放浪佯狂、违背礼法阮籍终身无祸。

《晋书》记述，阮籍一生之中，发生3次大哭事件，均是赫赫有名的典故。第1次，母亲去世。"性至孝，母终，正与人围棋，对者求止，籍留与决赌。既而饮酒二斗，举声一号，吐血数升。及将葬，食一蒸肫，饮二斗酒，然后临诀，直言穷矣，举声一号，因又吐血数升。毁瘠骨立，殆致灭性"。母亲去世，阮籍隐忍不发，若无其事地下棋。酒后，却是难抑悲痛，吐血不止。后又隐忍一阵，接着爆发更加猛烈的情感，差点丧命。

第2次，步兵校尉阮籍郊游回来，听到路边有哭声。一打听，"兵家女有才色，未嫁而死。籍不识其父兄，径往哭之，尽哀而还"。第3次，"时率意独驾，不由径路，车迹所穷，辄恸哭而反"。也就是说，阮籍独自驾车，走到道路的尽头，也会下车。大哭一场，黯然掉头返回。

其实，"三哭"之外，还有"两哭"。一是在写完《劝进表》后，回到家中，自己大哭；二是在嵇康死后，清明祭扫，放声大哭。

死前，语重心长地对儿子说，（侄子）阮咸已经入了我们这一流，你不要再学了。一语道破，百般的无奈与痛苦。

4. 阮咸：与猪共饮

字仲容，阮籍之侄。历任散骑侍郎，补始平太守。"贞素寡欲，深识清浊，万物不能移。若在官人之职，必绝于时"。

他到姑母家省亲，看中鲜卑族的婢女。母亲死的时候，姑母一行准备回去。阮咸站出来，要求把婢女留下。当时的礼教，是绝对不能容忍守孝期间的婚娶和房事。婢女无奈远走。阮咸硬是借了一头驴，死皮赖脸地追上，追回婢女，还生了儿子阮孚。消息传开，人们讥笑不止。

阮咸妙解音律、善弹琵琶，是名声很大的音乐家。一种古代琵琶即以"阮咸"为名。与荀勖讨论音律，荀勖自认为远不及。著作《律议》传世。

但是，他从不随便交朋友，只和亲友知交弦歌酣饮。有一次，亲友聚在一起喝酒，他来晚了，干脆不用酒杯，而是用大盆盛酒。"时有群猪来饮，直接去上，便共饮之"。

5. 山涛：璞玉浑金

有大器度，喜欢喝酒。至八斗而止，少有大醉。加之，生活俭约，名声也不错。曹氏与司马氏激烈争夺权力，"遂隐身不交世务"。山氏家族与司马氏联姻，离得很近。司马师遇到，直接说："吕望欲仕邪？"山涛点头。于是，"命司隶举秀才，除郎中，转骠骑将军王昶从事郎中。久之，拜赵相，迁尚书吏部郎"。时人鄙夷。

历任司马师、司马昭、司马炎三代，却是顾及国家利益和民生，经常推荐品德端正的人。每次选用官吏，皆先秉承司马炎之意旨，且亲作评论，时称"山公启事"。吴国灭亡，天下一统。晋武帝司马炎下诏罢除兵役，命令州郡解散军队。仅在大郡设置武吏100人，小郡设50人。山涛坚决反对，无果。不久，盗贼蜂起。各郡国军备不足，导致天下大乱，果如山涛所言。

山涛至孝，天下闻名。母亲年老，执意辞职。司马炎初不同意，后来才答应了他，考虑山涛清贫俭约，无法供养家人。特别批示，每天由当地官府提供膳食，加赐床帐、被褥。母亲去世，年过70岁的山涛，亲自背土堆坟，种植松柏。

嵇康被杀20年之后，荐举其子嵇绍为秘书丞。他亲切地说："为君思之久矣。天地四时，犹有消息，而况人乎！"试想，嵇康与之绝交，死前却托付子女。为何，不交给嗜酒如命的刘伶、动辄大哭的阮籍、大盆盛酒的阮咸，原因是显而易见的。

崇尚老庄思想的山涛，以出世为入世。平时控制分寸，保持清醒，帮助大家抬着逢酒必醉的兄弟。做官机敏善变，不泯灭良心，讲究策略和方法。一旦兄弟有难有灾，毫不含糊地帮忙，却是不露锋芒。《世说新语》记载，王戎曾经评论："山巨源如璞玉浑金，人皆钦其宝，莫知名其器。"

当年，刘邦营中，将相众多，不乏奇人，陈平是极品人物。及至曹操帐下，谋士如云、良将千员，张辽是极品人物。反观竹林，在一堆"酒鬼"当中，山涛同样是极品人物，只不过，他也许更加理解志向、良知与生命的意义。

6. 王戎：戎眼灿灿

字濬冲，琅琊人。七岁的时候，小伙伴同去玩耍。看到路边有结满了李子的果树，大家争着爬树。王戎不动，别人不解。他便回答说："李子长在路边，果子又很多，一定是苦涩的。"果然，树上的小孩，刚刚咬了一口，就纷纷吐出，滚落下来。

晋武帝时，历任多职，迁光禄勋、吏部尚书等职。惠帝时，官至司徒，号称朝廷政坛"不倒翁"。有时，也骑马上阵、带兵打仗。琅邪郡吏孙秀，政绩一般。晋朝重臣王衍拒绝评定高分，却被劝阻。及到司马伦、孙秀掌权，大批举刀杀戮朝官，二人幸免。又如，厌恶族弟王敦，经常托病避而不见。后来，王敦起兵造反，自然幸免于难。类似的例子，还有很多。先见之明到了如此境界，实在是相当佩服。西晋开国功臣裴楷，不由赞叹道："戎眼灿灿，如岩下电。"

与其他的名士不同，王戎娶了政治地位低下的富商之女。性极贪吝，田园遍及诸州。敛财无数，经常都是夫妻二人，亲自拿着执牙筹，昼夜计算账目，总是感觉收得太少。王戎家长着一棵李子树，品种绝佳、色味上乘。然而，每次卖的时候，总是先把核掏出来，防止别人得到种子。时人讥讽。一次，与阮籍、嵇康等，邀约竹林之游。他最后到达的时候，阮籍笑着说："俗物已复来败人意。"

嵇康被杀之后，儿女跟随生活俭朴的山涛，也算过得去。王戎定期派人送去钱财、衣物，如同己出。晚年的时候，乘车路过黄公酒垆，感慨地说：我过去经常和嵇康、阮籍，在这里尽情地饮酒。由于，我没有才华，只能坐在末位。他们先后去世，我没有自由自在、无拘无束的生活了。物是人非，近在眼前。对于我，却是阴阳分割、邈若山河！闻者无不动容，凄然泪下。

7. 向秀：欣然人生

字子期。生卒年不详。与嵇康等友善。喜好老庄之学。平时也不多话，做事倒是勤快。

那年，钟会拜访嵇康，陪着打铁的那个下手，就是向秀。二人"相对欣然，旁若无人"。嵇康从容赴死，向秀也是默默收拾残局。一年后，答应司马昭的召见，到洛阳做官去了。做官期间，朝廷配发的牛车，经常挤满坐顺风车的老百姓。后人戏称，这是中国历史上最早的"公交车"。

当时，《庄子》流传很广。但是，许多士人"莫能究其旨统"。晚年的向秀，作《庄子隐解》，解释玄理、影响甚大。不久，病死。其后，郭象予以补充发挥，即《庄子注》。

第二节　蜀汉

220年，曹丕受禅登基，以魏代汉。次年，刘备闻讯，紧急建立蜀汉政权，史称昭烈帝。263年，汉怀帝（追谥）刘禅率领将相出城投降，国亡。历经父子二帝，共42年。

基于现代猎头的视角，分为三个阶段：前期，始于刘备起家，到称帝为止；中期，截至诸葛亮病死军营；后期，直到亡国。

一、前期

东汉末年，中国似乎进入一个眼泪横飞、极度煽情的时期。汉献帝终日以泪洗面。曹操动辄大哭、死去活来。孙权也是经常落泪。然而，他们比起刘备，泪腺明显不够发达。这一切，都是围绕高端人才的争夺、利用与处置问题，主动或者被动表演的。

（一）桃园结义

刘备（161—223年），字玄德，幽州涿郡人。中山靖王刘胜的后代。长得非常奇异，两耳垂肩、双手过膝，眼睛能够看见耳朵，嘴唇红若涂脂一样红润。

也许是长期受到儒家的教育，刘备性情宽和，寡言少语，喜怒不形于色，却是喜欢结交天下豪杰。父亲刘弘死后，编织草席，质量精良、价钱也公道。家的东南，有一棵大桑树，高五丈余，遥望之，圆圆如车盖。看相者的说："此家必出贵人。"小的时候，与小孩子游戏，刘备大声说："我当了天子，就把这个做成车盖。"叔父刘元起，感到十分惊奇，经常送去钱财助其度日。15岁的时候，师从郑玄、卢植，与公孙瓒交好。

《三国演义》描述很精彩，非常适合说书。188年，益州牧刘焉，出榜招募兵士。27岁的刘备，挑着草鞋摊不禁慨然长叹。背后一人厉声说："大丈夫不与国家出力，何故长叹？"回头一看，那人身长八尺、豹头环眼，燕颔虎须、声若巨雷。遂问姓名。那人说道："我叫张飞，字翼德。世居涿郡，颇有庄田，卖酒屠猪，专好结交天下豪杰。"二人相见，一同饮酒。这时，一个大汉推着车子，停在门口大喊："快斟酒来吃！我待赶入城去投军！"只见此人，身长九尺、髯长二尺，面如重枣、唇若涂脂，丹凤眼，卧蚕眉，相貌堂堂，威风凛凛。于是，邀他同饮。这人，就是关羽，字长生。三人相见，都很高兴，遂在桃园结为异姓兄弟，即"桃园三结义"。

（二）煮酒论英雄

结义之后，开始起家，先是招来一些人马，造成不少的声势。但是，刘备"有英雄之姿，而无袁、曹之权藉，……望不隆，而士之归也寡"。先后投奔大将军何进、都亭侯公孙瓒、北海相孔融、徐州牧陶谦，到处依附。

后来，白门楼绞杀吕布，刘备面见汉献帝。后者旋即安排查询祖谱，认定皇叔。自此，刘备以"刘皇叔"传到民间，开始有了正式的身份。曹操开始有所顾虑。

一天，同去游玩，到达中途的小亭。青梅煮酒，对坐畅饮。半酣之际，乌云聚会。谈及当今英雄。刘备说一个，曹操否定一个。无奈，只得请后者明说。曹操说道："夫英雄者，胸怀大志、腹有良谋，有包藏宇宙之机、吞吐天地之志者也。"又问："谁能当之？"曹操手指刘备，又指自己说："今天下英雄，惟使君与操耳！"这是东汉末年著名的隐语之一。意思是，今后我将与你争夺天下。

刘备猛然听到，手中的筷子，掉到地上。恰好，一声闷雷响起。刘备从容捡起筷子，朝天说道："一震之威，乃至于此。"曹操笑着说："丈夫亦畏雷乎？"刘备不再失态，站起说道："圣人迅雷风烈必变，安得不畏？"意思是说，遇到圣人、迅雷、狂风，都有预兆，怎么能够不让人畏惧？深层的意思，无外乎说：你狠，我怕，行了吧。曹操一笑了之。

后来，刘备借机讨伐，带着一支队伍，另立门户。201年，刘备被曹操击败，南下依附刘表，临时驻扎新野。徐庶前往投奔。此后，连续打了几次小胜仗，军心高涨。不料，谋士程昱警觉起来，对曹操说："主公，不对呀！以前，刘备怎么行军和打仗，都是按照我们的想法；现在，情况不同了，进攻和撤退，很有章法。一定是有高人指点。"于是曹操探明情况，计除徐庶。

临别之时，刘备、关羽、张飞三人，久久站在路口，看着徐庶的背影渐渐远去，不愿意离去。不料，徐庶突然打马回来，推荐诸葛亮。旋即掉头，如风消失。

（三）隆中对

诸葛亮是传奇人物。三顾茅庐，向来是被世人推崇的经典故事，也是古代猎头的著名案例。

《三国志·蜀书》记载，诸葛亮"躬耕陇亩，好为梁父咏""每自比于管仲、乐毅"，时称"卧龙先生"。相比管仲，诸葛亮的学识才能，审时度势、饥饿营销，显然更胜一筹。

181年，诸葛亮生于琅琊阳郡（今山东临沂），是当地的豪族世家。先祖诸葛丰是司隶校尉，父亲诸葛圭是泰山郡丞。叔父诸葛玄，曾任豫章太守。战乱期间，跟随家人，投奔荆州牧刘表，隐居在襄阳郊区的隆中。

据传，诸葛亮长得非常漂亮，"身高八尺有余，玉树临风"。襄阳名士黄承彦的女儿黄月英，小名"阿娇"，长得丑、头发黄、皮肤黑（一说），然而熟读兵书、才智非凡。听说诸葛亮，主动请求父亲提亲。不料，诸葛亮爽快答应。邻居得知，无不疑惑。

殊不知，这是意味深长的婚恋猎头。如前所述，新朝末年，刘秀起兵之后，势单力薄，后来全盘接管铜马地区郭家、李家的铁骑，就是因为含泪娶了郭圣通。当时，刚刚迎娶阴氏家族的阴丽华，事前约定郭氏为正房，发妻为妾，后来，刘秀称帝，寻衅废了皇后郭圣通，发妻阴丽华扶正。

且说黄月英，背景不是一般的显赫。父亲黄承彦，一代名士，交际广泛。母亲长相平常，却是襄阳的超级土豪蔡讽的长女，姑母嫁给太尉张温（与司徒王允，密谋除掉董卓，事泄被杀）。良田万亩、奴仆千人。蔡讽的小女儿，嫁给荆州牧刘表。长子蔡瑁，精明强干，谙于水战，历任江夏郡、南郡、章陵郡的太守，统帅荆州水军，战船如云，后与刘琮投降曹操。《三国演义》描写的，周瑜与蔡瑁在长江大战，居然占不了上风。其后，采取离间计（蒋干盗书），除掉水军都督蔡瑁，正是此人。

襄阳地区，水陆交通发达、地处战略要冲。素有"华夏第一城池""铁打的襄阳""兵家必争之地"之称。东汉末年，庞德公、司马徽、石韬、徐庶等名士，多在此避乱。诸葛亮隐居，"晨夜从容，常抱膝长啸"。《蜀书·诸葛传》记载："一次，好友石韬、徐庶和孟建讨论今后的个人打算。"诸葛亮说："卿三人仕进可至刺史、郡守也。"三人反问，"亮但笑而不语"。

当年，显赫的诸葛家族没落，却是不乏政治智慧。面对乱世，家族定位清晰、分工明确。哥哥诸葛瑾，前往江东，投靠孙权，逐渐攀得官位。堂弟诸葛诞，直上北方，投奔曹操，后来位及将军。至于诸葛亮，应当是南下荆州，投靠刘表，谋取官位。小弟诸葛均，留在隆中，待机而动。后来，诸葛亮做了蜀相，诸葛均跟随而去。如此，整个家族的高端人才，错落有致、重心平稳。这时，兄弟的定位，就是幕僚（职业经理人），无有帝王之心。

诸葛亮才华横溢、心智颇高，握有足够的政治资本。至于投靠刘表，随时可去。妻子黄月英，只要开口撒娇，舅舅蔡瑁，好歹也得弄个一官半职的。然而，对于雄才大略、自恃才华的诸葛亮来说，都是小菜一碟。当年，如同一条蜷缩的霸王蛇，蜷伏在隆中的草堂，静静地等待猎物的出现。

刘备一行，接到徐庶的推荐，自然是求贤如渴。得知地点，随即前往寻访。这是典型的猎头。

第一次，应当是事先没有掌握实情，纯属贸然前去。人不在家、出门远游。只能说，运气不好。

第二次，就有些说法了。按照第二次见面的情形，诸葛亮显然是已经得知，且做足功课，甚至还专门做了调研。当然，也不排除是针对落魄无助的刘皇叔，坚其心，固其志。

第三次，出发之际，大雪纷飞。张飞不肯，很不耐烦地说："量一村夫…可使人唤来便了。"平时宁静、沉默寡言的关羽，也在旁边嘀咕。刘备执意前行。

这次，诸葛亮果然在家，却在午睡。三人只得大堂等待。许久，诸葛亮起床，先是高声朗诵道："苍天如圆盖，陆地如棋局。世人黑白分，往来争荣辱。荣者自安安，辱者定碌碌。南阳有隐居，高眠卧不足。"仆童听到动静，端来热水洗脸。诸葛亮故意问，好像有客人来了？回答，已经等候很久了。于是，小声责备几句。随即，飘然而至。

二人相见。诸葛亮说道："自董卓已来，豪杰并起，跨州连郡者不可胜数……益州险塞，沃野千里，天府之土，高祖因之以成帝业……将军既帝室之胄，信义著于四海，总揽英雄，思贤如渴……天下有变，则命一上将将荆州之军以向宛、洛，将军身率益州之众出于秦川……诚如是，则霸业可成，汉室可兴矣。"就是著名的"隆中对"，与新朝末年，邓禹向刘秀提出的"延揽英雄，务悦民心，立高祖之业，救万民之命"的"元功对"，高瞻远瞩、未卜先知，精准判断大势、提出应对策略，合称"双璧"。

历史，总是惊人的相似。当年，管仲遇见齐桓公，讲的都是霸王之道、称帝之术；当年，范雎建议秦昭王，控制关中平原，攻占巴蜀，夺取成都平原，进占江汉平原，包抄西南；当年，张良劝告刘邦，定都长安（今陕西西安西北），东有天险、西有巴蜀、北有草原、南有物产，当年，邓禹坚决主张刘秀果断迎娶郭圣通，拿下粮食丰富的铜马地区，精良的郭氏、李氏铁骑……冷兵器时代，称帝、称王、称霸的要素并不复杂。简单地说，就是三个：地盘、人口、粮食。

26岁的诸葛亮，显然准备充分。战略分析精辟到位，内政举措、外交政策和军事路线，思路清晰、切实可行。预言三足鼎立，极有胆识。46岁的刘备，茅塞顿开、赞叹不已。

207年的冬天，隆中草堂，大雪如盖。诸葛亮决意出山。书籍、驮马和物品，早已安排妥当。妻子、弟弟相送。一行人有说有笑，沿着山沟的小路，消失在远方。是夜，月光皎洁。

（四）五虎一凤

诸葛亮出山之后，忽如一夜春风来，千树万树梨花开。等到刘备平定汉中，封关羽、张飞、赵云、马超、黄忠，时称"五虎上将"。又得奇才庞统，时称"凤雏"，与"卧龙"诸葛亮齐名。

1. 赵云

字子龙，常山真定（今河北省正定）人。身长八尺，姿颜雄伟。191年，赵云召集一批人，投奔公孙瓒。后者说："冀州的英雄，都是依附袁绍，你到我这儿来，脑子有问题吧？"赵云回答："天下大乱，我不知道谁是明主。百姓生活困苦，时如倒悬之危。我们商量过，将军你是爱护百姓、体恤民心的，所以，我们来了。"自此，跟随公孙瓒四处征讨，多有战功。

不久，刘备带着兄弟，也来投靠公孙瓒。后与冀州牧袁绍交战，刘备担任别部司马，率兵出征。赵云也随之出动，掌管骑兵。后来，兄长去世，赵云请辞归乡。刘备握着他的手，不舍得分别。200年，刘备被曹操打败，只好投奔袁绍，守卫邺城。那时，赵云聚集一彪人马，占山为王。再次遇到见刘备。二人大喜，同床而卧。从此，追随刘备，辗转到荆州。

刘备三人前往茅庐，寻访诸葛亮之际，赵云留守军营。曹操派夏侯惇、于禁率领军队进攻刘备，双方战于博望坡。刘备、诸葛亮设伏兵计，击破曹军。赵云生擒大将夏侯兰。可是，赵云和夏侯兰二人是同乡，自小相知。于是，刘备免除其一死，任为军正，掌管法律法令。

208年，刘备兵败，逃往江陵。曹操派遣精锐骑兵追赶。在当阳的长坂附近，两军厮杀。情势危急，刘备丢下妻儿，带着张飞、诸葛亮、赵云等数十骑逃走。不料，赵云猛然停下，反向冲进曹营。有人看到，禀报刘备说，赵云肯定是投降去了。刘备大怒，顺手拿起一把刀，就扔了过去，大声说："子龙是不会弃我而去的。"

《三国演义》写得非常精彩。曹操在山坡上，看见一员白马将军，四处冲杀、神勇无比。遂下令活捉。使者跟着赵云，不停地大喊："丞相有令，活捉此人！"赵云七进七出，浑身是血。找到甘夫人、幼子刘禅（小名阿斗），撕开前胸的战袍、护住少主，又把甘夫人绑在自己的背后，一路砍杀，平安地回到刘备的身边。解开战袍，阿斗正在呼呼大睡。众人围观，大笑不已。不料，刘备接过阿斗，随即丢到地上，大声说道："这个孩子，几乎让我损失一员大将，我不要了！"赵云身手敏捷，连忙接住，跪在地上，大哭不止。大家也随即跪下，发誓效忠到底。诸葛亮站在远处，微笑不语。

赤壁之战，刘备派遣赵云平定荆州四郡，兼任桂阳太守。209年，刘备收编荆州牧刘表的地盘和军队，声势渐大。孙权欲结亲，刘备便娶了其妹。211年，益州牧刘璋遭到曹操的攻打，转向刘备求援。赵云留守荆州。孙夫人放纵骄横。孙权获知刘备西征，就派船接回孙夫人，顺手将刘禅一起带走。赵云闻讯，立即与张飞带兵在长江之上截住东吴船队，夺回刘禅。忠烈如此，清醒如斯。

刘备平定益州，眼见大量的房舍、园地和桑田空置，就准备分赐给诸将。赵云劝阻说："匈奴未灭、无用家为！益州的百姓，刚刚遭遇战祸，痛苦不堪。现在，将田宅房产分给百姓，使之安居乐业。今后，我们征收兵士、收取纳户税，也就是自然而然的了。"刘备当即采纳建议。

221年，刘备称帝。着手进攻东吴，以报孙权伐取荆州、杀害关羽之仇。赵云上谏说："国贼是曹操，不是孙权。消灭曹魏，东吴孙权自然臣服。曹丕篡盗皇位，引起公愤。此时，先攻占关中，占据黄河、渭水上游，顺流而下、讨伐曹丕，势必一举平定天下。"这与当年的《隆中对》，几乎同出一辙。然而，刘备不听，执意东征。222年，夷陵之战，刘备大败而逃，病死白帝城永安宫。229年，一生征战、屡立奇功的赵云，病逝。

261年，刘禅下诏："云昔从先帝，功绩既著。朕以幼冲，涉涂艰难，赖恃忠顺，济于危险。夫谥所以叙元勋也，外议云宜谥。"大将军姜维，上表说道："（赵云）昔从先帝，劳绩既著，经营天下遵奉法度，功效可书。当阳之役，义贯金石。忠以卫上，君念其赏；礼以厚下，臣忘其死。死者有知，足以不朽；生者感恩，足以殒身。谨按谥法，柔贤慈惠曰顺，执事有班曰平，克定祸乱曰平，应谥云曰顺平侯。"又及，赵云的长子赵统、次子赵广，都是继承父志的将军。追随姜维，先后战死沙场。

2. 马超

字孟起，扶风茂陵人。俊秀容貌、神勇善战。一身的白盔、白甲和白袍，特别喜欢白马，有"不减吕布之勇"。羌人称为"神威天将军"。绰号"锦马超"。

东汉末年，马腾、马超父子起兵诸戎地区，羌族、胡族予以大力支持，一度东征，后被曹操打败。督守凉州的时候，马超被刺史韦康的旧部合攻，投奔汉中张鲁。不久，刘备围攻成都之际，主动归降。蜀汉建立之后，多次独当一面、战功卓著。

223 年 1 月，也就是刘备去世的次年，病死。终年 47 岁，追谥威侯。第一次北伐的时候，诸葛亮专门绕路，前往祭扫马超的坟墓。伫立良久，不愿离去。从弟马岱，也是一代名将，官至平北将军、陈仓侯。

3. 黄忠

赤壁之战，曹操北退。刘备乘势南下，以诸葛亮为军师中郎将，亲自领兵南征长沙郡。太守韩玄的部将黄忠，"初为刘表帐下中郎将，与表侄刘磐共守长沙，后事韩玄；虽年近六旬，却有万夫不当之勇。先主使关羽攻长沙，忠与羽连战三日，不分胜负。忠感动羽义气，不忍以弓箭相伤。玄以忠战羽不利欲斩之，为魏延所救，降刘备"。

此后，黄忠、魏延跟随刘备入蜀，平定益州，拜为讨虏将军。封为五虎上将。赐爵关内侯，与关羽等功臣齐位。219 年，定军山一战，黄忠斩杀曹操集团的名将夏侯渊。后世所说"老将出马、一个顶俩"，指的就是黄忠。次年，病逝，谥刚侯。

4. 庞统

庞统，字士元，人称凤雏先生。时称，"伏龙、凤雏，二人得一，可安天下"。这是难得的奇才，敢于也善于冒险。与诸葛亮彼此互补、相得益彰。

颍川司马徽为人清雅，擅长识人。20 岁的庞统前去拜见。司马徽坐于桑树上采桑叶，庞统坐于树下。二人交谈，一直从白天说到黑夜。司马徽大惊，随之说道："卧龙（诸葛亮）、凤雏（庞统），得一而可安天下！"征辟功曹，跟随周瑜，准备攻打西川。

208 年 12 月，刘备在赤壁之战结束不久，平定荆南四郡，任命诸葛亮为军师中郎将，住于临烝，督令零陵、桂阳、长沙三郡，负责调整赋税，充实军资。

不久，周瑜死后，庞统转投奔荆州牧刘备，出任耒阳县的县令。出任之后，"不理政事，终日饮酒为乐，一应钱粮词讼，并不理会"。刘备得知，安排张飞、孙乾前去，他淡然说道："量百里小县，些小公事，何难决断？将军少坐，待我发落。"让人抱来公文、案件，口若悬河、行云流水。一些久拖不决的刑事案件，也被迅速裁决，丝毫不差。不到半天，便将100多天的县事，全部处理完毕。张飞站在旁边，看得目瞪口呆。

刘备闻讯，召见庞统。这时，诸葛亮、鲁肃的推荐信，陆续到来。旋即任命治中从事，伺从左右。后与诸葛亮一样，同为军师中郎将。211年，曹操征讨汉中张鲁，益州牧刘璋担心有失，邀请刘备前去救援。这是绝佳的时机。三国时期的益州，也称西川，通常系指四川盆地和汉中平原，郡治在成都。《隆中对》提及："……天下有变，则命一上将将荆州之军以向宛、洛，将军身率益州之众出于秦川……诚如是，则霸业可成，汉室可兴矣。"

然而，诸葛亮、关羽、赵云等人，都不在身边。刘备亲自担任统帅，东挪西借、临时拼凑一些兵力，率领庞统、黄忠、魏延出征。刘璋到达涪城，与之汇合。庞统献计，"莫若来日宴，请季玉（刘璋字）赴席，于壁衣中埋伏刀斧手一百人，主公掷杯为号，就筵上杀之，一拥入成都，刀不出鞘、弓不上弦，可坐而定也"。既然，夺取益州是国策，就应当坚定执行。可是，刘备说计策很好，过于毒辣。刘璋与自己都是汉室宗亲，不忍相害。庞统只好让魏延登堂舞剑助兴，乘势杀之。不料，刘备察觉，大声阻止。

庞统的计策，就是典型的军事猎头，代价小、收效快。《三国志》评价，刘备机权干略不及曹操。但是，弘毅宽厚、知人待士，百折不挠、终成帝业。刘备总是沾沾自喜地说道："每与操反，事乃成尔。"事后证明，这种"愚仁"，丧失战机，祸害更大：益州之战，耗时3年。其间，庞统战死。后来，诸葛亮、张飞、赵云三路援军，只得由荆州回援，艰难取胜。

212年，刘备大军北上，进驻葭萌关。时机突现。刘璋的谋士张松，其貌不扬，其才不凡。由于不满刘璋的昏庸统治，也不愿意投奔曹操，看中刘备的宽厚仁义，希望入主益州，造福百姓。为此，出使的时候，张松手绘地图，把益州的地形地物、山川险要，以及兵器府库、兵力部署等军事机密，都交了出来，主动提出作为内应。对于益州，诸葛亮、庞统、张松的策略虽然不同，目的都是一样的。简单说，英雄所见略同。

但是，刘备信奉所谓的仁义，不愿意争夺刘氏宗室的江山。不久，张松的哥哥广汉太守张肃，告发此事。刘璋立即处死张松，下令紧闭关隘、封锁道路，防止刘备进入。

眼见于此，庞统献计说："……选精兵，昼夜兼道径袭成都：此为上计……佯以回荆州为名，（杨怀、高沛）必来相送。就送行处，擒而杀之，夺了关隘，先取涪城，然后却向成都：此中计也。退还白帝，连夜回荆州，徐图进取：此为下计。若沉吟不去，将至大困，不可救矣。"特别是上计，乃是神来之笔，出其不意、黑虎掏心。

刘备却说："军师上计太促，下计太缓。中计不迟不疾，可以行之。"这也看出，与曹操相比，刘备实在相差太远。且不说用人不疑，疑人不用。战争年代，时机瞬息万变，处处求稳重、处处就被动。想当年，汉武帝刘彻，面对强大的匈奴，放手让前线将领一搏，经常是2000多人的精锐骑兵，就敢远程奔袭、屡屡得手。又如刘秀的昆阳之战，面对王邑、王寻的大军，亲率3000人，就敢发动侧后攻击，大破之。同是刘姓，基因却是变了。

于是，庞统出手，计取涪关。入蜀第一战，轻松取胜。刘备设宴庆功。众人非常高兴，庞统一言不发。刘备说："大功告成，值得一乐！"庞统眼睛一翻，不屑地说："伐人之国而以为乐，非仁者之兵也。"嘲讽刘备假装正经，怀有妇人之心。刘备顿时大怒，指着大叫："吾闻昔日武王伐纣，前歌后舞，此亦非仁者之欤？吾视汝言，不合道理，可速退！"庞统大笑，起身就走。众人不欢而散。次日早上，刘备醒悟，赶紧前往赔罪。

214年，诸葛亮、张飞、赵云三路援兵到达，合力攻克白帝、江州、江阳。不久，雒城之战，庞统被飞箭射死，时年36岁，追赐关内侯，谥靖侯。根据中国古代的谥号谥法原则，"靖"的意思是"柔德安众"。

随后，刘备一路血战，方才包围成都，派遣简雍劝降。城中还有3万精锐，粮食也够支持1年多，官吏、百姓纷纷要求抵抗。刘璋却说，我父子（刘焉、刘璋）主政益州20多年，没有给百姓施加恩德。打仗3年多，许多人死在荒郊野外，只是因为我无能的缘故。我不想再打下去了，投降吧！于是，命令打开城门。部下和百姓听说，没有不哭的。进城之后，刘璋的财产被封存，佩振威将军的印信，迁至荆州公安。6年之后，病逝。

回想207年，诸葛亮就明确指出："益州险塞，沃野千里，天府之土，高祖因之以成帝业。刘璋暗弱，张鲁在北，民殷国富而不知存恤，智能之士思得明君。"回想211年，庞统提出，设计杀掉刘璋"刀不出鞘，弓不上弦，可坐而定也"。刘备不听。又及提出"只今便选精兵，昼夜兼道径袭成都"的"上计"，却被刘备打折，采取"中计"。要不是庞统眼疾手快、偷袭涪关，势必又是一场恶战。如此，"愚仁"反成"恶疾"，代价更多，代价更大，虽然落下个人的好名声，却是活活累死三军。

(五) 成败得失

221年，刘备得知，曹丕篡汉建魏。听信汉献帝已死的误传，遂于成都称帝，国号"汉"，年号"章武"。不久，刘备以为关羽报仇的名义，发兵讨伐东吴，而张飞又被部下所害。孙权请和，刘备大怒不许。

诸葛亮上表谏止，诚恳地说道："臣亮等切以吴贼逞奸诡之计，致荆州有覆亡之祸；陨将星于斗牛，折天柱於楚地。此情哀痛，诚不可忘。但念迁汉鼎者，罪由曹操；移刘祚者，过非孙权。窃谓魏贼若除，则吴自宾服。愿陛下纳秦宓金石之言，以养士卒之力，别作良图，则社稷幸甚！天下幸甚！"可是，刘备看完后，把表掷在地上，决意东征。

222年7月，吴国统帅陆逊在夷陵，火烧连营八百里。刘备大败，将军冯习、张南等战死。蜀吴议和。次年，刘备病死，时年63岁，谥昭烈帝，庙号烈祖。

刘备半生奔波。46岁，猎得一龙（诸葛亮），遂打开局面，进占荆州；49岁，猎得一凤（庞统），着手攻占益州。传说，"卧龙、凤雏，得一而可安天下！"然而，刘备手握天下最顶端、"龙凤"级别的旷世奇才，久久不能平定天下，原因究竟是什么。

1700多年以后，饱读经书、用兵如神的毛泽东，曾经在多个场合，多次谈论刘备，褒贬十分中肯。概括起来，主要讲的就是三点。

一是刘备善于用人，能够团结人。1957年3月，毛泽东乘专机自南京飞往上海，在飞临镇江上空时，即兴书写辛弃疾的《南乡子·登京口北固亭有怀》，还对这首词加以解释。当谈到"天下英雄谁敌手？曹、刘"时，谈及"煮酒论英雄"。毛泽东对身边的人说："尽管刘备比曹操所见略逊。但是，刘备这个人会用人，能团结人，终成大事。"

同年7月，毛泽东在上海干部会议上说："刘备得了孔明，说是'如鱼得水'，确有其事，不仅小说上那么写，历史上也那么写，也像鱼跟水的关系一样。群众就是孔明，领导者就是刘备；一个领导，一个被领导。"

一次，谈及《三国演义》的时候，毛泽东又说："看这本书，不但要看战争，看外交，而且要看组织。你们北方人（刘备、关羽、张飞、赵云、诸葛亮），组织了一个班子南下，到了四川，同'地方干部'一起，建立了一个很好的根据地。"

1959年3月，毛泽东在郑州召开的中央政治局扩大会议上，谈起了翦伯赞在《光明日报》发表的有关评论赤壁之战的文章。他说："刘备这个英雄，跟曹操同等水平，是厉害的。但是，事情出来了，不能一眼看出就抓到，慢一点。刘备的长处是善于用人，所以，能得到像诸葛亮那样颇有才智、品学兼优的智士辅佐。"

二是喜好感情用事。1949年3月，毛泽东经由西柏坡至北平，路经刘备家乡（河北涿州）的时候，对警卫员说道："《三国演义》中的刘备，就是在这个地方，同关羽、张飞'桃园三结义'。刘备的野心大……但是，志大才疏，学识浅，好感情用事。这是刘备最大的缺点。在许多问题上，用感情代替了政策。就是为了报二弟关羽被东吴杀害之仇，置江山社稷于不顾，不听诸葛亮等谋臣的劝阻，贸然负气出兵，结果被东吴打得大败而归。"

三是不能区分主次矛盾，导致失败。1941年初，皖南事变发生之后，借用刘备的例子，指出对于各部分的国民党人，应当采取不同的政策。三国时期，荆州失守，蜀军进攻东吴，被东吴将领陆逊火烧连营七百里，打得大败，其原因就在于刘备没有区分与处理好主要矛盾与次要矛盾的关系，在谋略中没有抓住主要矛盾。

诸葛亮在《隆中对》中所确定的战略方针是"东联孙吴，北拒曹操"，曹刘是主要矛盾，孙刘是次要矛盾。孙刘的矛盾是统一战线内部的矛盾。所以，当孙权数次讨荆州时，诸葛亮总是一再推诿软磨，而不硬抗，直到最后才让出荆州的部分地方。

但是，刘备不了解这一点，派了根本不执行"以联吴为根本，争夺荆州要有理、有节"方针的关羽，去驻守荆州，因此发生"关羽大意失荆州"的故事。

二、中期

223年，刘备病重，召诸葛亮到永安，与李严一起托付后事。太子刘禅继位，封诸葛亮为武乡侯，开设官府办公。不久，再领益州牧，政事上的大小事务，都依赖之。222—234年，诸葛亮实际执政，直到死于五丈原的军营，约12年。

（一）七擒孟获

诸葛亮执政期间，休士劝农、开拓农田，兴修水利、发展生产。"田畴僻，仓廪实、器械利、蓄积饶"。整个成都平原，呈现难得的兴旺繁荣局面。

223年，益州郡大姓雍闿，杀死太守正昂，举兵号反叛。越巂酋长高定、牂柯太守朱褒响应。南中地区的大姓豪强孟获，率领当地的土著加入叛军。

丞相诸葛亮派邓芝、陈震，先是与东吴修好，防止偷袭后方。这是必要的准备。越巂的新任太守龚禄，到南中边界备战。又派李严先后6次写信给雍闿。后者回复道："盖闻天无二日，土无二王，今天下鼎立，正朔有三，是以远人惶惑，不知所归也。"意思是说，天下三分，都说自己是正统；我非常迷惑，无可适从；既然如此，我只有自己玩了。

225 年 3 月，诸葛亮亲自出征、分兵三路。参军马谡，建议采取"攻心为上，攻城为下，心战为上，兵战为下"的战略。不久，雍闿被高定所杀。数战皆胜，斩杀高定。大军汇合，全面迎战孟获。先后 7 次活捉，7 次都放走。诸葛亮旨在收心、猎而不杀，孟获及其他土著首领彻底信服，盟誓不反。诸葛亮不再遵照先前委官统治、遣兵屯守的惯例，采取"不留兵，不运粮"的方法，重用地方势力，实现高度的自治，就地委任官吏。

不仅如此，1 万多户的少数民族家庭，陆续迁移到内地，分成为五部，设置五部都尉，号为"飞军"，忠心耿耿、非常勇猛。南中地区上贡的金、银、丹、漆、耕牛、战马等，也为诸葛亮的北伐提供必要的军费和物资。至于，时有发生的小规模叛变，都被精明能干的马忠、李恢、吕凯等人，及时处置、快速平定。

蜀军凯旋。后主和朝廷大臣，都到郊外迎接。自此，蜀汉政权趋于稳固。北方，秦岭蜿蜒，地势险要，"一夫当关，万夫莫开"。西方，毗邻青藏高原，崇山峻岭、人烟稀少。南方，平乱之后，民生安宁，穿着少数民族服装的兵卒，押送五颜六色的贡品，源源北上，直达成都平原。东方，与孙吴政权修复关系，使者频繁往返在大江之上，边境贸易逐渐红火。

（二）六出祁山

蜀汉政权平定南方，决意北伐。228—234 年，《三国志》记载，"诸葛亮曾六出祁山攻魏"。分为：228 年 2 次（春、冬），229 年、230 年、231 年、234 年各 1 次。最多的一次，出兵 20 万；最少的，只有 1 万多人。

三国时期，处于冷兵器时代。先说地盘，天下分成 13 个州，曹魏独占 9 个、孙吴占 2 个、蜀汉 1 个（益州）。单说土地面积，曹魏是蜀汉 4 倍多。再说人口，《帝王世纪》载，236 年，曹魏 443 万多，蜀汉 94 万多，东吴 230 万多。即使蜀吴联手，人口总量也不及。再说人才。曹魏占据济南、洛阳、关中等传统的教育中心。孙吴地处江东，物产丰富、人杰地灵。曹魏与孙吴交通便利，人才时有往来。蜀汉地势险要、难以通行，人才只能自产自销。

更重要的是，魏文帝曹丕及其继任者，采取对内休养生息，广阔的北方、平坦的中原，农业生产逐渐恢复，战略纵深不断加长、加宽。对外静观其变，适时出击。如在蜀汉征伐孙吴之际，曹魏趁火打劫、偷袭后方。曹魏对于蜀汉，扼守战略要地，封住出口、消耗后勤，不战而屈人之兵。对于孙吴，重兵集结在边境，高墙深沟、梯次防御。加之，早年的时候，张辽大战逍遥津,几乎活捉孙权,也让后者心有余悸。孙吴反攻乏力。

蜀汉北伐,明显是以小击大、力不从心。唯一的优势,就是拥有汉室的旗帜。非要再找一个,只能是诸葛亮执意中兴汉室、全面落实《隆中对》的决心。然而,这些饱读儒家著述的书生,何曾想到,远离战争、安居乐业,乃是民心所在。

1. 前出师表

227 年,诸葛亮整顿军队,向北集结,屯驻在汉中(今陕西省西南部),设置临时丞相府。出发前,他上一道奏疏,即是千古流传的《出师表》。

"先帝创业未半而中道崩殂,今天下三分,益州疲弊,此诚危急存亡之秋也……侍中、侍郎郭攸之、费祎、董允等,此皆良实,志虑忠纯,是以先帝简拔以遗陛下……将军向宠,性行淑均,晓畅军事,试用于昔日,先帝称之曰能,是以众议举宠为督……亲贤臣,远小人,此先汉所以兴隆也;亲小人,远贤臣,此后汉所以倾颓也……侍中、尚书、长史、参军,此悉贞良死节之臣,愿陛下亲之信之,则汉室之隆,可计日而待也……若无兴德之言,则责攸之、祎、允等之慢,以彰其咎。陛下亦宜自谋,以咨诹善道,察纳雅言……临表涕零,不知所言。"

根据蜀国的法令,这份奏疏是直交后主刘禅,属于私信性质。因此,多次提及官职、人名等。其中的"亲贤臣,远小人,此先汉所以兴隆也;亲小人,远贤臣,此后汉所以倾颓也",既是历史总结,也是委婉劝诫。

2. 挥泪斩马谡

227 年底,蜀国战将孟达,反水曹魏,又想反水回来。这时,诸葛亮自作聪明,反将消息泄露出去,本是坚定孟达的决心,不料却让远在后方的司马懿获悉。曹魏的精锐受命出击,昼夜翻山越岭,迅速赶到。孟达被杀。事件似小实大,蜀军两路出击计划受阻,东北方向被封死,只好穿越秦岭山脉,朝着正北方向进军。

228 年 4 月,诸葛亮第一次北伐曹魏。《三国志》补注《魏略》记载,丞相司马、凉州刺史魏延提出,长安守将夏侯楙怯而无谋,故愿自请精兵五千,经由子午谷直取长安,会师潼关。但是,诸葛亮认为,此是悬危之计,没有采纳。

于是,赵云、邓芝为疑军,占据箕谷(今陕西汉中市北),亲自率 10 万大军,向西突袭魏军据守的祁山(甘肃礼县东),任命参军马谡为前锋,镇守战略要地街亭,并指示靠山近水安营扎寨,挡住东面的曹魏援军。

不料,马谡到达街亭,队伍部署在远离水源的街亭山。副将王平反对未果。曹魏名将张郃到达，大笑不已。立即挥兵切断水源，掐断粮道，将蜀军围困，然后纵火烧山。蜀军大败。东面的街亭失守，造成曹魏东西夹击的态势。诸葛亮紧急征迁1000多家百姓，随军退回汉中。

为了严肃军纪，诸葛亮下令将马谡革职入狱，斩首示众。临刑前，马谡上书，恳请照顾妻儿老小。遂依准。副将王平，破格擢升讨寇将军。诸葛亮自贬三等，一品丞相降为三品右将军。这时，蜀国高端的军政人才不足，已现端倪。

这次杀将事件，确是事出有因。偏师远攻，通常选用老到的宿将。马谡年轻气盛，经验却不足。挑选的副将，也是刚刚提拔出来的。再说战败，损失并不大，只是打乱先前的战略部署，也不是非杀不可。这是对皇帝、大臣的交待，主要是顾及脸面。

3. 后出师表

228年冬，诸葛亮进行第二次北伐之前，又上奏，即《后出师表》。为消除来自各方的阻碍，重点放在军事方略，以及针对反对北伐的驳难，提出自己的见解。

"……以先帝之明，量臣之才，固知臣伐贼，才弱敌强也。然不伐贼，王业亦亡。惟坐而待亡，孰与伐之？是故托臣而弗疑也……今贼适疲于西，又务于东，兵法'乘劳'：此进趋之时也……自臣到汉中，中间期年耳，然丧赵云、阳群、马玉、阎芝、丁立、白寿、刘郃、邓铜等，及驱长屯将七十余人，突将、无前、丛叟、青羌，散骑武骑一千余人，此皆数十年之内，所纠合四方之精锐，非一州之所有；若复数年，则损三分之二也……夫难平者，事也……臣鞠躬尽瘁，死而后已；至于成败利钝，非臣之明所能逆睹也。"

其中的"期年"，系指一年。即在228年，70多名中高级将领战死或者病死，1000多名号称"飞军"的少数民族勇士丧命。

229年，蜀军第三次北伐，攻占武都郡、阴平郡。230年，魏明帝下诏，司马懿升任大将军、加大都督、假黄钺，汇合大司马曹真、左将军张郃，分成三路出兵，讨伐蜀国。自此，蜀军的北伐，严重受阻。234年，孙权御驾亲征合肥，却被扬州都督满宠击败。诸葛亮病死五丈原，蜀军全线撤退。北伐中止。

历时7年的北伐，蜀军统帅诸葛亮十分谨慎，鉴于运输困难、粮草不济，总是稳扎稳打，多次放弃奇袭战术。魏国就不一样了，首先，兵多将广、粮草充足，后方无忧。其次，总以优势兵力，深沟高垒、避免决战。蜀军粮食殆尽，自然撤兵。再次，魏明帝曹叡重用司马懿、曹真，对他们充分信任、彼此合作默契。二人指挥得当，避免决战、静待时机，适度反扑、见好就收。最后，孙吴政权多次响应、多次出兵，始终进展不大，几无实质威胁。

蜀汉、孙吴的联合北伐，其实是两个小国同时进攻一个内政稳定、资源丰足的大国。但是，魏国君臣团结、将相众多、兵源充足、粮草囤积。加之，长期的休养生息，百姓厌恶战争、反对侵略。这些因素，都使得声势浩大的北伐，总是无功而返。

三、后期

234—246 年，蒋琬继任，直到病死，约 12 年。246—253 年，费祎主政，直到被刺身亡，将近 7 年。253—263 年，才能平庸、性情急躁的姜维，总督内外军事。

（一）自毁城池

诸葛亮长期主政，威望极高。死后不久，军政人才在撤军的路上，就出现各自固执己见、局面骤然失控的现象，最终造成混乱，导致无辜的乱杀。

先说魏延。219 年，刘备自称汉中王，准备进攻成都。选拔大将镇守汉中的时候，出人意料地看中魏延，任命汉中都督、汉中太守，升为镇远将军。从此，镇守汉中 10 多年，独当一面。多次跟随诸葛亮北伐，功绩显著。

魏延性格高傲、口无遮拦，却是勇猛过人、善养士卒。时有冒犯，诸葛亮也置之不理。于是，将相们避其锋芒。唯独长史杨仪不屑，二人势成水火。234 年，北伐途中的诸葛亮，病情突然加重，秘密商议后事，命令魏延断后。这是少有的军事失误和人事失误。蜀汉经营多年汉中地区，地势险要、易守难攻，是不折不扣的军事重镇，号称铁打的挡箭牌。再者，魏延已经镇守 10 多年，情况熟悉、经验丰富，理当留守、巩固支点。如果真是什么脑后有反骨，早就反了，不用等着今天。诸葛亮就是有所怀疑，当面约束和嘱咐，即可安顿。

诸葛亮死后，秘不发表。杨仪指挥大军徐徐退却。魏延请求留守汉中。不懂兵法的杨仪，强行要求全线撤回蜀地。魏延不服。二人上表，指责对方造反。火并顿起。此时，逼得脑后就是没有反骨的魏延，也长出反骨了。马岱率兵杀到，将其诛灭。

再说杨仪。前线内讧刚刚结束，朝廷又生变。后主根据诸葛亮生前的密奏，蒋琬出任尚书令、益州刺史。杨仪自恃功高、资历深，时有怨愤，甚至发出"当初宁愿投魏"的不当之辞。费祎听到，旋即密陈后主。235年，杨仪被废，流放到汉嘉郡。不久，自刎而死。妻儿老小回到蜀地。

史学界对此议论纷纷。其中，不乏真知灼见。近代学者冒鹤亭指出："魏延之反，亦冤辞也。其人过于自负，叹恨己才，用之不尽……盖欲遣行者护丞相丧归，自留渭南，与司马决斗。其才不及诸葛则有之，其兴复汉室之心，与诸葛同也。而杨仪素与延不平，不欲下之，便引诸营相次还，延于是怒，先仪南归，烧绝栈道，使仪归不得。此则逞一朝之忿，而忘君国之大事矣……蜀中人才本少，横加延以反名，长城自坏，仪之肉宁足食哉！"

（二）连续北伐

诸葛亮病逝，姜维加封右监军、辅汉将军，统率诸军，进封平襄侯。随后，历任司马、镇西大将军，兼任凉州刺史、卫将军、大将军，朝廷授予符节。

蜀汉连年征战，国力耗损。《三国志》记载，238—262年之间的25年，姜维先后组织11次规模化的军事行动。战局胜负情况：大胜2次，小胜3次，相距不克4次，大败1次，小败1次。

262年，姜维着手第11次，也是最后的出征。平素忠厚的廖化，劝道："连年征伐，军民不宁，兼魏有邓艾，足智多谋，非等闲之辈""智不出敌，而力少于寇，用之无厌，何以能立"，建议不要"强欲行难为之事"。姜维执意出征。

起初，蜀军进军顺利，攻入洮阳境。曹魏征西将军邓艾，抓住蜀军悬师远征、战线长、给养困难、难以持久等弱点，主动抢占有利地势据险设阵、以逸待劳，双方激战。魏军的援兵连续不断地到达，随即发起反攻。最终，蜀军大败，转为被动防御。

这时，后主听从宦官黄皓的建议，准备启用右大将军阎宇，取而代之。姜维曾经上书，请求诛杀黄皓，却被按下。北伐大败，遂担心黄皓做足文章，率领主力西移，屯田沓中（今甘肃省舟曲县）。

263年，大将军司马昭统一调度指挥，征西将军邓艾率兵3万，雍州刺史诸葛绪率3万，镇西将军钟会率主力10多万人，分三路攻打蜀汉政权。姜维率领蜀军主力回师，和前来增援的廖化、张翼等将领汇合，据守剑阁，与钟会统率的曹魏主力对峙。不料，邓艾率领一支偏师，沿着废弃的景谷道，披荆斩棘、攀岩涉河，迂回穿插700多里的无人区，攻下江油、绵竹，直捣成都。

刘禅听从谯周的建议，率领将相出城投降，敕令正在前线作战的姜维,就地缴械。蜀军主力闻讯,愤怒地拔出刀剑,一边喊叫,一边乱砍石头,发泄不满。国亡。

(三) 治蜀之道

蜀国的高端人才群体,一度繁盛、称颂于世。刘备、诸葛亮、庞统、关羽、张飞、赵云、马超、黄忠、魏延、蒋琬、董允、费祎、法正、马良、姜维、李平、孟达、夏侯霸、马岱、向宠、王平……堪称三国时代的风云人物。

到了统治的中后期,高端人才骤然紧缺,出现"蜀中无大将、廖化做先锋"的高端人才困境。基于现代猎头的视角,试加以分析、探询究竟。

1. 近亲繁殖严重,外来人才难继

国家安危,全仗人才。西蜀地区,纵有地形天下险,也是枉然。211年,刘备集团应刘璋之邀,合兵增援汉中太守张鲁,乃是首次进入蜀地。将相级别的,都是空降兵:刚刚逃离东吴的庞统,长沙郡降将黄忠、魏延等。当年,刘备感情用事、不听庞统的速胜之计,硬是把小型的政变,搞成长达3年的人才消耗战。进献地图、暗做内线的张松,事泄被杀。稍有名气的将领,不是被骗中伏,就是顽抗到底,鲜有大批归降的现象。

诸葛亮、张飞、赵云三路增援的时候,多是荆襄人才。特别是水师,全部是蔡瑁、张允的荆州班底。"蜀汉四相"诸葛亮、蒋琬、董允、费祎,都是荆楚地区而来。攻占汉中之后,马超、马岱、姜维归顺,始有起色。尽管成都不战而降,但是刘璋集团的高端人才群体,军事将领几乎全部打光,只留下一个谋士法正。如此,蜀汉政权只能,甚至是必须,重用外来的高端人才及其子弟。遂成风气。

强大的空降兵集团,牢牢控制蜀汉政权的上流社会。试想,亲近提拔的军事将领,多是自幼相识、口音相近。到了中后期,将二代、官二代,甚至三代,相继加入高端阶层,人数却不多。比如,诸葛亮之子诸葛瞻、孙子诸葛尚;关羽之子关兴;张飞之子张苞、张绍,孙子张遵;赵云之子赵统、赵广;马超之子马承;黄权之子黄崇;李恢之侄李球;向朗侄子向宠;李严之子李丰……反观,优秀的本地人才很难突破够晋升的瓶颈,顺利进入军政权力中枢。

外来高端人才极少。蜀道难,难于上青天。东汉末年,《魏志·荀攸传》记载,荀彧之侄,杰出的战术家,被称为曹操的"谋主"荀攸,擅长战术策划。当初,本想入蜀投奔,"道绝不得至(蜀)",而暂"驻荆州",结果被曹操征用。孙策进入江东之际,许靖"欲入益州"。因为"很有峻防,故官长吏,一不得入"。只得南下交趾郡。后来,接受益州牧刘璋邀请，相继为巴郡、广汉、蜀郡太守。刘备称帝，许靖出任司徒，位列三公。

及至刘备"分荆据益，曹氏之势已盛……蜀所得收罗以为己用者，江、湘、巴、蜀之士耳。楚之士轻，蜀之士躁，虽若费祎、蒋琬之誉动当时，而能如钟蒜、杜瓷、崔淡、陈群、高柔、贾逵、陈矫者，亡有也"。也就是说，先天不足的蜀汉政权，只能搜罗二流的浮动人才，缺乏竞争力。

一批白发将军随之出现。60多岁的赵云，70多岁的黄忠、宗预，80多岁的廖化，披甲上马、冲锋陷阵。相比曹魏、孙吴的人才辈出，的确是让人揪心。

228年，第二次北伐，诸葛亮《后出师表》黯然说到，第一次北伐，"然丧赵云、阳群、马玉、阎芝、丁立、白寿、刘郃、邓铜等，及驱长屯将七十余人"，加上战死的"突将、无前、丛叟、青羌，散骑武骑一千余人"，人数不多，却是蜀汉政权"数十年之内，所纠合四方之精锐"。中高端人才缺口更加巨大，宛如风洞。

2. 人口数量不足，民风安逸封闭

古蜀国起源很早、历史悠久。秦惠王时期，张仪率领军队从子午道（正是魏延提出的，奇袭曹魏的古道）伐蜀。前316年，灭蜀国、苴国与巴国，设置成都县。前309年，蜀相陈壮造反，杀蜀侯自立。前310年，秦武王派遣甘茂诛杀陈壮。秦军又伐蜀。前301年，公子嬴辉被流放蜀国，担任蜀地郡守。不久，起兵叛秦，大将司马错平定叛乱。国号被废除，划入郡县体系。前277年，秦国置蜀郡，设郡守，成都为治所。

前256—前251年，秦昭王任命李冰担任蜀郡太守，与其子主持修建。成都平原时称"天府之国"。从此，蜀地成为粮仓，石牛道成为粮道；为秦统一六国奠定了基础。

始皇帝时期，大量迁移东方诸国的贵族、豪族和百姓前往，包括被剥夺相国职位的吕不韦。前206年，项羽灭秦，立刘邦为汉王，到达汉口地区，烧毁栈道。派遣信成君郦商平定北地和上郡，攻占巴蜀。不久，韩信明修栈道、暗度陈仓，一举打败项羽册封的雍王章邯。前143—前141年，汉武帝时期，创建文翁石室，普及儒学、始有教化。三国时期，蜀地改为汉嘉郡，故治在今四川雅安。

由上述可知，从秦惠王开始，到东汉末年的500多年时间，蜀地赖以秦岭的蜿蜒崎岖、崖壁峻峭，多次被攻破，根本不靠谱。熟读历史、精通地理的诸葛亮，深知此理。《后出师表》直接写道："然不伐贼，王业亦

亡。惟坐而待亡，孰与伐之。"

228—262年的25年，蜀汉政权17次北伐。刘备、诸葛亮的第一代领导人，没能打出蜀地、平定天下，势必变成刘禅、蒋琬、姜维等第二、三代领导集体的心理负担，甚至是难言的政治枷锁。

262年，姜维北伐大败。朝廷十分震怒。中高级官吏纷纷指责其好大喜功、不恤民生。统领国事的诸葛亮之子诸葛瞻，与辅国大将军董厥商议，忍无可忍、联名上书，要求剥夺姜维的兵权，改任闲职。宦官黄皓，也在极力附和。宽厚而昏庸的刘禅，并非不知道其中的道理，按表不提。

263年冬天，曹魏大将邓艾，率领300多精锐兵士，翻山越岭，突然抵达涪县。随即，迫近成都。谯周力排众议，苦劝后主投降。自从234年诸葛亮死去，后主走上前台，主持大局近30年。如是昏庸，早已完蛋；如是精明，不致如此。连年北伐，身心疲惫，也是力不从心。后主借口父子治蜀多年，没有给民生造福，如今，不再忍心继续抵抗，决心投降。这并不是刘备父子的悲剧，而是秦朝以来、帝国统治制度的悲剧；战乱之际，凡是庸人做帝王，多是被杀或投降，几无悬念。

邓艾进入都城之际，身边只有2000多衣甲不整的士兵。众人后悔不迭。不久，刘禅被封阳成亭侯，举家迁到洛阳。诸葛亮的幼弟、貌不惊人的诸葛均，搀扶80多岁老将宗预，在迁往洛阳的途中，染病俱死。270年，后主病死洛阳，时年64岁。

很有必要，提及儒生谯周。蜀地人，号称益州学者之首。善于引经据典、著述丰富，选任中散大夫，伺奉太子刘璿。眼见姜维多次北伐，虚耗蜀汉的国力，写就《仇国论》："因余之国小，而肇建之国大，并争于世而为仇敌……。往古之事，能以弱胜强者，其术何如？……处大国无患者恒多慢，处小国有忧者恒思善；多慢则生乱，思善则生治，理之常也。故周文养民，以少取多；勾践恤众，以弱毙强，此其术也……肇建之国方有疾疢，我因其隙，陷其边陲，觊增其疾而毙之也……今我与肇建皆传国易世矣，既非秦末鼎沸之时，实有六国并据之势，故可为文王，难为汉祖。夫民疲劳，则骚扰之兆生，上慢下暴则瓦解之形起……时可而后动，数合而后举……如遂极武黩征，土崩势生，不幸遇难，虽有智者将不能谋之矣……"

这篇宏论，却被后世的儒生，视之丧失气节、主张投降的经典之作。明末清初思想家王夫之，愤然说道："人知冯道之恶，而不知谯周之为尤恶也。……国尚可存，君尚立乎其位，为异说以解散人心，而后终之以降，处心积虑，唯恐刘宗之不灭，憯矣哉！读周仇国论而不恨焉者，非人臣也。周塞目箝口，未闻一谠言之献，徒过责姜维，以饵愚民、媚阉宦，为司马昭先驱以下蜀，国亡主辱，己乃全其利禄；非取悦于民也，取悦于魏也，周之罪通于天矣。服上刑者唯周，而冯道未减矣。"清代诗人袁枚，更是极尽嘲讽地说道："将军被刺方豪日，丞相身寒未暮年。惟有谯周老难死，白头抽笔写降笺。"

殊不知，当年的《仇国论》一出，达官贵人，口水如雨。儒生以之为耻。可是，百姓争睹为快、相互传说。这是一种心态，或者情绪，弥漫蜀地、普遍存在。那就是民众贪逸厌战。

1902年，清朝四川盐茶使赵藩，游历成都武侯祠，追思诸葛亮军政业绩，有感清洗官吏、镇压民众的现情，遂书写一副楹联："能攻心则反侧自消，从古知兵非好战；不审势即宽严皆误，后来治蜀要深思。"天下皆知，耳熟能详。

1912年，温遐龄出版《蜀警录》，从广安人欧阳直著作的《欧阳氏遗书》中剪辑而出，"天下未乱，蜀先乱；天下既治，蜀后治"，也成争议颇多的名句。意思是说，四川偏处西南一隅，物产丰富、易守难攻。历来为兵家必争之地。巴蜀之地稍有风声，起义和割据就闻风而动，乱成一团。等着天下已定，硝烟散尽，中央政权全力进攻道路险峻的巴蜀，收拾残局、纳入版图。

3. 察密待严极甚，任用屡次失误

战时，当地缺乏优质人才，征战急需军政人才，外来人才补充很少的蜀汉政权，却因为刘备、诸葛亮，以及他们制定的人才理念、政策和机制，反而成为曹魏、孙吴政权的猎头重灾区，流血不止、怵目惊心。王夫之评说："蜀汉之亡，必也，无人故也。……蜀非乏才，无有为主寸尺者，于是知先主君臣图此也疏也。勤于耕战，察于名法，而于长养人才，涵育熏陶之道，未之讲也。"

其一，人才理念偏离国情，导向出现问题。诸葛亮《将苑》提出，选拔将军的7种方法："一曰，问之以是非，以观其志；二曰，穷之以辞辩，以观其变；三曰，咨之以计谋，以观其识；四曰，告之以祸难，以观其勇；五曰，醉之以酒，以观其性；六曰，临之以利，以观其廉；七曰，期之以事，以观其信。"且不说在古代，即使是在现代，依照这种标准选拔的军事将领，就是全才、完人、神将的级别。反观曹魏、孙吴政权，多是简单的标准：忠诚、善战。大国尚且如此，更别提小小的蜀国。《前出师表》提及的"将军向宠"，为人一等，战绩一般，就是例证。

诸葛亮执政期间，中高端人才的管制极其苛刻。稍有瑕疵、冲劲十足的新锐,很难破格提升、得以重用。这种以儒家书生的标准挑选出来的人才,缺乏足够的冲击力,功利心明显不够。蒋琬、费祎之类的优等人才,规规矩矩、兢兢业业,勤于恪守本分、循规蹈矩则有余,创新进取严重不足。加之,军法严厉,多失精力旺盛、不拘小节的贤能之士。比如,蜀汉重臣李严,押运粮草之际,暴雨毁坏道路,延误时日。鉴于军法严正,无奈推卸责任,导致诸葛亮撤军。不料,后者上书,李严获罪,忧愤而死。

王夫之评述:"武侯(诸葛亮)之任人,一失于马谡,再失于李严,诚哉知人之难也。闇者不足以知,而明察者即以明察为所蔽;妄者不足以知,而端方者即以端方为所蔽。明察则有短而必见,端方则有瑕而必不容。士之智略果毅者,短长相间,瑕瑜相杂,多不能纯。察之密,待之严,则无以自全而或见弃,即加意收录,而固不任之矣。于是而饰其行以无过、饰其言以无尤者,周旋委曲以免摘;言果辨,行果坚,而孰知其不可大任者,正在于此。似密似慎,外饰而中枵,恶足任哉?"

形象地说,前线战事吃紧、缺乏能打能赢的人才,结实而忍饥的白面馒头,就能顶事;后方却不同,官吏一定会慢条斯理地,挑选个头很匀称、纯净无虫眼的苹果。这是因为,苹果送到前线是否有用,与之没有关系;如果不按照标准挑选,就要丢饭碗。

其二,察密待严处之极端,任用屡次失误。人才领域,刘备感情用事,诸葛亮一触即跳。

魏延是著名的青年将领。"善养士卒、勇猛过人"。蜀汉政权建立之前,魏延先在襄阳,斩杀守将开关,迎接投奔刘备。后又在长沙,救下老将黄忠,一起开门投降。诸葛亮进城,对黄忠又是敬酒,又是让座,弄得大家都不好意思。而对魏延,理应奖励忠勇,反而大声指责:"食其禄而背其主,是不忠;住其地而献其土,是不义。"弥留之际,故意刺激魏延,逼其不得不造反。原因简单而荒谬。他说,魏延的脑后,天生一块"反骨"。

刘备与关羽"恩若兄弟",执意掌管荆州事务。可是,"关羽,可用之材也,失其可用而卒至于败亡,昭烈之骄之也,私之也,非将将之道也……夫与吴在离合之间,而恃笃信乎我以矜勇者,可使居二国之间乎?定孙刘之交者,武侯也。有事于曹,而不得复开衅于吴。为先主计,莫如留武侯率云与飞以守江陵……然而,终用羽者,以同起之恩私"。果然,关羽丢了荆州,东门被彻底封死。还招致刘备兴兵讨伐,张飞中途被害,蜀军大败而还。

黄权谋略过人、精明强干。原是益州牧刘璋的主簿,后归附。建计取汉中，拜护军。斩杀曹魏大将夏侯渊，占据汉中，"皆权本谋"。刘备为汉中王，领益州牧，黄权为治中从事。伐吴之际，黄权劝谏而不纳。反而任命镇北将军，防止曹魏军队进攻。刘备大败而还，归途隔绝，只得降魏。魏文帝十分赏识，拜镇南将军，封育阳侯，加侍中，每次出门，都是坐同一辆车。屡出奇谋，功绩显赫，谥景侯。

刘封是刘备的义子，性格刚猛、气力过人，平时十分骄纵。孟达进攻上庸的时候，刘备却安排他督军。孟达受不了公子哥的脾气，被逼投降曹魏，与大将徐晃合击，刘封只身逃回成都。刘备大加抚慰，却不予以处置。后来，诸葛亮坚持军法从事，方才含泪下令赐死刘封，而不是法定的斩首示众。

廖立，字公渊，"自谓才名为孔明之贰"。诸葛亮也称赞，他是"楚之良才"，"当赞兴世业者也"。荆州南部三郡（长沙、桂阳、零陵）被吕蒙偷袭，廖立脱身逃回，被弃之不用。后来，廖立公然批评刘备的决策失误、荆州覆灭、关羽身死、夷陵大败等敏感政事。这本是文人的气质，不料，诸葛亮大怒，以"怨诗"的罪名，"废为庶人"，放逐坟山、永不启用。

其三，父死子继，鲜有教诲，致使军政人才领域，庸人遍地、尸位素餐。

诸葛瞻，字思远，诸葛亮之子。诸葛亮曾经写信给哥哥诸葛瑾，无不忧虑地说："瞻今已八岁，聪慧可爱，嫌其早成，恐不为重器耳。"但是，诸葛亮"躬自校簿书、流汗竟日"，根本无暇顾及子女教育。

261年，34岁的诸葛瞻，与辅国大将军董厥统领国事。黄皓弄权，也多迁就。次年，姜维大败。诸葛瞻与董厥上书，要求剥夺姜维的兵权，改任闲职。

263年冬天，曹魏征西将军邓艾奇袭阴平，自景谷道攻入，诸葛瞻带领长子诸葛尚、尚书张遵（张飞之孙）、尚书郎黄崇（黄权之子）、羽林右部督李球（李恢之侄）前往抵抗。到达涪县之后，盘桓不前。黄崇建议迅速抢占险要地势，挡住敌人，寻机破敌。诸葛瞻犹豫不决。招致大败，退守绵竹。

时值冬天，邓艾长途奔袭，衣着单薄、兵粮殆尽。于是，他引诱诸葛瞻出城决战。不料，37岁的诸葛瞻大怒，率领将士离开坚固的绵竹城，在城外决一死战。黄崇大哭，趴在他的马前，死拉着缰绳，哭着大喊"丞相！丞相！"意即，诸葛亮一生神武，怎么生下这样愚蠢的儿子。眼见非胜即死，后路断绝的曹魏将士，以一当十、奋勇冲杀，诸葛瞻、张遵、黄崇、李球、诸葛尚等高级将领，全部战死。北大门洞开，成都已是无险可守。

唐代思想家柳宗元《蝜蝂传》，曾经描写一种传说的小虫。"蝜蝂者，善负小虫也。行遇物，辄持取，其首负之。背愈重，虽困剧不止也。其背甚涩，物积因不散，卒踬仆不能起。人或怜之，为去其负。苟能行，又持取如故。又好上高，极其力不已。至坠地死。"

这则寓言，正是蜀汉政权中高端人才领域的真实写照。先天不足、人才紧缺的"小虫"，人才的限制政策和机制，如同一个个的"物"，不断增加、反复加重。可是，小虫并不领情，果断"去其负"，而拼命攀登光复汉室的"高"目标，"极其力不已"地发动17次北伐。最终，国破身"死"。

第三节 孙吴

229年，孙权创立，国号为"吴"，也称"孙吴"。由于与曹魏、蜀汉呈鼎立之势，所统治地区又居于三国之东，又称东吴。历孙权、孙亮、孙休、孙皓四帝，共52年。

一、称霸江东

孙吴政权的基业，始于孙坚、孙策父子。二人有很多相似之处，同是当时美男，同是出名很早，同是中箭而亡。还有一个相同的，就是善于用人。董卓评价："孙坚小戆，颇能用人，当语诸将，使知忌之。"蔡东藩指出："孙伯符（孙策）以童稚之年，即能结交名士，奋志功名；其锐气之特达，原不在乃父下。及乞师进取，攻略江东，袁术非不加忌，卒之纵虎出柙，俾得横行。"

孙坚，字文台，汉族，春秋时期军事家孙武的后裔。"容貌不凡，性阔达，好奇节"。年轻的时候，历任三县的县丞，甚有声望。184年，黄巾起义爆发。车骑将军皇甫嵩、中郎将朱儁奉调围剿。孙坚起兵。功至长沙太守，获封乌程侯。

189年，汉灵帝驾崩，董卓横行跋扈，恣意妄为。孙坚率兵，与袁术汇合。进军洛阳的时候，偶然得到汉朝的传国玉玺。191年，袁术派孙坚征讨荆州，被刘表部将黄祖射杀。

孙策，字伯符，孙坚长子、孙权长兄。容貌俊美，性格开朗。孙坚死后，依附袁术。

孙策喜欢结交有知识、有眼光的名士。扬州名士张纮，时居江都。他主动寻访，探讨天下大势。说到动情之处，不觉落泪。张纮深受感动，当年，周朝王道陵迟，齐桓公、晋文公才能应运而起；王室一旦安宁，诸侯就只能贡奉。你先召集吴郡、会稽兵马，凭倚长江，奋发威德，定会流芳千古！孙策听从建议，赶赴寿春，希望袁术归还父亲孙坚的旧部。于是，袁术愿意，说道："我已任命你的舅父吴景为丹阳太守、你的堂兄孙贲为都尉。丹阳是出精兵的地方，你投奔他们去吧。"孙策只好带着母亲、吕范、孙河等人，投奔舅父。不久，遭到游民袭击，全军覆没。这时，孙策重返寿春。袁术只好找到1000多名孙坚旧部，交之统领，任命折冲校尉。

这时，周瑜敬慕孙策之名声，专程拜访，结为义兄弟，移居舒县。

孙坚的老部下丹阳尉朱治，闻讯而来。丹阳太守周尚，正是周瑜的叔父。周瑜也带领一支兵马和军粮，加入进来。

孙策非常懂得借力发力。第一，利用父亲为朝廷战死的名声，拉着大旗、提高名气。第二，寻求名士出谋划策，分析天下大势。第三，两次求见袁术，恳请归还父亲的旧部，把这些忠勇的精兵，作为闯荡江湖本钱。第四，结交有权势的豪强子弟，迅速扩充势力。与当年的光武帝刘秀，颇有相似之处。

193年，21岁的孙策带领周瑜、程普和黄盖等，从历阳渡江。先后与多路诸侯较量。195年，曲阿之战，大胜刘繇。孙策军纪严明、秋毫无犯。百姓十分喜悦，拿着牛肉和酒进行犒劳。2万多员新兵陆续加入，他被封为殄寇将军。自此，孙策之名威震江东。不久，刘繇又放弃丹徒西逃，孙策遂东进夺取吴郡。

196年，横扫江东的孙策，击破会稽的王朗和严白虎，一举平定。

他任命吴景为丹阳太守，朱治为吴郡太守，自己兼任会稽太守，仍以王朗的旧部虞翻为功曹。太史慈占据泾县。二人交锋，单独决斗。混乱之中，孙策抢得太史慈的手戟，太史慈抢走孙策的头盔。第二天，继续决斗。太史慈被俘，提议招降刘繇的残兵，约定60天为限。孙策同意。大家都强烈反对，认为他是在放虎归山。60天的时候，太史慈果然招降1万多精锐骑兵而来，遂成知交不疑的佳话。

不久，曹操表奏迅速神勇的孙策，并赶紧派遣使者携带汉献帝的诏书给孙策，封孙策讨逆将军，赐爵吴侯。199年，孙策率周瑜、吕蒙、程普、孙权、韩当、黄盖等将领并进，大破黄祖、华歆、邹伦、钱铜、王晟、严白虎等割据势力，时称"小霸王"。曹操得知孙策平定江东，叹息地说："猘儿难与争锋也！"不料，谋士郭嘉指出："孙策生性大胆，又诛杀很多的英雄豪杰,必死于刺客之手。"

果如所料。孙策临死前,叫来幼弟孙权。孙权方颐大口、碧眼紫髯,文静敦厚、柔弱敏感,人称"碧眼儿"。听到传位孙权,大家非常吃惊。孙策说:"举江东之众,决机于两阵之间,与天下争衡,卿不如我。举贤任能,各尽其心,以保江东,我不如卿。"时年26岁。

二、生子当如孙仲谋

宋代诗人辛弃疾《南乡子·登京口北固亭有怀》写道:"何处望神州?满眼风光北固楼。千古兴亡多少事?悠悠。不尽长江滚滚流。年少万兜鍪,坐断东南战未休。天下英雄谁敌手?曹刘。生子当如孙仲谋。"这里的"孙仲谋",系指孙权。意思是说,孙权承继父兄的功业。推向新的顶峰,能够告慰他们的在天之灵。

(一)赤壁决战

208年,农历鼠年,闰腊月。这一年,中国猎头在盛宴中狂欢、在烈焰中燃烧。1月,曹操派遣使者到匈奴,重金赎回蔡琰(文姬)。孙权西征黄祖,斩杀之。6月,汉献帝罢黜三公职位,重新设置丞相,曹操出任丞相。8月,曹操得知刘表病死,出兵荆州,刘琮不战而降。10月,刘备逃至夏口,与孙权结盟。11月,赤壁之战。12月,周瑜进攻南郡,孙权北上围攻合肥,刘备乘势夺取荆南四郡。孔融为曹操所忌,下狱弃市。

当年的头号看点,是在赤壁。曹操南征之际,孙权任命周瑜为大都督,程普为副都督,鲁肃为赞军校尉,率3万精锐水军,与败退的刘备迅速汇合。5万孙刘联军,溯江水而上,进驻夏口(今湖北武汉市武昌)。83万的曹操集团屯结江北的乌林(今湖北赤壁市)。两军隔江对峙。

史书的记载,远不能与小说《三国演义》栩栩如生、出神入化的描写相比。且以之为例,领略中国古代猎头的风格、魅力与惊艳。

1. 游说:诸葛亮、鲁肃和吴太后

208年,曹操集团南下,刘琮投降。刘备再次逃亡。这时的孙吴政权,还有一些实力。于是,说服相对强大的孙权联合抵抗,似是大势所趋。然而,事情并非那么简单。

当时,曹操写信劝降孙权。孙权把书信给部属看,众人无不惊惶失色。张昭等人说:"曹操是豺狼虎豹,挟持天子以征讨四方,动辄以朝廷的名义来发布命令。今天我们如果进行抗拒,就更显得名不正而言不顺。况且,将军可以抵抗曹操的,是依靠长江天险。现在,曹操占有荆州的土地,刘表所训练的水军,包括数以千计的蒙冲战船,已被接管。曹操沿江而下、水陆并进。如此，我们只好是投降。"众人附和。孙权不语。

如何游说高端人才，特别是孙权这样的一国之主，的确是高难度的动作。

鲁肃，第一个出场。《三国志》记载，（孙权）与诸将议，皆劝权迎之，而肃独不言。权起更衣，肃追于宇下，权知其意，执肃手曰："卿欲何言？"肃对曰："向察众人之议，专欲误将军，不足与图大事。今肃可迎操耳，如将军，不可也。何以言之？今肃迎操，操当以肃还付乡党，品其名位，犹不失下曹从事，乘犊车，从吏卒，交游士林，累官故不失州郡也。将军迎操，欲安所归？原早定大计，莫用众人之议也。"权叹息曰："此诸人持议，甚失孤望；今卿廓开大计，正与孤同，此天以卿赐我也。"说辞经典。意思是说，大家都是从自己的角度考虑问题。孙吴如果投降，将相自然有饭碗，甚至是职位不变，而你就不同了，你会成为亡国之君，背负骂名、任人宰割。

吴国太，第二个出场。孙权回到内宫，闷闷不乐。吴国太（孙权生母的妹妹，二人同嫁孙坚）看见，问明情况。应当说，妇人不干预政事，已经是朝廷的明令。吴国太是不能，也是无法说服孙权的。但是，老太太自有办法。旋即大骂，你忘记我的姐姐是怎么说的吗！孙权如梦惊醒。原来，孙策死前，深知孙权性格犹豫、举棋不定，就对吴国太的姐姐说："今后倘内事不决，可问张昭；外事不决，可问周瑜。"后来，转交妹妹吴国太。孙权火速派遣使者，召见周瑜。不料，后者得知消息，已经从前线赶回。

周瑜，第三个出场。当然，立场和想法，都是主战。这是将领的普遍心态，无可厚非。

诸葛亮，最后出场。面见之际，诸葛亮说，如果能以吴、越的军力与中原之国抗衡，不如早和曹操断交；如果认为不能抵挡，停止军事行动，向北方称臣吧！孙权却反问，刘备又何解不投降？诸葛亮说道："刘备有气节，绝不投降！"孙权大怒，问询双方的实力。诸葛亮逐一分析，例举双方的差距、实情和趋势。孙权脸色平和。

随后，诸葛亮讲了一个小故事。曹操酷爱美女，虎视江南，也有另外的用意。曾经发誓说道："一愿扫平四海，以成帝业；二愿得江东二乔，置之铜雀台，以乐晚年，虽死无憾！"刚刚说完。孙权再次大怒。原来，乔公的两个女儿大乔与小乔，都以美貌出名。孙权的哥哥孙策得知，带领周瑜前往探知。果然如此。肥水不流外人田：大乔嫁孙策，小乔嫁周瑜。孙策、周瑜是孙权最为敬重的，两人名字也是他心底神圣而不可侵犯的。

哪里知道，诸葛亮觉得刺激不够，开始说什么铜雀台的豪华，又向旁边的孙吴将领打听，乔公住在哪里之类。这时，孙权抽出宝剑，砍下桌子一角，厉声说道："再有言降曹者，有如此案！"鲁肃大喜，侧目而视。诸葛亮微笑不语。

鲁肃无力劝说，只得拖延时间。吴国太封住退路，不让张昭做主，而是让周瑜拿主意。周瑜是武将，当然不肯投降，自然也是主战。诸葛亮出场，先是搜出非左即右的预定结论，然后分析形势，头头是道。最后，彻底激怒孙权。毕竟，孙权是幼弟，本来与王位无缘，就是因为哥哥孙策特别喜爱，才能登基的；周瑜的威望很高，又是自己特别依赖的大哥。提及二乔，自然不能容忍。游说到此结束，如愿而至。四个人先后出场，扣人心弦、紧锣密鼓。

2. 蒋干盗书：裁撤水师、连船成地

大战前夕，曹操的谋士蒋干，自幼与周瑜同窗读书，自告奋勇前去劝降。当时，双方隔江对峙，交通不便，消息也不灵。军队部署、兵力虚实、守将姓名等，都不清楚。曹操同意他前去探听，而蒋干也不含糊，带了一个书童，就这样出发了。

周瑜正在帐中议事，部下传报"故人蒋干相访"。眉头一皱、计上心来，连忙吩咐众将依计而行。随后，带着众人亲出门迎接。二人相见，寒暄一番，周瑜挽着蒋干的手臂同入大帐，设盛宴款待，请文武官员都来作陪。这种超出常理的接待，却没有引起蒋干的警觉，反而感觉非常亲切。

入席之后，周瑜解下佩剑交给大将太史慈，掌剑监酒，只准共叙朋友旧交。有人提起两家战事，即席斩首！他听了，面色如土。周瑜又说："我自领兵以来，滴酒不饮，今日故友相会，正是：江上遇良友，军中会故知。定要喝它个一醉方休！"说罢，开怀畅饮，一起喝到酩酊大醉。宴罢，蒋干扶着周瑜回到帐中。周瑜醉醺醺地说："很久没和子翼（蒋干的字）共寝，今夜要同榻而眠。"说着，呼呼大睡。

蒋干偷偷起来，摸到桌前，翻看文书。忽然看见一封书信，却是曹操的水军都督蔡瑁、张允写的降书。蒋干看罢，大吃一惊，慌忙把信藏在衣内。正要翻其他文书的时候，却听周瑜说梦话："子翼，我数日之内，定叫你看曹操首级！"蒋干含糊答应着，连忙吹灯，爬到床上，匆匆睡下。

清晨，随从叫醒周瑜，说道："江北有人来。"周瑜醒来，连忙伸手制止。蒋干假装熟睡。二人轻轻走出帐外。随从低声说道："蔡瑁、张允说现在还不能下手。"然后，声音越来越低。蒋干不动。不久，周瑜重新回来，脱衣睡觉。蒋干等周瑜睡熟，偷偷地爬起来，径直走出军营。守营军士也不阻拦。来到江边，急忙返回曹营。

曹操大怒，质问蔡瑁、张允。二人说："士兵都是刚刚投降的，心情还没有调整，须过几天，才能用兵。"曹操把降书扔到地上，二人拾起来，顿时辩解。不料，曹操大手一挥，拖出去杀了。

其中，水军都督蔡瑁是诸葛亮的妻舅，孙吴的诸葛瑾正是诸葛亮的长兄。当时，国家之间的亲戚、联姻现象非常普遍，时常有书信往来。至于模仿笔迹，并不是什么难事。

过了一段时间，蒋干再次请缨，到孙吴大营拜访。周瑜见面之后，非常生气地说："老同学呀，老同学，你上次来了，我很高兴。可是，你回去不久，我的好朋友蔡瑁、张允，就出事了！算了，算了！你不要进军营，免得大家猜疑我！"于是，安排到西山食宿。

次日，心中有事、精力旺盛的蒋干，出门闲逛。走不多远，看见一个小庵，有人正在高声读书。靠近一看，一个书生模样的人，坐在挂满宝剑的草屋，一边朗诵《孙子兵法》，一边拍着桌子赞叹。蒋干敲门，书生开门相迎。二人寒暄。书生介绍说："我是庞统，字士元。"蒋干大惊地说："人们都知道，卧龙、凤雏，得一人可安天下！你，难道就是传说中的凤雏先生？"庞统点头。他又问道："你为何在此。"对方回复："周瑜自恃才高，不能容物。"因此，只得隐居于此。蒋干自报姓名。二人都很高兴，就是拉着手聊天，不知不觉，就是半天。蒋干立即有了猎头的冲动，怂恿庞统投靠曹操。后者拍手叫好，当夜渡江。

曹操素知庞统的大名。看见蒋干这次过江，猎得如此的人物，非常高兴，旋即安置在身边，随时问询。过了几天，水军将领报告，北方士兵不熟悉水战，深受波涛颠簸之苦，动辄就是呕吐不已。曹操请教庞统。后者说："我先到基层调研一下，明天回复主公。"第二天，庞统建议把所有战船用铁索连接起来，如此，船面迅速扩大，甚至能够骑马往来。士兵们如履平地，也不怎么晕船了。曹操大喜，重重赏赐庞统。

后来，周瑜率领军队进攻的时候，庞统挺身而出，又提出到基层调研。从此，一去不回。

3. 草船借箭：心理战与消耗战

刘备派遣诸葛亮、赵云一行，来到周瑜大营设立办事处，负责协同和参谋。当时，大江作战，多使用弓箭。周瑜对诸葛亮说："先生，我们的箭不够了，请想法在10日之内，赶制10万支！"不料，后者一口答应。周瑜大喜，与之立下军令状；否则，军法从事。鲁肃闻讯，急忙找到诸葛亮，让他赶紧溜走。

诸葛亮却说:"你借给我20条船,每船配置30名军士,船只全用青布为幔,两舷都扎上稻草人,密密麻麻就行。"鲁肃答应。

接连两天,诸葛亮带着赵云、书童,到处闲逛、到处观光,就像没有事一样。当晚,鲁肃心中不安,就过来探听。不料,他拉着鲁肃上船。船舱已经布置酒菜,已经等候多时。二人喝酒到半夜。这时,诸葛亮命令,全体出发,开到对岸。鲁肃失声喊道:"你原来是绑架我,前去投降!"诸葛亮哈哈大笑。

那时,凌晨的江面,正是浓雾一片。临近曹操的水军,诸葛亮下令,20只船,头尾相连,沿江一字摆开。然后,他又命令士卒擂鼓呐喊。鲁肃不解。诸葛亮说:"你放心吧!我们接着喝酒!"

曹操闻报,连忙起身。看见重雾迷江,急调6000多陆路的弓弩手赶到江边,汇合水军射手,共约1万人,一齐向迎面而来的、排山倒海的敌船乱射,箭如飞蝗,如同暴雨。不久,敌船掉头,重新逼近。于是,曹操增派大量的射手,继续阻挡。

天色微亮。20艘船上的稻草人身上,都是密密麻麻的箭支。诸葛亮才下令返航。及至大营,10万多支箭堆积如山。周瑜看见,自叹不如。这就是著名的"草船借箭"。

4. 黄盖诈降:点燃赤壁的夜空

孙刘联军制定火攻的计策。懂得水战的蔡瑁、张允已经被杀。战船也被庞统的"连船计"牢牢绑在一起,10万支箭已经到手。接下来的,就是如何最大限度地接近、焚烧大型战船。那时,曹操军营已经有人提出,要严防火攻;所以,已经在大船的前方不远处,增加几道防火链。这个问题非常严重。

蔡瑁被杀,族弟蔡中、蔡和受到曹操的指派,前来假装投降。周瑜、诸葛亮等人,相视一笑、心知肚明:猎头的机会来了!一次军事会议,老将黄盖请求出战,周瑜不肯。于是,双方争执起来。周瑜大怒,叫来士卒,当场将其打得皮开肉绽、鲜血直流。黄盖大叫大骂,被拖了下去。

这是有讲究的。中国古代的打手,向来是训练有素、技术高超。通常都有绝活:隔着薄薄的一层纸,劈头盖脸地猛打,纸不破,骨头却被打碎。当天无事,次日必死。反之,皮肤被打得青的青、紫的紫,当场鲜血飞溅,骨头却一点都没有伤及。晚上回去擦点药,就能够正常吃饭和走路。怎么打,一是看主人的眼色(是否整死),二是看被打人的眼色(出钱多少)。可是,从小就生在富贵人家、向来养尊处优的蔡中、蔡和,哪里知道其中的奥秘。

过了几天，黄盖假装气愤、写信投敌。智勇双全、口才一流的阚泽，主动递交文书。曹操不信，连续质疑。阚泽对答如流。正在这时，随从匆匆送来一卷竹简。原来，大将甘宁押送粮草回来，听说黄盖之事，与周瑜大吵大闹，也被打得血肉横飞。蔡中、蔡和前去探望，甘宁流露投敌之意思。这封秘信，就是证实周瑜大怒、黄盖被打，甘宁主动提出投降的。曹操大喜，与阚泽当即约定黄盖、甘宁起义的时间、信号和标识。

约定之日，曹操命令解开防火链，迎接黄盖、甘宁投降。时值大风、船如箭发。是时，烟焰涨天。曹军的战船、陆上营地，都被烧得一塌糊涂，溺死者无数。

5. 华容道：情感猎头的回报

曹操败走北方。《三国演义》写得极其精彩。逃跑途中，稍有喘息的机会，曹操放声大笑周瑜、诸葛亮智谋不足，未在险要处暗设伏兵。第一次大笑，赵云闻声而出，截杀。第二次大笑，张飞闻声而出，又是一阵截杀。第三次大笑，关羽闻声而出。

那时，曹操一行人，已经被连续截杀，累得走路都困难，别提什么打仗了。张辽眼见情形不妙，打马上前说道："云长（关羽的字），别来无恙！好久不见，你长得更帅了！"如此说笑。

故人相见，关羽不禁想起身在曹营的往事。当年，曹操猎而不杀，反而厚待，多次派遣使者通关放行……于是，把马头轻轻一侧。曹操会意，拉紧缰绳，擦身而逃。张辽冲过方阵，勒马停住，回头一看，关羽站在原地，宛如雕像。

（二）火烧连营

220年正月，曹操病逝在洛阳，终年66岁。10月，魏王曹丕自立为皇帝，国号魏。221年，刘备在成都称帝。孙吴夺取荆州、关羽被杀的仇恨，使怒火越烧越旺，不顾劝阻、执意征吴。

当时，孙权还没有称帝。这又是小国挑战大国的演义。诸葛亮的哥哥、南郡太守诸葛瑾写信说："陛下以关羽之亲，何如先帝？荆州大小，熟与海内？俱应仇疾，谁当先后？若审此数，易于反掌。"意思是说，你和关羽的亲密，怎么能够与先帝（误传汉献帝已经被杀）相比？小小的荆州，怎么和汉家天下相比？你为何不报国家的仇，反来兴兵，以泄私愤？江东的士族豪强、官吏和百姓，无不指责刘备，不识大体、挑起战端。

猛将张飞闻讯，也起兵数兵万，准备从阆中出发。当晚大醉，鞭打部下，张达、范强怒而杀之，提着张飞的首级投奔孙权。刘备得知，长叹："噫！飞死矣。"

38岁的青年将领陆逊，率领吴国将士迎战。本名陆议，字伯言，出身江东豪门陆氏家族，祖父、父亲早死，12岁就主持家政。孙策死后，孙权"招延俊秀，聘求名士"。21岁的陆逊应召入府，担任幕僚。外放为官，屡立战功。孙权很高兴，便将哥哥孙策的女儿嫁之。吕蒙、陆逊设计夺取荆州，关羽被杀。镇抚荆州之际，大力吸纳当地的人才，整顿步骑、扩建水军。

蜀汉大军压境。孙权议和，刘备拒绝。陆逊出任大都督，统率5万人抗拒蜀军。曹魏修盟，封孙权为吴王。北方暂时安全。平戎将军步骘领兵万人镇守益阳（今湖南益阳地区），防止蜀汉的蛮夷联军包抄。南方随之稳固。东方的江东地区，进行战时动员。兵源、军械、粮食、钱财源源不断地输送到前线。

陆逊素有古将之风。蜀军报仇心切、士气高昂，陆逊避其锋芒，徐徐后退；蜀军步步进逼，陆逊放弃两边的高山密林，撤到平原要冲，修筑高垒、挖掘深沟。蜀军辱骂挑战，陆逊严禁部下出战，与诸将弈棋、射戏。蜀吴对峙夷陵（今湖北宜昌）。

炎炎夏日，如期来临。蜀军远征、补给困难。加之，陆逊闭门不战，有劲也无处使。酷热难忍、锐气渐失。刘备无奈，只得命令将士攀上高山，在密林之中安营扎寨。陆逊得知，扔掉手上的棋子，立即召集部下。连续几天，骄阳如火。当晚，乌云汇聚、小风乍起。蜀军将士敞开衣甲，坐等凉风而止。不料，孙吴军队喊声大作，烈火四起。为了减少负重、提高效率，采取隔营放火的方法。大风如期而至。时称"火烧连营八百里"。朱然、韩当、潘璋、诸葛瑾、骆统、周胤、孙桓率领所部，合击蜀军。水路早已被截断。大雨如期而至。刘备翻山越岭、泥浆满身，撤至白帝城，一病不起。

蜀军将领张南、冯习、傅彤、马良及土著部族首领沙摩柯等阵亡。杜路、刘宁等将官，阵前投降孙吴。镇守长江北面的黄权，孤立无援，率部投降曹魏，家属子女并没有受到株连。《傅子》记载，8万多蜀汉的东征将士们，或死或者降，全军覆没。孙吴军队猛追一阵，旋即收兵。曹魏军队乘着双方大战，前来偷袭的时候，陆逊正在军营下棋，早已等候。遂无功而返。

（三）合兵攻魏

刘备去世，诸葛亮执政，与孙吴重新修好。229年，孙权称帝。实行屯田，设置郡县，剿抚山越。次年，孙吴将领卫温、诸葛直，率领1万多人、30多条战船到达夷州（今台湾岛）。

234年，蜀汉丞相诸葛亮第4次北伐，遣使联络孙吴协同进攻。孙权分兵三路，起兵响应。魏明帝闻报，分兵抵御蜀军，亲率水师继进。孙权率领主力，包围合肥。守将张颖、满宠等，力战拒守，终不能克。陆逊、诸葛瑾率水陆二军，进发襄阳。攻占江夏、新市、安陆、石阳等地。斩俘千余人，尔后撤回。

陆逊对所俘之人，好生看待、厚加慰劳，严禁部下侵扰。邻境地区的将领、官吏和百姓纷纷依附。曹魏江夏太守逯式，多次侵犯、颇为讨厌。但是，他与魏国名将文聘的儿子文休，向来不和。陆逊得知，携带书信、假装迷路，误入文休的辖地。果然，搜出书信。打开一看，上面写道："你的来信收到。我已经呈报朝廷，正在整顿军马，等待你的起义时间和联络讯号。"文休随即上报。魏明帝责问。逯式惶恐不安，亲自送妻子儿女到洛阳，作为人质。部下得知，以为皇帝要整治他，再也不怎么听从命令。不久，被罢官免职。

孙权生性多疑，晚年更甚。监察各级官吏的中书校事吕壹，恃宠弄权、离间君臣。陆逊不敢直谏，只能与好友窃窃私议，"言至流涕"。不久，吕壹东窗事发，被孙权诛杀。

如日中天、统兵在外的陆逊，卷入孙权的子嗣之争，坚定支持太子孙和。孙权大怒，以亲附太子的罪名处死陆逊外甥顾谭、顾承、姚信等。太傅吾粲，与陆逊通信讨论国事，也以借口被下狱处死。不仅如此，孙权多次派遣使者，前去军营责骂干预家事。245年，陆逊十分悲伤，忧郁而亡，终年63岁。家无余财。次子陆抗袭爵。

三、孙吴败亡

228—262年的25年期间，蜀汉政权先后17次北伐。229年，孙权称帝之后，就有北伐的心愿。多次响应，派兵牵制曹魏的东部主力。其中，两次亲征合肥，无功而返。

割据辽东的公孙渊，多次与孙权来往使者。233年，遣使向吴称臣，企图以吴国为外应。孙权打算册封公孙渊为燕王，遭到顾雍、张昭等群臣反对。238年，魏明帝派遣太尉司马懿，率兵4万征讨，公孙渊父子被杀。失去外应，孙权后悔不已。

（一）太子之争

孙权晚年，"多嫌忌，果于杀戮"。表面上是自身性格的问题，实际上却是高端人才群体的较量。孙吴政权建立之前，依托江东枝繁叶茂、盘根错节的"四姓八族"，平定江左、安定局面。建国之后，孙权斡旋在皇权集团、军功集团、士族集团、外戚集团之间，先是叩端执中，又是烦躁不安，随即大开杀戒。

主要是集中在太子问题。长子孙登，12 岁就被立太子，名声不错，也有作为。21 年之后，实在活不过父亲，33 岁就病死了。次子，随后也病死。三子孙和，被立为太子。母亲王夫人与孙权的长女孙鲁班，始终对立、矛盾严重。这个孙鲁班，生卒年不详，字大虎。孙氏家族素有习武的传统，只有孙权例外。孙坚、孙策均是勇士级。孙坚的女儿孙尚香（刘备的夫人）是金刚级，孙鲁班却是女汉子级。先嫁周瑜的儿子周循，丈夫死后，改嫁大司马全琮，又称全公主。《资治通鉴》记载："吴主欲立王夫人为后，公主阻之。恐太子立怨己，心不自安，数潛毁太子。"

孙权的四子孙霸是孙和的胞弟，特别受孙权喜爱。孙权晚年，宠爱潘夫人及幼子孙亮，孙鲁班推荐全氏宗族全尚的女儿全氏，成为孙亮的妃子。王夫人失宠忧死。

孙和、孙霸兄弟二人，各有势力、暗中争位。陆逊、吾粲、顾谭为首的军功集团，陈正、陈象、朱据、屈晃为首的士族集团，强劲支持太子孙和。步骘、吕岱、全琮、吕据、孙弘、全寄、吴安、孙奇、杨竺等人，组成包括军、政、士在内的强大集团，公然支持孙霸。其时，"中外官僚、将军、大臣，举国中分"。

当时，孙权对侍中孙峻说道："子弟不睦，臣下分部，将有袁氏之败，为天下笑。一人立者，安得不乱？" 250 年，左右为难的孙权，"果于杀戮"。废除孙和，赐死孙霸，改立孙亮为太子。1 万多人受到诛杀、牵连和流放。

（二）诸葛恪执政

252 年冬，孙权病死，享年 71 岁。弥留之际，急令诸葛瑾长子、诸葛亮之侄、在外领兵的大将军诸葛恪，从前线赶回、主持大局。曹魏眼见孙权新亡、政局不稳，乘机攻吴。诸葛恪亲率主力，三路迎击，取得东兴大捷。

253 年春，诸葛恪不顾朝野反对，执意出兵伐魏。时值瘟疫，被迫撤退。返回都城建业，罢免出征期间的新晋官吏。加之，军政严厉、执法苛刻，朝廷和百姓大为失望，暗生怨恨。吴国宗室、卫将军孙峻，哄骗孙亮出面，宴请诸葛恪赴宴，借机杀害，时年 51 岁。当时，10 岁的孙亮正在上厕所。等到回来，看见孙峻正在拖动诸葛恪的尸体，吓得小手乱摇，哭叫着："非我所为！非我所为！" 乳母闻声，抱回内室。不久，诸葛恪被灭族。

至此，诸葛瑾、诸葛亮、诸葛诞的儿孙们，先后战死、被杀和病亡，香火断绝。先前，诸葛恪的一子，过继给诸葛亮，下落不明。时今，一些散布浙江、河南、山西、贵州的村落，结构严整、错落有致，相传为诸葛的后裔所建（一说）。

（三）孙休复兴

253年冬，升为丞相大将军的孙峻，勾结孙鲁班，赐死废太子孙和。不久，吴侯孙英，将军孙仪、张怡、林恂等人，密谋政变、事泄被杀。256年，孙峻伐魏之际，暴死。堂弟、26岁的孙綝执掌大权，诛杀吕据、滕胤等人。258年，废孙亮。孙权六子、23岁的孙休被立。不久，孙休定计，老将丁奉出手，诛杀孙綝。

孙休在位期间，十分重视教育和农桑。设立五经博士，考核录选应选的人才。263年10月，曹魏攻打蜀汉政权。使者赶到孙吴求救。遂派遣五路大军出征。可惜，赶到半路，刘禅已降。264年，先后两次大赦全国。交州划分，设置广州，得名至今。好景不长、秋风乍起。265年，孙休去世，时年30岁。

将相们商议，蜀汉灭亡，尚有孙吴。况且，曹魏的屠刀，随时杀来。青州牧濮阳兴和左将军张布商议，废太子孙和之子、时年23岁的乌程侯孙皓，于是即位。

（四）孙吴灭亡

当年，孙峻残杀诸葛恪。对于孙和，"又遣使者赐死"。孙和临死之际，与家人告别。张妃说："吉凶当相随，终不独生活也。"小妾何氏，也决定相伴。孙和大哭，不许。在使者严厉催促之下，孙和、张妃服毒，躺在地上，痛苦地抽搐。何氏号叫。躲在窗帘后面的小孩，默默地看着这一切。他，就是何氏的儿子、12岁的孙皓。

《资治通鉴》记载，孙皓即位伊始，"发优诏，恤士民，开仓廪，振贫乏，科出宫女以配无妻者，禽兽养于苑中者皆放之"。百姓闻讯，奔走相告。

不久，"皓既得志，粗暴骄盈，多忌讳，好酒色，大小失望，兴、布窃悔之"。濮阳兴、张布见状，已有后悔之意。不料，孙皓得知密报，一并杀掉。其时，张布的女儿张美人，长得非常美貌。孙皓故意问道："你的父亲到哪里去了？"张美人气愤地说："昨天被奸贼杀死！"后者大怒，拿来木棒，活活打死张美人。后来，朱太后、孙休的两个儿子，也被杀。他喜欢在宫中设宴，经常让大臣们陪饮。有时，酒到一半，让人看不顺眼的姬妾，就会被当场剥除面皮，或者挖掉眼睛，绝对的惊悚与恐怖。

著名统帅陆逊，当年庇护孙和，得罪孙权，郁闷而死。孙皓登基，重用陆氏家族，陆逊次子陆抗镇守西陵，族子陆凯担任丞相。两人均是勇武有为、直谏不讳的名臣。272 年，西陵都督步阐投降晋朝。陆抗率兵攻灭步阐，大破前来救援的晋兵，时称"西陵大捷"。

不久，陆凯、陆抗二人相继去世。279 年，西晋伐吴。江陵督伍延、宰相张悌、丹杨太守沈莹等相继战死，江东防线崩溃。280 年，建业陷落。38 岁的孙皓，带领史籍可考的 34 个儿子投降，迁至洛阳。孙吴政权就此完结。

归晋之后，孙皓被赐归命侯。晋武帝派人召见。孙皓进来，坐在下首。那天，晋武帝心情不错，非常幽默地说："朕很久之前，就准备了这个座位，一直在等着你。"不料，孙皓毫无惧色地回答："我在南方，也让人做了同样的座位，等着你。"

又有一次，晋武帝与女婿、名士王济下棋，突然问旁观的孙皓："听说你在吴国的时候，剥人面、刖人足，真有这回事吗？"孙皓回答："作为人臣，失礼于君主，就应当这样！"那时的王济，正跷着腿；听到这里，顿时惭愧，轻轻放下了。

晋武帝闻声，缓缓掉头。夕阳之下，只见 12 岁父亲惨死、23 岁意外登基、31 岁庆祝大捷、38 岁恭送江山的孙皓一只手支着下巴，一只手轻敲桌面，小腿摇晃、笑容可掬。

后　　记

　　从一个边远的小国，到吞并天下，秦国的人才战略是成功的。等到秦始皇死去，外来的高端人才群体（赵国的赵高、楚国的李斯）失控，引发严重的中央政变，导致天下大乱。这是中央集权制度固有的弊端，开始被后世警觉。

　　西汉初年，处置各种利益集团，尝试恢复先秦以前的诸侯国体制，反而引发"七国之乱"。平定之后，中央集权得以加强。汉武帝时期，帝国进入强盛，多次反击匈奴、开辟丝绸之路，标志着帝国不再局限东北、中原、东南和西南地区，而是尝试对外交流，引进新视野、新文化和新物种，实是睁开眼睛看世界，意义非凡。

　　以道家思想（黄老）为主导的、汉家制度的确立，成为传统文化的正宗和主流，符合中国古代社会经济上以农耕为主、人口上以农民为主的国情。长期实行轻税薄赋政策，奠定汉帝国的稳定和强盛。如何理顺"家（帝王家）"和"天下"的关系，如何解决帝王的健康传承，如何利用和控制士阶层（包括外戚），反而成为帝国的心病。事实上，正是这种根植于肌体的缺陷（甚至是基因病），挥之不去、割之不能，遂致覆亡的祸患。特别是帝国体制之下的幼主（弱主、昏君）治国、大权旁落的现象，一直到 2000 多年之后的清朝灭亡，都没有得到很好的解决（政变除外）。

　　新朝短暂而激越，是最值得后人研究的。王莽死后，头颅被刻意保留，意味深远。揣测起来，无外乎：一是帝王警示属下，造反（篡位）是没有好下场的；二是警告帝王自身，凭借理想、空想和幻想治理国家，是有代价的；三是高端人才（群体）疯狂之际，就是国破家亡的前夜。最重要的是，治理人口众多、疆域辽阔的中国，采取单一方式，是行不通的，必须将法家、儒家、道家，以及其他思想，实现整合起来、组合运用。

　　刘秀，出身并不显赫，能够重振汉室，与"旗帜、人才、民心"的战略战术，息息相关。历史功绩和后世影响，丝毫不逊其他著名的帝王。毛泽东盛赞，光武帝"最有学问、最会打仗、最会用人"。反观后来的刘备，却是心有余而力不足，徒有"卧龙、凤雏"，无力回天。

汉室的再度衰微，原因极其复杂。仅仅从人才领域来看，不过是帝国基因病的再度发作；其实，历经400多年的教育，东汉时代的人才，智商、情商都变得更加高级，策略、手段更加高明，却是不争的事实。三国的最终结局，与春秋战国，甚至与后来的民国一样，都是人才决定战争，战争决定胜负，胜负决定国运。

历史是反复的，也是摇摆的，还是相似的。中国古代的猎头史，很是复杂，也很简单。继《中国猎头史·先秦》发行以来，伴随后续著作的出版，《中国猎头史·秦汉》撰写完毕之际，既是结束，又是开始。

著述之时，中南财经政法大学、暨南大学和中山大学南方学院的师生，贡献良多。其中，邓慧婷、陈敏婕、梁杏雪、黄予敏、欧阳婷、张彩勤、刘敏、邹忻彤、梁丽莹、张亮、黎识文、伍欣倩、钟启权、刘梦莎、曾楚君、陈翠怡、崔扬，担当搜集、整理和校对工作。在此，一并致谢。

多说一句。秦朝以来，到晋朝统一，史实逐渐丰富。正史、野史，实难分辨；真相、假象，莫衷一是。以现代猎头的角度，审视和诠释2000多年以前的历史，只能算是尝试，或者试探，或者品味。鉴于此，束发整冠、正襟危坐，以待来者的斧正。

人生，不过是驿站与驿站的连接；既有过去，也有现实，还有远方。且歌且行，不须回头。

宋斌
2017年7月　广州